1415, 11 ANDE   120146

Andersen • Methodenpool Grundschule

Rückgabe spätestens am
29.02.16

Stadtbücherei Delmenhorst   gelöscht

Die Reihe »Pädagogik und Konstruktivismus« wird herausgegeben von Kersten Reich und Reinhard Voß

Katja N. Andersen

Methodenpool Grundschule

Unterricht konstruktivistisch gestalten

Dr. *Katja N. Andersen* ist Hochschuldozentin an der Justus-Liebig-Universität Gießen mit dem Schwerpunkt Schulpädagogik. Zuvor arbeitete sie im In- und Ausland als Grundschullehrerin.

Der Verlag hat die Abdruckrechte für diesen Band gewissenhaft ermittelt. Sollte uns dabei ein Fehler unterlaufen sein, bitten wir die tatsächlichen Inhaber der Nutzungsrechte, sich bei uns zu melden, damit wir das übliche Honorar nachzahlen können.

Das Werk und seine Teile sind urheberrechtlich geschützt.
Jede Nutzung in anderen als den gesetzlich zugelassenen Fällen
bedarf der vorherigen schriftlichen Einwilligung des Verlages.
Hinweis zu § 52a UrhG: Weder das Werk noch seine Teile dürfen
ohne eine solche Einwilligung eingescannt und in ein Netzwerk
eingestellt werden. Dies gilt auch für Intranets von Schulen
und sonstigen Bildungseinrichtungen.

Lektorat: Cornelia Matz

© 2010   Beltz Verlag · Weinheim und Basel
www.beltz.de
Herstellung: Uta Euler
Satz: Druckhaus »Thomas Müntzer« GmbH, Bad Langensalza
Druck: Beltz Druckpartner, Hemsbach
Umschlagabbildung: Michael Kühlen
Printed in Germany

ISBN 978-3-407-25539-6

Inhalt

Vorwort 7

1. Grundsätze einer konstruktivistischen Unterrichtsgestaltung 9
   1.1 Anreiz: Infragestellen alltäglicher Zusammenhänge 11
   1.2 Spielraum: Anknüpfen an die individuellen Wahrnehmungen 12
   1.3 Sachzentrierung: Erkennen des Sinnzusammenhangs 12
   1.4 Kreativität: Fehler als Versuch-Irrtum-Experiment 13
   1.5 Kooperation: Atmosphäre gegenseitiger Akzeptanz 13
   1.6 Flexibilität: Offenheit für Weiterentwicklungen 13
   1.7 Zurückhaltung: Anregen vielfältiger Denkprozesse 14

2. Konstruktionswelten im Deutschunterricht 16
   2.1 Schrift (re)konstruieren: Spiel mit Ideogrammen und Wörterlandschaften 16
   2.2 Geschichten erzählen: Vom Nacherzählen zur Konstruktion eigener Geschichten ... 24
   2.3 Texte schreiben: Entdecken kreativer und sprachästhetischer Möglichkeiten ... 31
   2.4 Literatur kreativ gestalten: Ausdrucksspiel aus dem Erleben 42

3. Konstruktivistische Impulse für den Mathematikunterricht 48
   3.1 Geometrie: Knobeln, Kniffeln, Tüfteln 48
   3.2 Sachrechnen: Zugang zur eigenen Welterschließung 58
   3.3 Mengen und Zahlen: Rekonstruktion lebensnaher Situationen und Fragestellungen ... 65
   3.4 Größen: Spielerisches Entdecken mathematischer Zusammenhänge 72

4. Zur Konstruktivität des Sachunterrichts 79
   4.1 Technik/Statik: Konstruktionen mit strukturiertem und unstrukturiertem Baumaterial ... 79
   4.2 Naturphänomene: Entwickeln von Experimenten 87
   4.3 Raum und Zeit: Wechsel der Perspektive 95
   4.4 Zusammenleben: Sich selbst ergründen und den anderen kennenlernen 103

5. Konstruktion eigener Weltbilder im Musikunterricht 110
   5.1 Klanggeschichten: Realisierung musikalischer Fantasien 110
   5.2 Gefühle und Stimmungen: Erlebniswelten der Musik 118
   5.3 Laut und leise in der Musik: Erfahren von Gestaltungsmitteln 125
   5.4 Elementarinstrumente: Erschließen musikalischer Gesetzmäßigkeiten 132

6. Konstruktionsprozesse im Kunstunterricht 141
   6.1 Ich und andere: Spiel der Möglichkeiten 141
   6.2 Natur und Umwelt: Erkenntnis als Konstruktionsprozess 149
   6.3 Geschichten, Märchen, Comics: Kreativer Umgang mit Kunst und Schrift 157
   6.4 Verkleidung und Schmuck: Eintauchen in andere Wirklichkeiten 164

7. Sport und tägliche Bewegungszeit als spielerische Konstruktion 171
   7.1 Spielen: Konfliktbewältigung versus Kooperation 171
   7.2 Laufen, Springen, Werfen: Anbahnen eines technischen Fundaments 179
   7.3 Darstellen und Sichbewegen: Konstruktion eigener Vorstellungen 186
   7.4 Turnen: Flexibler Umgang mit Regeln 194

Literatur 201

Abbildungsverzeichnis 203

Vorwort

Der Methodenpool der »konstruktivistischen Didaktik« hat in weniger als fünf Jahren über 400.000 Nutzer gefunden (http://www.methodenpool.de), was dafür spricht, dass konstruktive und systemische Methoden in der unterrichtlichen Praxis immer stärker nachgefragt werden. Dies gilt für den konstruktivistischen Ansatz beim Lehren und Lernen ohnehin. International gesehen ist dieser Ansatz – unter sehr unterschiedlichen Namen, aber mit ähnlichen Intentionen – zu einer führenden Reflexions- und Handlungswissenschaft geworden, die es sowohl ermöglichen soll, kritisch auf die Bedingungen und Möglichkeiten des Lehrens und Lernens zu schauen, als auch hinreichend begründet und nachweislich effektiv gute Lernumgebungen zu gestalten, die vor allem die Förderung möglichst aller Lernenden gewährleisten. Was macht den Erfolg einer konstruktivistischen Didaktik und konstruktiver wie systemischer Methoden aus? Ich will thesenartig fünf Punkte besonders hervorheben:

(1) Die Notwendigkeit der Förderung heterogener Lerngruppen hat zugenommen. Die Didaktik muss hinreichend Konzepte für Lernen in Heterogenität, Diversität und Multikulturalität bereitstellen, denn die Gesellschaft verändert sich gegenwärtig stark. In der Erziehung und Bildung ist ein anhaltender Abstieg sozialer Schichten und eine Spaltung der Gesellschaft in sozial Schwächere und Stärkere deutlich zu beobachten. Der Bildungserfolg hängt in Deutschland viel zu stark von der sozialen und kulturellen Herkunft ab. Die Zahl der Familien, in der beide Elternteile erwerbstätig sind, nimmt ebenso zu wie Alleinerziehende, Patchwork-Familien oder Familien mit Migrationshintergrund. Zahlreiche Kinder und Jugendliche sind von Armut betroffen, und die kinderreichen Familien gehören mehr der Unterschicht als der Oberschicht an. Für die Erziehung und den Unterricht bedeutet dies, dass Lehrende eindeutig mehr Erziehungsverantwortung übernehmen müssen als bisher, dass sie sich nicht allein fachlich auf ihren Unterricht zurückziehen können, sondern eine pädagogische, kompensatorische, fördernde Aufgabe didaktisch und methodisch wahrnehmen müssen. Die konstruktivistische Didaktik als Beziehungs- und Förderdidaktik gibt Lehrenden und Lernenden hierfür wesentliche Grundlagen und Impulse.

(2) Kommunikation und Kooperation sind heute wesentlich. Auch Lehrende können sich nicht davor verschließen und sind Vorbilder in kommunikativer und kooperativer Hinsicht. Sie benötigen Teamarbeit, kollegiale Supervision, Zusammenarbeit mit Eltern und dem sozialen Umfeld, gemeinsame Weiterbildungen und Projekte, um Visionen ihrer Arbeit zu verwirklichen. Dies verändert auch den Unterricht erheblich. Dort, wo früher der Fachlehrer und Experte in engeren Wissensgebieten anerkannt war, tritt nun ein Lehrender, der vielfältige Rollen als Helfer, Moderator, Instrukteur und kreativer Ermöglicher, Diagnostiker und Förderer, Visionär und demokratisches Vorbild wahrnimmt. Die konstruktivistische Didaktik bietet Hilfestellungen, um diese Vielfalt an Aufgaben reflektiert wahrzunehmen.

(3) Unterricht ist heute eine Mischung aus Instruktion und Konstruktion, wobei die konstruktiven Tätigkeiten zunehmen. Langfristige Wirkungen hat der Unterricht dann, wenn er die Kompetenzen der Lerner/innen stärkt und handlungsorientierende Bereiche einschließt. Alle Lerner/innen sollen durch Unterricht ein Wachstum eigener Fähig- und Fertigkeiten erfahren können. Wir wollen, dass unsere Schüler/innen Selbstständigkeit im Lernen lernen und Selbstvertrauen in ihre Leistungen gewinnen. Dies setzt methodisch hohe Anforderungen an Lehrende: Unterrichtsstunden müssen viele Zugänge zu den Themen bieten, mehrere Perspektiven für unterschiedliche Lerner/innen einschließen, viele verschiedenartige Ergebnisse und Lernwege zulassen. Die konstruktivistische Didaktik will Instruktionen nicht abschaffen, aber sie entwickelt gezielt Möglichkeiten, die konstruktiven Anteile zu erhöhen und Lerner möglichst aktiv durch »Learning by doing« nachhaltig und kompetenzorientiert lernen zu lassen.

(4) Leistungsschwächere Lerner sind die große Herausforderung jedes Erziehungs- und Bildungssystems, insbesondere aber des deutschen Systems, das immer noch zu sehr auf äußerst frühe Selektion und eine problematische Ausgrenzung setzt. Leistungsschwäche kann viele Gründe haben, aber wir als Lehrende sollten hier nie gleichgültig sein. Es ist eine Herausforderung für uns, differenziert zu fördern, um sozial Schwächeren, Lernern mit Migrationshintergrund, Lernern mit Eltern, die mit der Erziehung überfordert sind, Lernern, die der beschleunigten Lernwelt noch nicht hinreichend gewachsen erscheinen sowie

Lernern mit Behinderungen mit Ruhe, Geduld, Nachsicht und klaren Förderkonzepten zu begegnen. Dabei ist die konstruktivistische Didaktik besonders daran interessiert, Förderung nicht bloß als Theorie zu vertreten, sondern auch praktisch umzusetzen. Sie schließt hier an international erfolgreiche Modelle wie Zielvereinbarungen, Förderkonzeptionen mit durchgehendem Feedback und Evaluation an, weil sich Rückmeldungen durch Noten allein als zu wenig aussagekräftig erweisen. Förderung beginnt für den konstruktivistischen Didaktiker immer mit der positiven Haltung der Lehrenden, die das Fördern als ihre Hauptaufgabe ansehen.

(5) Die rasante Entwicklung der Berufe, die gesellschaftliche Kommunikation, die Technologien und die Globalisierung verändern den Unterricht. Schulen und Lehrer können und sollten sich nicht in einen künstlichen Lernraum zurückziehen, sondern müssen für die Veränderungen offen sein und in den Veränderungen Lerner ausbilden, die sich orientieren können, die eine individuelle Balance in den Freiheiten und Wahlmöglichkeiten sowie den Anforderungen und Zumutungen unserer Zeit finden. Wir haben nach wie vor als Erbe der Aufklärung die Vision, dass möglichst alle an der Demokratie teilhaben, dass unmittelbare Partizipation ein Wesenskern der Demokratie ist und dass ein kritischer Bürger erforderlich ist, um die Werte der Demokratie auch leben zu können. Wir wissen aber auch von den Widersprüchen und Ambivalenzen der Postmoderne und idealisieren nicht den Zustand, in dem wir leben, sondern bleiben auch kritisch gegenüber eigenen Erwartungen und Handlungen. Dies spiegelt sich in den Unterrichtsentwürfen, die nie eine fertige Welt zeigen, sondern Prozesse, die im Werden sind und die Veränderungen unterliegen.

Das von Katja Andersen vorgelegte Buch entspricht in seinem Grundanliegen den hier aufgestellten fünf Thesen. Es ist ein Angebot für die Grundschule, in dem für verschiedene Fächer und Bereiche Möglichkeiten konstruktiven Lernens angeregt werden sollen. Anders als im Methodenpool im Internet, in dem wir verschiedene Methoden darstellen, mit denen Lehrende und Lernende konstruktiv und systemisch arbeiten können, werden in diesem *Methodenpool Grundschule* sehr konkrete Aufgaben genannt und entwickelt, die sich insbesondere für eine fachlich, methodisch und sozial kompetente Arbeit im Kontext der Lehrpläne der deutschen Grundschule eignen. Die vorgestellten Planungsentwürfe sind kurz und knapp gehalten, um den Lehrenden genügend Spielraum zur eigenen Modifikation zu lassen, aber sie sind spezifisch genug, um als konstruktivistische Orientierung zu dienen.

Immer wieder werden wir als konstruktivistische Didaktiker gefragt, was denn nun den konstruktiven Moment im Unterricht auszeichnet. Wir sagen bewusst konstruktiv, denn in diesem Wort, das die Handlung beschreibt, ist die konstruktivistische Orientierung, die wir theoretisch anstreben, bereits eingeschrieben. Konstruktiv handeln wir immer dann, wenn wir als Lernende einen eigenen Zugang, einen eigenen Weg im Umgang mit Gegenständen und Personen erreichen, wenn wir uns zunächst unser »Bild« machen und dieses dann mit den Bildern und Ideen anderer vergleichen. Instruktiv ist dagegen, wenn ein anderer uns erklärt, wie es »ist« oder »geht«. Je mehr wir uns unsere Welten und Wirklichkeiten konstruktiv im Lernen erschließen können, desto stärker sind es auch »unsere« Welten und Wirklichkeiten, die für uns begründet sind und an die wir uns nachhaltig erinnern. Je mehr die Dinge bloß von außen kommen, desto stärker werden wir sie wahrscheinlich vergessen, wenn man uns nicht ständig zur Erinnerung zwingt.

Katja Andersen möchte Sie, liebe Leserin und lieber Leser, anregen und ermutigen, stärker den konstruktiven Weg zu gehen, um dadurch die Nachhaltigkeit des Lernens zu verbessern. Aber gelingen kann dies aus der Sicht einer konstruktivistischen Didaktik nur, wenn auch Sie davon überzeugt sind, dass dies ein richtiger und guter Weg ist. Nur wenn Sie in Ihrer Haltung als Lehrende und als Beziehungsdidaktiker in Ihrem eigenen Lernen gesehen und verstanden haben, wie das konstruktive Lernen wirkt und welche Möglichkeiten es bietet, werden Sie frei und offen genug sein, sich auf die sehr offenen Prozesse einzulassen, die immer auch damit verbunden sind. Ihre Lerner werden Sie mit spontanen Ideen, hohem Engagement, aber auch verstörenden Einwänden oder eigenen Lösungen überraschen, und Sie müssen Spaß am Neuen und an den vielen Überraschungen finden, Mut für gegenteiliges oder mitunter auch absurd erscheinendes Denken aufbringen, sich selbst stets infrage stellen und ein wenig Ironie gegenüber Ihrer Rolle entwickeln. Gelingen Ihnen zusätzlich zu dieser Haltung noch ein gerechtes Verhalten allen Lerner/innen gegenüber und das Praktizieren eines ausgeprägten Humors, dann könnten Sie mit solcher Haltung auch bei vorwiegendem Instruktionsunterricht schon erfolgreich lehren. Je stärker Sie jedoch die konstruktiven Teile Ihres Unterrichts darüber hinaus zu entwickeln verstehen werden, desto stärker wird Ihr Lehrerfolg auch als Lernerfolg bei Ihren Lernenden zu spüren sein. Dafür möge Ihnen dieser Methodenpool, der nichts Abgeschlossenes bezeichnet, sondern selbst ein offener Prozess ist, viele Anregungen geben.

Prof. Kersten Reich, Köln

1. Grundsätze einer konstruktivistischen Unterrichtsgestaltung

Geht die traditionelle Auffassung vom Lernen davon aus, dass man planmäßig bestimmte Bildungseffekte erzielen kann, so ist dies aus konstruktivistischer Sicht nicht realisierbar; denn Lernen geschieht nicht nur durch die Übernahme von Neuartigem, sondern ist strukturdeterminiert und wird somit immer weniger planbar. Eine konstruktivistische Didaktik bedarf der Abgrenzung zur klassischen Form der geistig angelegten Bildung, die sich vornehmlich des Lesens und Zuhörens als Maßnahmen der Wissensvermittlung bedient – in der Praxis methodisch durch den Frontalunterricht und das gesteuerte Unterrichtsgespräch repräsentiert. Diesen Methoden ist gute Planbarkeit und die Handhabe einer vergleichsweise objektivierbaren empirischen Verarbeitung der Ergebnisse immanent. Ihre Beschränkung liegt in der Fokussierung auf das Belehrende, auf das über die Zugänge des Lesens und Zuhörens vermittelbare Wissen. Vielschichtigere Erscheinungen können auf diesem Wege nicht weitergegeben werden.

Doch genau dies, die Auseinandersetzung mit umfassenden, mehrperspektivischen Inhalten, ist das Anliegen des hier vorliegenden Buches zur konstruktivistischen Didaktik in der Grundschule. Es stellt praxisorientierte Handlungsansätze vor, die eine weitgehende Selbstorganisation des Lernprozesses durch den Schüler ermöglichen. Dabei wird zugrunde gelegt, dass Lernen in einer selbstreferenziellen Weise erfolgt, wodurch sich die Funktion des Lehrers vom Demonstrieren, Unterweisen und Verbessern hin zum Gestalten von Anregungen für die Selbstorganisation der Schüler/innen verschiebt; mit anderen Worten »›erzeugt‹ der Lehrer nicht mehr das Wissen, das ›in die Köpfe der Schüler soll‹, er ›ermöglicht‹ Prozesse der selbsttätigen und selbständigen Wissenserschließung und Wissensaneignung« (Arnold 1993, S. 53, zit. nach Siebert 2002, S. 29). Der Beruf des Lehrers wandelt sich vom »Lokführer« zum »Reisebegleiter« (Siebert 2002, S. 54). Seine Aufgabe ist nicht mehr primär die Wissensvermittlung, sondern die der Lernförderung. In zunehmendem Maße ist er für die Gestaltung von Lernumgebungen zuständig, die eine vielgestaltige Kommunikation zulassen, die persönlichen Erfahrungsbereiche der Kinder ansprechen und zugleich die Schüler/innen zur Selbstorganisation auffordern.

Um diesem Anspruch gerecht werden zu können, benötigt der Lehrer ein Repertoire an Methoden, Arbeitsmitteln und Prinzipien, die sich an eine konstruktivistische Didaktik anlehnen und dabei die Aufbereitung möglichst realer Problemsituationen für Lernzwecke ermöglichen. Das Prinzip der Problem- und Situationsorientierung berührt die Grundbedingung konstruktivistischen Lernens, die davon ausgeht, dass Lernen immer in sozialen Zusammenhängen erfolgt. Analysen zeigen, dass Problemstellungen, die mit realen Handlungssituationen verbunden sind, von den Schüler/innen besser gemeistert werden als abstrakt verfasste Arbeitsaufträge. Die Problemorientierung erlaubt die Verbindung von theoretischen Grundlagen und praxisrelevanten Gegebenheiten, die den späteren Wissenstransfer vereinfachen. Dies impliziert, dass Lernen in Bezug auf reale Gegebenheiten arrangiert werden muss, damit Wissen erworben werden kann, das nachhaltig verfügbar ist. Es dürfen keine künstlich separierten Probleme ausgewählt werden, sondern es müssen Problemstellungen aus der Lebenswirklichkeit der Schüler/innen zugänglich gemacht werden. Einsichten und Fähigkeiten müssen in Kontexte eingebunden werden, die unmittelbar mit Verwendungszusammenhängen korrespondieren. Nur so lässt sich nachhaltiges Wissen entfalten: »Träges Wissen bleibt oberflächlich, äußerlich, es ist kein Bestandteil unserer Wirklichkeitskonstruktion, es kann nicht flexibel in Handlungssituationen verwendet werden. Nachhaltiges Wissen ist vertieftes, wirkungsvolles, handlungsleitendes Wissen« (Siebert 2005, S. 84).

Als Ausgangspunkt für ein solches Verständnis von Lernen wird hier das Modell des produktiv realitätsverarbeitenden Schülers zugrunde gelegt, demzufolge das Kind in einem Medium handelt, das als Welt angesehen wird. Dieses Medium liefert dem Kind Informationen, die es für die aktive Konstruktion einer Repräsentation der Welt benötigt. Lernen ist demnach ein Prozess, durch den sich der Schüler Hinweise über seine Welt aneignet und eine Repräsentation von ihr erstellt. Humberto Maturana (1983, S. 60) beschreibt diesen Vorgang wie folgt: Unter konstruktivistischer Betrachtungsweise kann Lernen als aktive Konstruktionsleistung des Individuums beschrieben werden, die »sich aus den Interaktionen von Organismus und Medium unter Bewahrung ihrer jeweiligen Identitäten ergibt.« Ein solches Verständnis von Lernen betont die internen Verstehensprozesse, d. h. die individuelle Wahrnehmung, Interpretation und Konstruktion. Damit ist die Wahrnehmung keine Widerspiegelung der Außenwelt, die als Prozess gesetzmäßig abläuft, sondern stets eine aktive Interpretation der Umwelt. Lernen erscheint demnach als ein konstruierender Prozess, der sich vor allem durch folgende Aspekte auszeichnet: Experimentieren, Explorieren und Ausprobieren, die jeweils als aktive Vorgänge zu verstehen sind.

Eine solche Betrachtungsweise verweist darauf, dass Wissen kein bloßes Faktenwissen ist, sondern auch ein implizites Wissen, welches sich sprachlich nicht unbedingt fassen lässt und erst in einer Form des spielerischen Ausprobierens in Erscheinung tritt. Anstelle des Auswendiglernens von Daten rückt die individuelle Wissenskonstruktion in den Vordergrund, wodurch sich der Fokus »von der ›korrekten‹ Wiederholung des vom Lehrer Gebotenen durch den Schüler auf die erfolgreiche Organisation der Erfahrung *des Schülers* durch diesen selbst« (Glasersfeld 1987, S. 281) verschiebt. Damit verlagert sich auch die Aufgabe des Lehrers, durch den Wissen an sich nicht vermittelbar ist; »vielmehr hilft er dem Lerner durch sein Tun, durch Hinweise, Fragen und Informationen, selbst Wissen zu konstruieren« (Thissen 1997, S. 75). Lernen ist demzufolge nur über die aktive Mitwirkung des Schülers möglich, der an dem, was er tut und wie er es tut, Interesse hat oder entwickelt. Zugleich bedeutet dies, dass der jeweilige Lernweg nicht vorhersehbar ist. Er konstituiert sich über den individuellen Erfahrungshintergrund und erfordert, dass der Schüler eigene Steuerungs- und Kontrollfunktionen übernimmt. Wenn auch das Maß eigener Lenkung je nach Lernsituation variiert, so ist doch kein Lernen ohne Selbstkontrolle möglich. Daraus ergibt sich, dass Lernen nicht nur eine aktive Beteiligung des Schülers erfordert, sondern sich darüber hinaus durch eigene Steuerungs- und Kontrollfunktionen auszeichnet. Schließlich ist Lernen ein interaktives Geschehen, das stets soziokulturellen Einflüssen ausgesetzt ist.

Unter diesem Blickwinkel treten die Lernformen der Konstruktion, Rekonstruktion und Dekonstruktion als Rahmenbedingungen bei der Entfaltung des individuellen Wissenssystems in Erscheinung. Ausschlaggebend für den Prozess des Wissenserwerbs ist die Lernform der Konstruktion als Basis pädagogischer Handlungsmuster. Der Schüler entfaltet sein Wissen, indem er die Ereignisse in Abhängigkeit von seinem Vorwissen und seinen Vorerfahrungen interpretiert. Doch nicht alles muss neu und eigenständig konstruiert werden, da die Umwelt bereits zuvor durch andere in vielfältiger Form entwickelt worden ist. Diese Erfindungen gilt es zu rekonstruieren, nicht im Sinne einer bloßen Nachahmung, sondern auf der Grundlage einer Dekonstruktion. Mit Kersten Reich (2006, S. 138) kann man festhalten, dass ein Weltbild aus Wirklichkeitskonstruktion von dem Leitgedanken ausgeht: »Wir sind die Erfinder unserer Wirklichkeit.« Demzufolge entwerfen die Schüler/innen fortwährend neue Wirklichkeiten, erwerben neues Wissen und überprüfen dieses. Dabei berücksichtigen sie nicht nur wissenschaftliche Erkenntnisse, sondern auch kulturelle Überlieferungen und entdecken in gewisser Weise die Erfindungen anderer noch einmal, ganz nach der Maxime: »Wir sind die Entdecker unserer Wirklichkeit« (Reich 2006, S. 139). Unerlässlich ist dabei, dass das Kind verfestigte Anschauungen in Zweifel zieht und damit den persönlichen Zugang zur Welt immer wieder neu konstruiert. Gewissermaßen wird der Schüler hierdurch zum Dekonstruktivisten, der die Hintergründe zu Sachverhalten und alltäglichen Zusammenhängen infrage stellt und so zu der Erkenntnis gelangt: »Es könnte auch noch anders sein« (Reich 2006, S. 141).

Diese drei Perspektiven einer konstruktivistischen Didaktik, die Konstruktion, Rekonstruktion und Dekonstruktion, werden in den nachfolgenden Kapiteln anhand von 153 Beispielen aus den Lernbereichen Deutsch, Mathematik, Sachunterricht, Musik, Kunst und Sport auf die Praxis des Grundschulunterrichts bezogen. Dabei wird folgendes Grundpostulat einer (Re-)Konstruktion von Wissensinhalten zugrunde gelegt: »Schüler und Lehrer (re)konstruieren die für sie wesentlichen Inhalte, indem sie möglichst umfangreich ihr eigenes Arbeitsmaterial über diese Wirklichkeit erstellen und auf äußere Bezugssysteme [...] nur dann und insoweit zurückgreifen, wie sie es unabdingbar zur eigenen (re)konstruktiven Bewältigung benötigen« (Reich 1996, S. 80). In diesem Postulat wird der Wissenserwerb als ein konstruktiver Vorgang beschrieben, der eigene Steuerungs- und Kontrollfunktionen beinhaltet. Grundlegende Bedeutung kommt dabei der anregenden Struktur der Lernumgebung zu, die in spezifischer Weise Lernmöglichkeiten eröffnet und dem Schüler die Gelegenheit gibt, sich als maßgeblichen Konstrukteur von Wirklichkeit zu erleben. Für ein solches Verständnis von Lernen als Prozess konstruktivistischen Wissenserwerbs ist eine Vielzahl von Aspekten ausschlaggebend. Zusammenfassend werden in dem nebenstehenden Schema wesentliche Faktoren dieses Prozesses dargestellt (vgl. Abb. 1), die in den nachfolgenden Ausführungen auf die Didaktik des Grundschulunterrichts bezogen und anhand ausgewählter Praxisbeispiele exemplifiziert werden.

Dabei wird sich zeigen, dass für den Prozess des individuellen Wissenserwerbs die Lernformen der Konstruktion, Rekonstruktion und Dekonstruktion grundlegend sind. Alle drei Perspektiven haben eine Gemeinsamkeit: den Konstruktivismus. Dieser geht von der These aus, dass jede Form von Erkenntnis auf der Konstruktion von Wirklichkeit beruht, dass sozusagen jede Darstellung der Wirklichkeit aus dem Erlebnisraum des Individuums hervorgeht, d. h. hier konstruiert wird. Die Kernidee des Konstruktivismus bestreitet nicht das Vorhandensein einer außerhalb der Wahrnehmung bestehenden Realität von Gegenständen, begreift aber jede

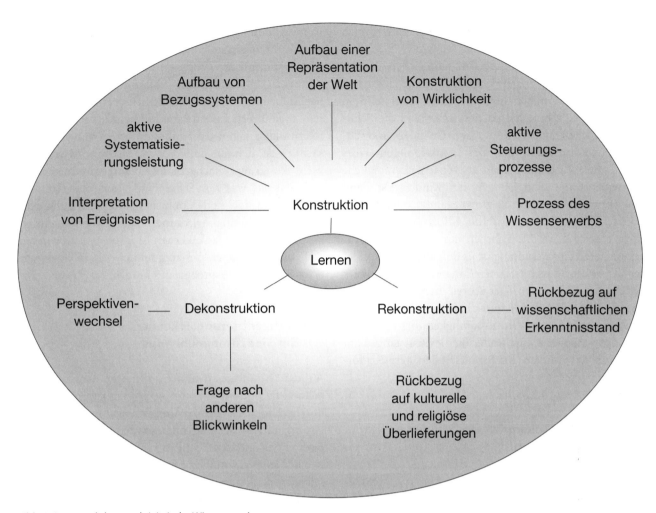

Abb. 1: Lernen als konstruktivistische Wissensaneignung

Erkenntnis über die äußere Realität als Konstruktion des Individuums (Glasersfeld 2002, S. 36f.). Aus diesem Leitgedanken darf nicht geschlossen werden, dass der Schüler willkürlich vorgehen könne bei der Konstruktion von Wirklichkeit. Die Grenzen der Wirklichkeitskonstruktion bestehen zum einen in der Beschaffenheit der Umwelt, d.h. in der Struktur der Gegenstände und Phänomene, zum anderen im Auffassungsvermögen des Kindes selbst (vgl. Krüssel 1996, S. 95).

In den nun folgenden Abschnitten werden aus diesem konstruktivistischen Paradigma Grundsätze einer Unterrichtsgestaltung abgeleitet. Hierzu werden zunächst zwei Aspekte in den Blick genommen, die den Auftakt des Unterrichts, also die Anfangssituation, gestalten. Konkret sind dies die Faktoren (1) Anreiz und (2) Spielraum. Darüber hinaus sind für eine konstruktivistische Unterrichtsgestaltung fünf Grundsätze von Belang, die für den Fortgang, d. h. den Prozess des Unterrichts, verantwortlich sind. Hierunter fallen die Aspekte (3) Sachzentrierung, (4) Kreativität, (5) Kooperation, (6) Flexibilität und (7) Zurückhaltung. Diese sieben Grundsätze, die für eine konstruktivistische Gestaltung des Unterrichts ausschlaggebend sind, werden im nun Folgenden eingehender dargestellt. Dabei werden zunächst die Gesichtspunkte in den Blick genommen, die sich auf die Anfangssituation beziehen, um im Anschluss daran Faktoren des Unterrichtsprozesses unter einem konstruktivistischen Blickwinkel zu beleuchten.

1.1 Anreiz: Infragestellen alltäglicher Zusammenhänge

Die Gegebenheiten, die am Anfang einer Lernsituation vorliegen, entscheiden darüber, ob die Schüler/innen das zu Konstruierende, also den besonderen Zusammenhang der Aufgabenstellung, erkennen, ob sie spontan die möglichen Beziehungen des Gegebenen zum Thema denken und formulieren können. Gerade aus der »Leerstelle« in der Anfangssituation geht die Idee der Sache hervor und drängt sich allmählich dem Denken der Kinder auf. Eine solche »Leerstelle« kann das Fehlen eines wichtigen Details in einem Sachzusammenhang sein, z. B. das Weglassen der letzten Strophe eines Gedichts. Dieses Detail muss von den Schüler/innen (re)konstruiert und ergänzt werden, um den thematischen Kontext in seinem gesamten Spektrum zu durchdringen.

Auch kann das Infragestellen alltäglicher Zusammenhänge, z. B. die Frage: »Warum steigt die Flüssigkeit in einem Thermometer an?«, eine solche »Leerstelle« in der Aufgabenstellung ausmachen. Hier sind die Schüler/innen dazu aufgefordert, nach Gründen und Ursachen zu forschen, um das Funktionieren eines technischen Zusammenhangs zu verstehen. Alltägliche Kontexte bieten dem Denken der Kinder erst dann einen Anreiz, wenn sie als unvollständig oder gestört erlebt werden und wenn ihre Selbstverständlichkeit infrage gestellt ist. Im Rahmen einer konstruktivistischen Unterrichtsgestaltung ist es deshalb von besonderer Bedeutung, dass die Schüler/innen Lösungen für ein echtes Problem finden. Der Anreiz hierzu ergibt sich nicht zuletzt aus der Unterrichtsorganisation. In ihr spielen Momente der Unvollständigkeit, des »Fehlens« und des »Mangels« eine Rolle, die bewusst eingeplant sind, um das Denken der Schüler/innen herauszufordern.

1.2 Spielraum: Anknüpfen an die individuellen Wahrnehmungen

In einem Raum konstruktivistischer Unterrichtsgestaltung sind die Schüler/innen als Subjekte und nicht als Objekte zu betrachten. An ihre individuellen subjektiven Wahrnehmungen muss angeknüpft und dabei die Möglichkeit eröffnet werden, über Prozesse des Handelns in einen Sachverhalt einzudringen. Voraussetzung ist, dass Spielräume für unterschiedliche Lösungen und subjektive Interessen zugelassen werden. Dementsprechend darf eine konstruktivistische Lernsituation nicht auf die Vermittlung von vorgegebenen Wissensbeständen, respektive auf das Erlernen von fertigen, als objektiv beurteilten Wissensstrukturen abzielen, sondern auf den aktiven Aufbau einer Repräsentation der Außenwelt. Dies impliziert, dass der konstruktivistische Lernprozess zunächst jene Kompetenzen anspricht, die zur »konstruktive(n) Aneignung von Realität« beitragen, um hieraus ein »adäquates und sinnvolles Verhalten zu erzeugen« (Krüssel 1996, S. 97). Lernen kann unter dieser Betrachtungsweise als ein aktiver und konstruktiver Vorgang beschrieben werden, nicht als Einschleusung von Fremdwissen in ein System, sondern als »Mobilisierung von Prozessen, die dem lernenden System selbst inhärent sind, zu seinem eigenen kognitiven Bereich gehören« (Jantsch 1979, S. 269).

Lernen bezieht sich nach dem konstruktivistischen Paradigma nicht auf die unreflektierte Übernahme von Wissensstrukturen, sondern auf die erfolgreiche Strukturierung der Erfahrung des Kindes durch dieses selbst. In diesem Sinne ist Lernen als Handlung mit starker Kontextbildung zu verstehen, die der Schüler selbstständig auszugestalten hat. Informationen, Erfahrungen und Erkenntnisse werden im Lernprozess nicht aufgenommen, sondern konstruiert; mit anderen Worten: Sachinformationen werden nicht übertragen, sondern neu organisiert. Einem konstruktivistischen Verständnis zufolge erkennt das Kind die Welt nicht, wie sie tatsächlich ist, d. h. die äußere Wirklichkeit wird von ihm nicht kongruent nachgebildet. Wahrgenommen wird vielmehr das, was vom Schüler aufgrund seiner bisherigen Erkenntnisse und dem bislang Erlernten als bedeutungsvoll verstanden wird und sich an diese Wissensbestände anknüpfen lässt. Lernen ist insofern kein von der Außenwelt gelenkter Vorgang, sondern ein selbstgesteuerter Konstruktionsprozess des Kindes.

1.3 Sachzentrierung: Erkennen des Sinnzusammenhangs

Auf der Grundlage einer sachzentrierten Arbeitshaltung gelingt die Entwicklung der Anfangssituation zu einem durchschaubaren Sinnzusammenhang. Es gibt keinen Grund, und das scheint von besonderer Bedeutung, den Beitrag des anderen Schülers zu überhören oder abzuwerten. Jede Meinung zur Sache gilt es, am Sachverhalt selbst zu prüfen und erst dann darüber zu entscheiden, ob sie richtig, teilweise richtig oder falsch ist. Jede Idee und jede Assoziation der Kinder trägt zur Lösung der Problemstellung bei und sei es nur, dass die Schüler/innen beim Ausprobieren eines möglichen Lösungsansatzes feststellen, dass der von ihnen eingeschlagene Weg für die vorgegebene Fragestellung nicht lösungsführend ist und ein anderer Zugang gesucht werden muss. Ob die Schüler/innen schließlich auch eine Lösung zu ihrem Problem finden, hängt unter anderem von der Formulierung der Fragestellung selbst ab. Bereits Albert Einstein konstatierte, dass »die brauchbare Formulierung eines Problems [...] in den meisten Fällen wesentlicher als die Lösung (ist). ... Neue Fragen bilden die Basis, um alte Probleme aus einer neuen Perspektive zu betrachten; sie fördern die Imagination und markieren die Fortschritte« (Sikora 1976, S. 32). Auch John Dewey knüpft an diesen Gedanken an, indem er feststellt: »Ein Problem ist halb gelöst, wenn es klar formuliert ist« (Sikora 1976, S. 32); mit anderen Worten: Wenn das Problem erkannt ist, kann seine Struktur analysiert und das vorhandene Wissen dahingehend überprüft werden, ob bereits bekannte Lösungswege zum Ziel führen. Erkennt das Kind, dass die ihm zur Verfügung stehenden Lösungsansätze auf ein Problem nicht anzuwenden sind, versucht es sich an der Generierung einer neuen Lösung. Es zerlegt seine Wirklichkeit in Einzelteile und fügt die gefundenen Elemente zu einem neuen Bild zusammen.

1.4 Kreativität: Fehler als Versuch-Irrtum-Experiment

Es gehört zu einer konstruktivistischen Unterrichtsgestaltung, dass die Schüler/innen die Gelegenheit erhalten, sich mit Sachverhalten aus ihrer Umwelt in einer kreativen und spielerischen Weise auseinanderzusetzen. Die Kinder sollen lernen, die individuelle und gesellschaftliche Lebenswirklichkeit zu verstehen und kompetent in ihr zu handeln. Sie sollen befähigt werden, Fragestellungen zu entwickeln und nach Erklärungen zu suchen, um sich hierdurch Wissen und Kompetenz zu erschließen. Ein konstruktivistischer Zugang zum Grundschulunterricht zielt somit auf Lernprozesse, die nicht von ihrem Endpunkt her strukturiert sind, sondern von konkreten Experimenten und Lernmöglichkeiten ausgehen. In aller Regel finden Kinder zuerst durch einen naiv-spielerischen Umgang, durch Verwenden und Ausprobieren, einen Zugang zu Sachverhalten aller Art, ohne dass diesen Aktivitäten bereits ein gezieltes Lerninteresse innewohnen muss. Erst wenn solche naiv-spielerischen Handlungserfahrungen in ausreichendem Maße gesammelt wurden, können sich gezielte Lernabsichten entwickeln (Hessisches Kultusministerium 1995, S. 123f.). Um die Kreativität der Kinder anzuregen, sollten ungewöhnliche und abweichende Unterrichtsbeiträge zugelassen werden. Fehler sollten als produktiv, als Versuch-Irrtum-Experiment, als Beitrag zur Sache und nicht als Versagen gewertet werden. Von ihnen gehen Anstöße aus, die möglichen Lösungen immer angemessener zu gestalten. Die Anerkennung des Fehlers durch Lehrer und Schüler ist nicht Ausdruck eines unmotivierten Wohlwollens, sondern Lob für ein Bemühen, das alle der Problemstellung näher bringt.

1.5 Kooperation: Atmosphäre gegenseitiger Akzeptanz

In einer konstruktivistischen Unterrichtsgestaltung kommt der Atmosphäre gegenseitiger Akzeptanz grundlegende Bedeutung zu, denn Kommunikation und Kooperation entfalten sich nur unter Bedingungen gegenseitiger Achtung. Dies hat Einfluss auf das soziale Miteinander aller Beteiligten, aber auch auf die Qualität des Denkens. Um eine Atmosphäre gegenseitiger Akzeptanz herbeizuführen, bietet es sich an, zahlreiche Arbeitsprozesse in der Gemeinschaft der Kleingruppe, die eine Einheit im Rahmen der ihr übergeordneten Klassengemeinschaft bildet, durchzuführen. In der Gruppe können soziale Beziehungen entstehen und soziale Lernprozesse in Gang kommen. So können z. B. durch eine positive, akzeptierende Atmosphäre einzelne Gruppenmitglieder dahingehend gefördert werden, eigene kreative Ideen zu entwickeln. Oder es kann im umgekehrten Fall ein auf Konkurrenz oder Leistungsdruck aufgebautes Gruppenklima dazu führen, dass vorhandene Blockaden gestärkt und die Schüler/innen an einer freien Entfaltung ihrer Kreativität und Fantasie gehindert werden.

Gerade weil die Gruppe in einer konstruktivistischen Unterrichtsgestaltung eine solch wichtige Funktion einnimmt, sind die Erfahrungen, die im Rahmen der Gruppenarbeit gesammelt werden, immer zugleich sehr intensive Erfahrungen. Jeder Schüler ist dazu aufgefordert, seine Art der Konstruktion zu finden, eigene Ideen zu entwickeln und diese mit den Konstruktionsideen der Partner/innen in Einklang zu bringen. Nur so kann sich ein intensives Gefühl der Gemeinschaft entwickeln, auf dessen Grundlage die Kinder ihre Assoziationen mit den Konstruktionsideen der anderen ausloten können. Dabei sind die Wahrnehmung eigener Assoziationen sowie die Sensibilität für die Ideen der Gruppenpartner eine wesentliche Voraussetzung zur Ich-Abgrenzung. Diese bildet eine der primären Beziehungsregulationen des Ich zur umgebenden Gruppe, denn »erst die Abgrenzung von Ich und Nicht-Ich schafft die Erkenntnis zweier Individuen, die sich aufeinander beziehen können, im Gegensatz zu einem symbiotischen Verschmelzen« (Ammon 1979, S. 133). Aus diesem Grund sollte in einer konstruktivistischen Unterrichtsgestaltung auch nicht das Nachahmen von Erfindungen anderer im Mittelpunkt stehen, sondern eine Atmosphäre des Zuhörens und Verstehens sowie der konstruktiven Auseinandersetzung mit andersgearteten Zugängen.

1.6 Flexibilität: Offenheit für Weiterentwicklungen

Für ein Unterrichtsgeschehen der Konstruktion, Rekonstruktion und Dekonstruktion darf kein starres Programm vorgeschrieben werden. Es gilt, offen zu sein für Weiterentwicklungen und neue Überlegungen, die nicht vorgesehen waren. Dazu gehört, spielerische Ideen der Kinder aufzugreifen und auszubauen, aber auch eigene Spielideen in den Unterricht mit einzubringen. Ziel ist es dabei, dass »Schüler und Lehrer gemeinsam Arbeiten mit Spielcharakter und Spiele mit Arbeitscharakter konstruktiv realisieren, um nicht bloß die Symbolvorräte der Moderne in sich aufzusaugen, sondern konstruktivistisch abzuarbeiten und dabei das Wichtigste in einem solchen Lernprozeß überhaupt erfahren zu können: Sich selbst als maßgeblichen Konstrukteur von Wirklichkeit zu erleben und zu bemerken, daß auch die anderen Konstruktionen – so groß und so absolut sie je erscheinen mögen – vom Menschen gemachte sind« (Reich 1996, S. 80).

Für eine konstruktivistische Unterrichtsgestaltung ergibt sich hieraus die Konsequenz, dass die Unterrichtsorganisation offen gestaltet werden sollte. So wird den Schüler/innen beispielsweise eine Auswahl von Materialien, wie Papier, Schere, Reißnägel, Nadeln, Korken sowie Strohhalme, zur Verfügung gestellt. Aufgabe ist es nun, in Kleingruppen herauszufinden, wie aus diesen Materialien ein bestimmtes Objekt (z. B. ein Windrad) hergestellt werden kann. Gezielt wird im Rahmen dieser Versuchsanordnung darauf verzichtet, den Schüler/innen eine Bastelanleitung oder die Abbildung eines schon fertigen Windrades an die Hand zu geben. Auf dieser Grundlage wäre es für die Kinder ein Leichtes, das angestrebte Produkt herzustellen. Unter einem konstruktivistischen Blickwinkel kann es jedoch nicht genügen, die Ideen anderer bloß zu reproduzieren, sondern viel wichtiger ist es, dass die Schüler zu eigenen Konstruktionsleistungen gelangen. Zwar steht außer Frage, dass das Windrad auf der Grundlage einer vorgegebenen Bastelanleitung in deutlich kürzerer Zeit von den Schüler/innen erstellt werden könnte. Fraglich muss jedoch bleiben, ob die Kinder durch ein solches Reproduzieren die Funktionsprinzipien des Windrades auch wirklich verstehen, ob sie nachvollziehen können, warum sich das Rad so besser und in einer anderen Konstruktionsweise weniger oder gar nicht drehen lässt. Erst durch ein selbstständiges Ausprobieren, Überprüfen und Verändern, bei dem auch Fehler gemacht werden dürfen, erkennen die Schüler/innen, welche Bauweise sich anbietet und welche weniger geeignet erscheint.

1.7 Zurückhaltung: Anregen vielfältiger Denkprozesse

Um ein konstruktivistisches Unterrichtsgeschehen zu ermöglichen, muss der Lehrer, der die Sachzusammenhänge gut kennt, lernen, seine eigenen Erfahrungen zurückzuhalten. Er muss die Bedingungen des Lernens so gestalten, dass die Schüler/innen zu vielfältigen Denkprozessen angeregt und dabei befähigt werden, die jeweiligen Sinnzusammenhänge an den Sachverhalten selbst auszuarbeiten. Lernen lässt sich somit nicht mehr länger als Reiz-Reaktions-Verknüpfung auffassen, sondern muss als Konstruktionssystem begriffen werden, durch welches das Kind seine Handlungen selbstständig gestalten kann. Dieter Ulich (1995, S. 71 f.) beschreibt diese Entwicklung als »kognitive Wende in der neueren Psychologie«, genauer gesagt verweist er auf »Tendenzen, gegenüber ›mechanistischen‹ Theorien stärker kognitive Prozesse und Merkmale zur Erklärung und Vorhersage von Verhalten zu berücksichtigen wie z. B.: subjektive Einschätzungen der Person in Bezug auf sich selbst […] und die Umwelt.«

Mit dieser Akzentuierung ist gleichsam das Anliegen verbunden, sich von den behavioristischen Verhaltenstheorien abzuwenden; denn, so begründet Ulich (1995, S. 72), »dem Individuum wird viel stärker die Fähigkeit zugetraut, seine Umwelt aktiv zu beeinflussen […]. Die Person ›konstruiert‹ ihre Handlungen, indem sie intuitive Theorie in die Umwelt hineinträgt, kontrolliert Handlungsentwürfe ausprobiert und die entsprechenden ›Rückmeldungen‹ aus der Umwelt zur Korrektur ihrer Handlungsentwürfe einsetzt.« Diese Erkenntnisse tragen dazu bei, dass das Lernen als ein von komplexen Zusammenhängen geleiteter Vorgang verstanden wird und nicht, wie dies der Behaviorismus darstellt, als ein Lernen in Reiz-Reaktions-Verbindungen oder als Speicherung von Informationen. In behavioristischer Betrachtungsweise wird der Lernbegriff vor allem auf eingeübte Formen des Lernens bezogen und bleibt damit in der sozial-emotionalen Beziehung anonym. Für die nachfolgenden Unterrichtsbeispiele resultiert daraus, sich nicht an einem Lernbegriff zu orientieren, der das lernende Kind als einen passiv-reagierenden Organismus betrachtet. Vielmehr muss von einem Begriff des Lernens ausgegangen werden, den Ludwig Duncker, Friedemann Maurer und Gerd E. Schäfer (1993, S. 11) als »prozeßhafte Sinngebungsarbeit des Subjekts« beschreiben, die allein von dessen Erfahrung her zu begreifen ist. Besonders fruchtbar scheint deswegen ein Verständnis von Lernen zu sein, demzufolge »die verschiedenen Wahrnehmungen und Deutungen, das ganze Ensemble innerer Vorstellungen und Bilder nicht als Abziehbilder von Wirklichkeit verstanden werden, sondern als ein Konstrukt.«

In den nun folgenden Kapiteln soll der Frage nachgegangen werden, wie die hier beschriebenen Grundsätze einer konstruktivistischen Unterrichtsgestaltung in der Grundschule didaktisch und methodisch verankert werden können; mit anderen Worten ist zu fragen: Welche Unterrichtsbeispiele lassen sich auf der Grundlage der von Reich (2005, S. 118) geforderten »neue(n) Muster pädagogischen Denkens« für die Grundschule entwickeln? Zunächst gilt es dabei zu beachten, dass die Schüler/innen in der Beschäftigung mit dem Lerngegenstand unterschiedliche Perspektiven erfahren können. Dies impliziert, dass dem Kind die Gelegenheit gegeben wird, beim Lernen die Verschiedenartigkeit der Beziehungen und die Relevanz des Lerngegenstandes zu begreifen. Nur so kann vernetztes, vielgestaltiges Denken herbeigeführt und der flexible Umgang mit den erarbeiteten Kenntnissen gefördert werden. Vielfältige Zusammenhänge, die eine persönliche Bedeutung für den Schüler haben und seinen individuellen Erfahrungsbereich berühren, fördern eine solch differenzierte Auseinandersetzung mit der Problemstellung. Wesentlich sind auch die Bezüge der Schüler/innen untereinander und zum Lehrer;

sie sind ein wichtiger Teil der Lehr-Lern-Konstellation.

Diese Überlegungen verweisen darauf, dass im Konzept einer konstruktivistischen Didaktik Wissen und Lernziele aus der Sicht der Aneignung und nicht der Vermittlung betrachtet werden. Der Gedanke einer linearen Didaktik, die abfragbares Wissen mit allgemeiner Gültigkeit vermittelt, wird zugunsten eines konstruktivistischen Ansatzes, der die Aneignung von mehrperspektivischem, kontextuellem Wissen mit Kopf, Herz und Hand betont, abgelöst. Dies erfordert neue Formen des Lernens, wie im Folgenden anhand von Beispielen zum Deutsch-, Mathematik-, Sach-, Musik-, Kunst- und Sportunterricht illustriert wird. Hier werden insgesamt 153 Vorschläge für die Unterrichtspraxis vorgestellt, die in Zusammenarbeit mit 15 Grundschulklassen konzipiert wurden. Die Altersangaben, die im Rahmen der Beispiele empfohlen werden, geben Aufschluss über die spezifische Verwendung der einzelnen Unterrichtsarrangements.

2. Konstruktionswelten im Deutschunterricht

Übergeordnetes Ziel des Deutschunterrichts in der Grundschule ist es, Freude am Lesen und Schreiben zu schaffen sowie befriedigende Sicherheit in den erforderlichen technischen Fertigkeiten zu vermitteln. Das Beherrschen der Kulturtechniken des Lesens und Schreibens entscheidet darüber, inwieweit der Schüler sich schriftlich mitteilen kann, inwieweit er mit Literatur umgehen und sich diese selbst erschließen kann. Bereits im Vorschulalter entwickelt das Kind Interesse an Schrift, indem es z. B. einzelne Buchstaben seines Namens wiedererkennt oder diese gar zu schreiben versucht. Die vielfältigen Möglichkeiten der Konstruktion, Rekonstruktion und Dekonstruktion von Schrift entdeckt das Kind jedoch erst durch den Erwerb der Schreib- und Lesefähigkeit. Plötzlich eröffnen sich dem lesenden und schreibenden Kind Zusammenhänge, die ihm bislang verschlossen geblieben sind oder die es nur mithilfe Dritter erschließen konnte, sei dies z. B. das Lesen der Speisekarte im Restaurant oder das selbstständige Verfassen eines Wunschzettels. Die Faszination, die mit solchen Aktivitäten einhergeht, gilt es im Deutschunterricht aufzugreifen und in Prozesse der Konstruktion, Rekonstruktion und Dekonstruktion einzubinden.

Dabei wird sich zeigen, dass das Schreiben, das sich von den klassischen Aufsatzformen abzugrenzen versucht, nicht nur auf die Perspektiven einer konstruktivistischen Didaktik verweist, sondern auch auf den spielerischen Umgang mit Schrift und Sprache. Dies ist nicht zuletzt aus den in der Literatur verwendeten Wortkonkretionen abzulesen. So spricht beispielsweise Elisabeth K. Paefgen (1996, S. 38) vom »spielerische(n) Schreiben«, Fritz Winterling (1985, S. 360) verweist auf »spielend-schreibend(e) Freiräume« und Jürgen Link (1991, S. 612) favorisiert die »Schreibspiele«. Im Mittelpunkt dieser Ansätze steht die Devise, dass die lustvolle und gesellige Seite des Schreibens in den Vordergrund rückt. Besonders deutlich wird dies in den Konzepten zum freien und kreativen Schreiben, die beiderseits in den nachfolgenden Praxisbeispielen aufgegriffen werden. Hier zeigt sich jedoch ein grundlegender Unterschied: Während beim freien Schreiben die Wahl des Themas dem Schreiber überlassen wird, findet beim kreativen Schreiben eine bewusst gestaltete »Inszenierung von Schreibsituationen« (Moers/Zühlke 1999, S. 20) statt. Hierdurch erfolgt eine Aktivierung der Imaginationskraft, was die Kinder zur kreativen sprachlichen Verarbeitung von Eindrücken, Erlebnissen und Gefühlen anregt.

Kaspar H. Spinner (1993, S. 18) versteht das kreative Schreiben deshalb auch als »eine Suchbewegung auf dem Wege zur eigenen Identität«, womit er Anregungen aus Lev S. Wygotskis »Konzept der inneren Sprache« aber auch Aspekte aus der »Kreativitätstheorie« von Donald W. Winnicott entnimmt. Neben der Möglichkeit der Selbstreflexion tritt hier die Entfaltung der Fähigkeit, sich in andere Personen und Perspektiven hineinzuversetzen. Damit weisen das kreative Schreiben und das freie Schreiben Berührungspunkte auf, wenngleich sich beide Konzepte in ihrer Zielorientierung unterscheiden. Kreatives Schreiben basiert meist auf den Grundmustern literarischen Schreibens, z. B. einer Gedichtform, um sie dem eigenen Schreiben der Kinder zugängig zu machen. Das freie Schreiben indes greift auf kreative Methoden, z. B. assoziative Verfahren, zurück, um im spielerischen Umgang mit Texten über die Produktion zu einer besseren Rezeption der Texte zu gelangen (Böttcher 1999, S. 16).

Trotz dieser unterschiedlichen Akzentuierungen ist den Ansätzen grundsätzlich eine Hypothese gemeinsam: Dem Kind wird ein Potenzial kreativer Schreibfähigkeiten zugetraut, die es weiter zu entfalten gilt. Im Mittelpunkt steht das Ich mit seiner individuellen Wahrnehmung und Verarbeitung von Wirklichkeit. Damit erhält das Schreiben eine andere Funktion als der traditionelle Aufsatzunterricht, weil es weniger um die Perfektionierung der schriftsprachlichen Kompetenz als um die der Persönlichkeit geht. Unter diesem Blickwinkel erscheint Schreiben als eine konstruktive, rekonstruktive und dekonstruktive Tätigkeit und wird in die Nähe des Spiels gerückt. Wie sich eine solche Form des Umgangs mit Schrift und Sprache in der Praxis des Deutschunterrichts realisieren lässt, wird in den nachfolgenden Abschnitten anhand der vier Handlungsbereiche »Schrift (re)konstruieren«, »Geschichten erzählen«, »Texte schreiben« sowie »Literatur kreativ gestalten« vorgestellt.

2.1 Schrift (re)konstruieren: Spiel mit Ideogrammen und Wörterlandschaften

Der Aspekt der (Re-)Konstruktion von Schrift, genauer gesagt das Spiel mit Ideogrammen und Wörterlandschaften, kommt besonders anschaulich beim literarischen Schreiben nach poetischem Vorbild zum Tragen. Hier verfasst das Kind auf der Grundlage eines literarischen Textes, der als Muster zu verstehen ist, einen eigenen Text. In manchen Fällen muss zwar offen bleiben, ob der Schüler den Handlungsstrang des Originals tatsächlich erfasst oder den Text nur in einzelnen Fragmenten ausgetauscht hat. Freude am eigenen Konstruieren und selbstständigen Ausprobieren ist jedoch durch den Ansatz des literarischen Schreibens durchaus erreichbar. Folgende Praxisbeispiele, die als Motivationstext zu verstehen sind, geben einen Anstoß zu solchen Prozessen der (Re-)Konstruktion:

- Der vergilbte Brief (3.–4. Schuljahr)
- Wortantizipation (2.–3. Schuljahr)
- Rätsel mit Buchstaben (3.–4. Schuljahr)
- Poetisches Vorbild (2.–3. Schuljahr)
- Ideografie (1.–2. Schuljahr)
- Wörterlandschaft (1.–3. Schuljahr)

In der Aufgabenstellung »Der vergilbte Brief« werden die Kinder mittels eines Textes, dessen Worte nur bruchstückhaft zu erkennen sind, zur kreativen sprachlichen Gestaltung angeregt. Dabei geht es nicht allein um die Rekonstruktion der richtigen Schreibweise, sondern ebenso um das Entdecken und Ausprobieren eigener kreativer und sprachästhetischer Möglichkeiten. Auch die Aufgabe »Wortantizipation« verknüpft das Ziel der korrekten Handhabung syntaktischer Strukturen, d. h. das sogenannte Richtigschreiben, mit dem konstruktiven Aspekt des Spielens. Hier schreibt ein Gruppenmitglied den ersten Buchstaben eines von ihm frei gewählten Begriffes auf ein Blatt Papier, ohne dabei seinen Partnern mitzuteilen, um welches Wort es sich handelt. Der nächste Schüler fügt einen zweiten Buchstaben hinzu, in Anlehnung an das von ihm antizipierte Wort. So wird das Blatt innerhalb der Gruppe weitergereicht, ohne dass einer der Schüler im Vorfeld weiß, welcher Satz daraus hervorgeht. Ein solches Zusammenwirken von Spiel, Konstruktion und Orthografie erfolgt auch im Rahmen des »Rätselns mit Buchstaben«: Das aus halben Buchstaben geschriebene Rätsel kann von dem Schüler nur gelöst werden, wenn dieses vom Partner orthografisch richtig geschrieben wurde. Die Notwendigkeit des Richtigschreibens wird für die Schüler hier unmittelbar fassbar.

Dem Themenfeld der Ideografie widmen sich die letzten beiden Aufgabenstellungen. Hier wird Schrift im wahrsten Sinne des Wortes (re)konstruiert, indem von den Kindern Wortbilder bzw. ganze Wörterlandschaften erstellt werden. Im Fokus steht dabei das Ziel, Bedeutungen (Semantik) in Symbolen (Semiotik) bildhaft auszudrücken. Die Möglichkeiten zur Herstellung solcher Ideogramm-Bilder sind vielfältig, denn die Kinder spielen im Rahmen dieser Aufgabe mit der Anordnung der Buchstaben. Sie können diese nebeneinander, übereinander oder überlappend schreiben. Auch können sie mit den Farben experimentieren, indem sie z. B. das Wort »Regenbogen« in Blau, Gelb und Rot schreiben. Beim Ausprobieren und Experimentieren können die Kinder selbst erfahren, welche Wirkungen die unterschiedlichen Schreibweisen hervorrufen. Wesentlich dabei ist, dass die Schüler bei diesem Spiel nicht einfach ein vorhandenes Ideogramm-Bild abzeichnen, sondern dass durch die Aktivierung der Imaginationskraft etwas Neues entsteht, zumindest, was in den nachfolgenden Praxisbeispielen noch genauer zu zeigen sein wird, eine neue Sicht auf ein bereits bekanntes Ideogramm realisiert wird.

| Deutsch, Nr. 1 | Schrift (re)konstruieren | Der vergilbte Brief |

Ziel und didaktischer Kontext

- Rekonstruktion eines vergilbten Briefes
- Entziffern von Schriftzeichen
- Erschließen von Sinnzusammenhängen
- Formulieren eines eigenen Briefes

Schuljahr	Gruppengröße	Vorkenntnisse	Dauer	Materialien
3.–4. Klasse	4–6 Kinder	Kenntnisse im Aufbau der Schriftsprache	ca. 45 min.	• leere Flaschen • Briefe

Durchführung

Jede Gruppe erhält eine Flasche, in der sich ein vergilbter Brief befindet. Die Zeilen des Briefes sind nicht mehr zu erkennen. Gemeinsam sammeln die Gruppenmitglieder Assoziationen:

- Wer könnte den Brief geschrieben haben?
- Was steht in dem Brief?
- Wo kommt er her?
- An wen ist er gerichtet?

In ihren Gruppen schreiben die Kinder eine Antwort auf den vergilbten Brief. Dabei können sie Bezug nehmen auf die noch erkennbaren Fragmente. Sollten beim Schreiben Fragen im Hinblick auf Rechtschreibung oder Grammatik auftreten, können die Kinder ein Wörterbuch zurate ziehen. Nachdem alle Gruppen ihre Briefe fertiggestellt haben, werden diese im Sitzkreis vorgelesen. Hier wird sich zeigen, dass sich die Briefe der einzelnen Gruppen voneinander unterscheiden. Wo liegen Gemeinsamkeiten, wo Unterschiede?

Anmerkung

Der vergilbte Brief soll die Kinder zu Spekulationen anregen. Eventuell sind einzelne Buchstaben oder Wörter noch zu erkennen. Von manchen Sätzen kann man gegebenenfalls noch den Anfang oder das Ende lesen. Doch zu fragen ist:

- Wie lässt sich der Satz vervollständigen?
- Welche Wörter lassen sich aus den erkennbaren Buchstaben bilden?
- Was könnte Inhalt des Briefes sein?

Wichtig ist, dass mit den Briefen der anderen Kinder behutsam und respektvoll umgegangen wird. Ein Richtig oder Falsch gibt es bei dieser Aufgabenstellung nicht.

Weiterführung

Über die Briefe der Kinder lässt sich ein Austausch zwischen den einzelnen Gruppen herbeiführen. Hierfür tauschen die Gruppen ihre Briefe per Flaschenpost aus. Zu dem Brief der anderen Gruppe verfassen die Schüler eine Antwort und schicken diese wiederum per Flaschenpost zurück. Auf diesem Wege lassen sich auch eigene vergilbte Briefe herstellen.

| Deutsch, Nr. 2 | Schrift (re)konstruieren | Wortantizipation |

Ziel und didaktischer Kontext

- Konstruieren eigener Sätze
- Antizipation von Wörtern
- Revision des Sinnverständnisses
- Förderung der Kreativität und Fantasie

Schuljahr	Gruppengröße	Vorkenntnisse	Dauer	Materialien
2.–3. Klasse	2–4 Kinder	Buchstabenkenntnis	ca. 20 min.	• Papier • Stifte

Durchführung

Ein Gruppenmitglied schreibt den ersten Buchstaben eines von ihm frei gewählten Wortes auf ein Blatt Papier, wobei er seinen Partnern nicht mitteilt, welches Wort er ausgewählt hat. Der nächste Schüler überträgt den Buchstaben in eine neue Zeile und ergänzt einen zweiten des von ihm antizipierten Wortes. So wird das Blatt von Schüler zu Schüler weitergereicht, bis ein Satz entsteht. Wichtig dabei ist, dass die Fehler und Abweichungen des Partners nicht korrigiert werden. Diese müssen in die eigene Wortantizipation mit einbezogen werden, woraus sich neue Möglichkeiten und Assoziationen ergeben.

Anmerkung

Kein Schüler weiß im Vorfeld, welcher Satz aus den eigenen Assoziationen und den Ideen der Partner hervorgeht. Unter Umständen entstehen auch Sätze, die keinen oder nur wenig Sinn machen wie z. B.: »Hans fliegt rund« oder »Der Baum isst Gurken«. Doch gerade hierin liegt die Faszination dieses Assoziationsspiels: Es gibt den Kindern einen Anstoß, ihnen bekannte Dinge aus einer anderen Sichtweise zu betrachten.

Weiterführung

Wenn die Kinder möchten, können sie den von ihnen erstellten Satz als Schreibanlass nutzen und eine Geschichte zu ihrer selbst erfundenen Überschrift verfassen.

| Deutsch, Nr. 3 | Schrift (re)konstruieren | Rätsel mit Buchstaben |

Ziel und didaktischer Kontext

- Entwerfen eigener Rätsel mit Schrift
- Entziffern von Rätseln der anderen Schüler
- Entdecken neuer Möglichkeiten zur Erstellung von Schrifträtseln
- Förderung der Kreativität

Schuljahr	Gruppengröße	Vorkenntnisse	Dauer	Materialien
3.–4. Klasse	2 Kinder	gute Buchstabenkenntnis	ca. 15 min.	• Papier • Stifte

Durchführung

Zwei Blatt Papier werden versetzt übereinandergelegt. Auf der Linie, an der die Blätter überlappen, schreiben die Schüler einen Satz, sodass die obere Hälfte auf dem einen Blatt, die untere Hälfte auf dem anderen abgebildet sind. Eines dieser Blätter wird an den Partner weitergereicht, wodurch dieser nur noch die obere bzw. untere Hälfte des Satzes sehen kann. Aufgabe ist es nun, das Rätsel des Partners zu entschlüsseln. Anschließend denken sich die Kinder eigene Möglichkeiten aus, wie sie dem Partner ein Schrifträtsel erstellen können:

- Gibt es Varianten, wie man die Blätter an- bzw. übereinanderhalten kann?
- In welchen Formen oder Mustern lassen sich die Buchstaben zu einem Schrifträtsel anordnen?
- Welche Optionen gibt es, kreis- oder schneckenförmige Rätsel entstehen zu lassen?

Anmerkung

Das nachstehende Beispiel zeigt eine mögliche Variante, wie sich Rätsel mit Buchstaben erstellen lassen. Hier sind der Kreativität der Kinder keine Grenzen gesetzt. So können die Schüler nicht nur mit der Form des Abdeckens ihres Satzes experimentieren, sondern auch mit der Auswahl der Wörter, der Größe der Buchstaben sowie deren Anordnung bzw. Überlappung.

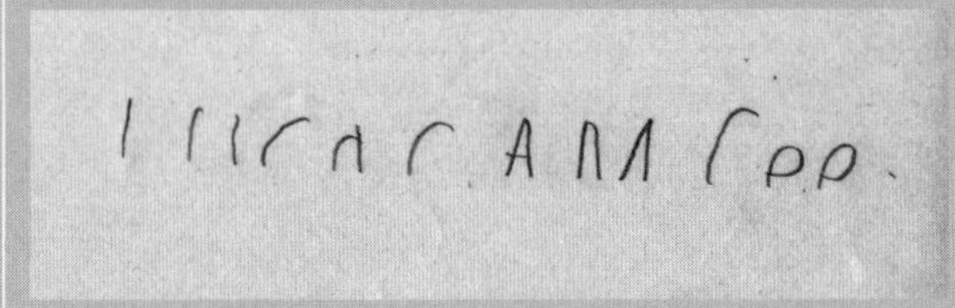

Abb. 2: Beispiel eines Kinderrätsels

Weiterführung

Die hier beschriebene Form der Schrift-(Re-)Konstruktion bietet zahlreiche Anschlussmöglichkeiten für Übungen zur Buchstabenkenntnis und -funktion. So können beispielsweise verschiedene Typografien im Kontext mit der hier vorliegenden Aufgabenstellung thematisiert werden.

| Deutsch, Nr. 4 | Schrift (re)konstruieren | Poetisches Vorbild |

Ziel und didaktischer Kontext

- Modifikation eines vorgegebenen Textes
- Nutzen des Originaltextes als Muster
- Vergleichen der veränderten Bedeutungen
- Wechsel der Perspektive

Schuljahr	Gruppengröße	Vorkenntnisse	Dauer	Materialien
2.–3. Klasse	1 Kind	Kenntnisse im Aufbau der Schriftsprache	ca. 20 min.	keine

Durchführung

An die Tafel wird der nachstehende Text geschrieben. Die Schüler/innen verwenden diesen als Vorlage, um einen eigenen Text zu verfassen.

> Vom blauen Himmel
> fällt der Sonnenschein
> auf die Schneekristalle nieder.
> Diese schmelzen,
> bis eine Eisfläche
> daraus entsteht:
> Jede Minute ein Eiskristall
> 60 Minuten in der Stunde,
> 24 Stunden am Tag,
> viermal 30 Tage lang,
> bis die Sonne den Schnee
> geschmolzen hat.
> K. N. Andersen (2009)

Anmerkung

Folgendes Schülerbeispiel zeigt, dass nur wenige Begriffe des Originaltextes verändert werden müssen, um dem Text eine ganz andere Bedeutung zu verleihen.

> Vom hohen Apfelbaum
> fallen die Äpfel
> auf die Erde nieder.
> Diese fallen,
> bis ein Berg
> daraus erwächst:
> Jede Minute ein Apfel
> 60 Minuten in der Stunde,
> 24 Stunden am Tag,
> viermal 30 Tage lang,
> bis der Berg den Baum
> erreicht hat.
> Lucas (2. Klasse)

Weiterführung

Im Sitzkreis können die Produkte der Kinder vorgelesen werden. Dabei wird sich zeigen, dass jeder Schüler dem Originaltext eine eigene Bedeutung gegeben hat. In der Folge können auch andere Texte zugrunde gelegt werden, um nach dem oben beschriebenen Beispiel eigene (Re-)Konstruktionen vorzunehmen.

| Deutsch, Nr. 5 | Schrift (re)konstruieren | Ideografie |

Ziel und didaktischer Kontext

- Entdecken der Besonderheiten der Ideografie
- Entwickeln eigener Wortbilder
- bildhaftes Ausdrücken von Bedeutungen (Semantik) in Symbolen (Semiotik)
- Förderung der Kreativität und Fantasie

Schuljahr	Gruppengröße	Vorkenntnisse	Dauer	Materialien
1.–2. Klasse	1–2 Kinder	Buchstabenkenntnis	ca. 20 min.	• Papier • Stifte

Durchführung

An der Tafel werden drei Muster für Ideogramme angezeichnet, z. B. ein Osterei, ein Haus und eine Sonne. Zunächst erklären die Kinder, was ihnen an diesen Beispielen auffällt. Anschließend entwickeln die Schüler eigene »Ostereier«, andere »Häuser« und veränderte »Sonnen«. In einem dritten Schritt suchen sie nach Begriffen, die sich für weitere Ideogramme eignen, z. B.:

- Welle
- Blitz
- Treppe
- Uhr
- Besen
- Bett

Wenn die Kinder keine eigenen Ideen für weitere Begriffe haben, können Karteikarten angefertigt werden, auf denen sich Wörter für weitere Ideogramme finden.

Anmerkung

Ein Blatt Papier, das zur Seite gelegt wird, kann dem Schreiber helfen, Unklarheiten in der Rechtschreibung oder der Gestaltung des Ideogramms im Vorfeld zu klären. Dabei kommt vor allem der ästhetischen Komponente eine tragende Rolle zu, wie folgendes Beispiel zeigt.

Abb. 3: Ideogramm-Bild zum Begriff Sonne

Weiterführung

Aus den Ideogrammen der Kinder können in einer Fortführung dieser Aufgabenstellung ganze Wörterlandschaften entstehen (vgl. hierzu das Beispiel Deutsch, Nr. 6).

| Deutsch, Nr. 6 | Schrift (re)konstruieren | Wörterlandschaft |

Ziel und didaktischer Kontext

- Zusammenführen mehrerer Ideogramm-Bilder
- Entwickeln einer eigenen Wörterlandschaft
- bildhaftes Ausdrücken von Bedeutungen (Semantik) in Symbolen (Semiotik)
- Förderung der Kreativität und Fantasie

Schuljahr	Gruppengröße	Vorkenntnisse	Dauer	Materialien
1.–3. Klasse	1–2 Kinder	Erfahrungen im Umgang mit Ideogrammen	ca. 20 min.	• Papier • Stifte

Durchführung

Aus mehreren Ideogramm-Bildern lassen sich Wörterlandschaften erstellen. Hierfür können ganz unterschiedliche Wortbilder miteinander kombiniert werden wie z. B. eine Welle mit einem Schiff oder einem Fisch, eine Wolke mit Regenbogen, Sonne und einem Vogel.

Beim Erstellen einer Wörterlandschaft gibt es kein Richtig und kein Falsch. Im Vordergrund steht nicht die korrekte Schreibweise, sondern das freie Experimentieren. Hier sind mannigfache Kombinationen von einzelnen Ideogramm-Motiven möglich, die in einer geschickten Zusammenstellung wie eine Wörterlandschaft wirken.

Anmerkung

Die Vielfalt der Möglichkeiten wird im nachfolgenden Beispiel deutlich. Hier werden mehrere Wortbilder zu einer umfassenden Wörterlandschaft zusammengefügt.

Abb. 4: Kinderbeispiel zu einer Wörterlandschaft

Weiterführung

Die Ideogramme der Kinder sollten im Klassenraum aufgehängt werden. So können sie als Anregung für weitere Ideogramm-Ideen dienen. Die farbliche Gestaltung der Wörterlandschaften lässt die Konstruktionen der Kinder aus einer nochmals anderen Perspektive erscheinen.

2.2 Geschichten erzählen: Vom Nacherzählen zur Konstruktion eigener Geschichten

Bevor das Kind lesen und schreiben kann, erzählt es Geschichten. Es berichtet von seinen Erfahrungen und Erlebnissen, Ängsten und Bedenken und verknüpft hierdurch seine innere mit der äußeren Welt. Ein solches Spiel mit den Realitäten manifestiert sich in Ludwig Wittgensteins Konzept des Sprachspiels, mit welchem er neben Karl Bühler als Protagonist einer handlungsbezogenen Sprachauffassung gelten kann. Sprachspiele sind für Wittgenstein in sich geschlossene Systeme der Verständigung, worunter er die vielfältigen Formen des Zeichen-, Wort- und Satzgebrauchs wie Behauptungen, Fragen und Befehle fasst, die nicht aufeinander zurückführbar sind. Damit ist auch das Sprechen von Sprache Teil eines Sprachspiels, bei dem jeder Satz einen Spielzug verkörpert, der außerhalb des Spiels ohne Sinn wäre. Hans-Georg Gadamer (1965, S. 464) knüpft an diesen Gedanken von Wittgenstein an, indem er feststellt: »Sprachliche Spiele sind es […], in denen wir uns als Lernende – und wann hören wir auf, das zu sein? – zum Verständnis der Welt erheben.« Damit wird das Sprachspiel in die Nähe eines konstruktivistischen Paradigmas gerückt, was anhand folgender sechs Beispiele gezeigt werden soll:

- Tanz der Hände (1.–2 Schuljahr)
- Spinnennetz (1.–2. Schuljahr)
- Farm der Tiere (1.–2. Schuljahr)
- Märchen (2.–4. Schuljahr)
- Piratengeschichte (1.–3. Schuljahr)
- Planeten (3.–4. Schuljahr)

Beim »Tanz der Hände« erzählen die Kinder mit ihren Händen eine Geschichte. Hierbei dürfen die Kinder nicht sprechen. Sie kommunizieren ausschließlich mit ihren Händen, die im Sitzkreis bei geschlossenen Augen bewegt werden. Im Rahmen dieser Aufgabe kann sich jeder Schüler so einbringen, wie er möchte. Dies stellt insbesondere für ausländische Kinder mit geringen Deutschkenntnissen eine gute Möglichkeit dar, sich mitzuteilen und mit den anderen Schüler/innen in eine Interaktion zu treten. Im Anschluss an den »Tanz der Hände« sind alle Schüler/innen der Gruppe dazu aufgefordert, einen Begriff oder einen Satz zu finden, der das Erlebte in Worte fasst. Dabei wird sich zeigen, dass die Eindrücke und Empfindungen der Schüler/innen nicht immer deckungsgleich sind. Wie ist dies zu erklären? Weshalb ist es für mich selbstverständlich, den Tanz so und nicht mit anderen Augen zu sehen? Gibt es auch Sichtweisen in der Gruppe, welche die eigenen Anschauungen erweitern?

Im Rahmen der Aufgabe »Spinnennetz« wird als Erzählanlass ein Geschichtsanfang vorgegeben. Dieser sollte möglichst kurz sein und die Schüler/innen zum Weitererzählen animieren. Die Kinder sind nun dazu aufgefordert, die Geschichte mit dem vom Lehrer vorgegebenen Anfang weiterzuführen und um neue Begebenheiten zu ergänzen. Dabei wird ein Wollknäuel von Erzähler zu Erzähler geworfen, bis ein Spinnennetz im Sitzkreis entsteht. Auch bei der Aufgabenstellung »Farm der Tiere« erfinden die Kinder eine eigene Geschichte. Mithilfe von Tieren oder Figuren aus Pappe, die sich in einem Erzählsack befinden, werden die Schüler/innen zum Erzählen angeregt. Wichtig dabei ist, dass es bei dieser Aufgabe kein Richtig und kein Falsch gibt: Z. B. kann ein Wildschwein in der Vorstellungswelt der Schüler/innen Fische aus einem Teich trinken, um dann zwischen zwei Bäumen stecken zu bleiben. Jede Erzählidee der Kinder sollte zugelassen werden.

Dies gilt ebenso für die Aufgabe, ein eigenes »Märchen« zu erfinden. Als Ausgangspunkt überlegen sich die Schüler/innen eine Überschrift und mögliche Personen bzw. Figuren, die in ihrem Märchen mitspielen könnten. In Gruppen denken sie sich eine Szene für ihr Märchen aus und stellen diese in einem Standbild dar, eventuell verkleidet mithilfe von Tüchern und kleineren Accessoires. Die anderen Gruppen beschreiben nun dieses Standbild, wobei sie sich nicht nur auf das im Standbild gezeigte beziehen, sondern ihre Erzählung auch um eigene Ideen und Assoziationen ergänzen. So wird das Märchen Szene um Szene erweitert. Zum Abschluss erfinden die Schüler ein gemeinsames Ende für ihr Märchen.

Ein Aspekt ist allen hier vorgestellten Beispielen gemeinsam: Die Aufgaben fordern die Kinder durch ausgewählte Impulse zum Erzählen einer eigenen Geschichte heraus. So werden z. B. bei der Aufgabe »Piratengeschichte« reale Gegenstände, die es auf einer Pirateninsel zu finden gibt (Sand, Muscheln, Münzen etc.), als Impuls bereitgestellt. Hierdurch fällt es den Kindern leichter, sich in die Wirklichkeit eines Piraten hineinzuversetzen und sich Situationen in dieser Welt auszudenken. Im Rahmen der Aufgabe »Planeten« dient ein Textanfang als Impuls, der mit zwei offenen Fragen endet. Nun sind die Kinder dazu aufgefordert, sich auf diese Fragestellungen einzulassen und sozusagen das Bild eines eigenen Planeten mit den auf ihm befindlichen Substanzen, Pflanzen und Bewohnern zu konstruieren. In jeder dieser Aufgabenstellungen erleben sich die Kinder selbst als Konstrukteure von Wirklichkeit.

| Deutsch, Nr. 7 | Geschichten erzählen | Tanz der Hände |

Ziel und didaktischer Kontext

- Ausprobieren des »Tanzes der Hände«
- Auswählen eines Titels oder Themas zum Tanz
- Formulieren eigener Gedanken
- Förderung der Fantasie

Schuljahr	Gruppengröße	Vorkenntnisse	Dauer	Materialien
1.–2. Klasse	4–5 Kinder	keine	ca. 20 min.	keine

Durchführung

Die Kinder setzen sich in einen Kreis, schließen die Augen und lassen ihre Hände und Arme in der Mitte des Kreises tanzen. Dabei kommt es zu spontanen Kontakten und zum Tanz mancher Hände miteinander. Während des Tanzes sprechen die Kinder nicht miteinander und halten ihre Augen geschlossen. Anschließend können sie sich über ihre Eindrücke austauschen und dabei solche Dinge erörtern wie z. B.:

- Wie könnte ein Titel oder ein Thema für unseren »Tanz der Hände« lauten?
- Wie habe ich den Tanz erlebt?
- Gibt es Blickwinkel, die meine Betrachtungsweise erweitern?
- Was ändert sich, wenn ich die Ideen und Assoziationen der anderen in meine Sichtweise einbeziehe?

Anmerkung

Beim »Tanz der Hände« erzählt jedes Kind eine Geschichte, nur mithilfe seiner Hände. Dabei wird sich zeigen, dass die Hände der Schüler/innen auch miteinander sprechen können. Meist gelingt das Gespräch leichter, wenn zu Beginn ein Thema verabredet wurde, das dann mit den Händen diskutiert wird. Beispiele für solche Themen sind:

- Wie fühlst du dich?
- Vulkanausbruch
- Dunkelheit
- Regen
- Pferderennen
- Start einer Rakete

Weiterführung

Die Kinder bewegen ihre Hände zu Stichworten. Reihum nennt jedes Kind einen Begriff, der von den Händen aller Gruppenmitglieder in der Kreismitte dargestellt wird. Anschließend tauschen sich die Schüler/innen über ihre gemeinsame Darstellung aus.

| **Deutsch, Nr. 8** | **Geschichten erzählen** | **Spinnennetz** |

Ziel und didaktischer Kontext

- Erfinden einer eigenen Geschichte
- Aufgreifen der Impulse des Vorredners
- Formulieren eigener Gedanken
- Förderung der Kreativität und Fantasie

Schuljahr	Gruppengröße	Vorkenntnisse	Dauer	Materialien
1.–2. Klasse	alle Kinder	keine	ca. 25 min.	• Wollknäuel

Durchführung

Die Kinder und der Lehrer bilden einen Sitzkreis. Der Lehrer hält ein Wollknäuel in den Händen. Er erzählt den Beginn einer Geschichte und wirft anschließend das Wollknäuel einem Kind zu. Das Ende des Knäuels hält der Lehrer fest. Das Kind, das nun das Wollknäuel in der Hand hält, führt die Geschichte fort. Anschließend wirft es das Knäuel einem anderen Kind zu, hält den Faden jedoch fest. So geht es beliebig lange weiter, bis eine Geschichte und ein Spinnennetz entstanden sind.

Anmerkung

Es sollte darauf geachtet werden, dass das Wollknäuel eine ausreichende Länge aufweist, sodass es jedes Kind der Klasse erreichen kann. Wenn die Kinder mit einer solchen Form des freien Erzählens noch nicht vertraut sind, ist es sinnvoll, dass der Lehrer ein Thema für die Geschichte vorgibt. Auch kann eine Bildergeschichte den Kindern als Hilfestellung dienen, um eine Geschichte zu erzählen.

Weiterführung

Ein besonderer Reiz geht von der Aufgabenstellung aus, die fertige Geschichte rückwärts noch einmal zu erzählen. Hierzu beginnt das Kind, das das Ende des Wollknäuels in der Hand hält. Es wiederholt seinen Teil der Geschichte. Anschließend wirft es das Knäuel demjenigen Kind zu, das zuvor seinen Teil erzählt hatte. So wird die Geschichte vom Ende bis zum Anfang erzählt. Wie wirkt die Geschichte nun?

| Deutsch, Nr. 9 | Geschichten erzählen | Farm der Tiere |

Ziel und didaktischer Kontext

- Entwickeln einer Erzählidee
- Formulieren eigener Gedanken
- Förderung der Kreativität und Fantasie
- Verbesserung der Eigenaktivität

Schuljahr	Gruppengröße	Vorkenntnisse	Dauer	Materialien
1.–2. Klasse	alle Kinder	keine	ca. 25 min.	• Papptiere bzw. Stofftiere • Stoffsack

Durchführung

In einem »Erzählsack« befinden sich mehrere Stofftiere bzw. von den Kindern aus Pappe hergestellte Figuren. Der Lehrer (oder ein Schüler) zieht ein Tier aus dem Erzählsack und beginnt, zu dem Tier eine Geschichte zu erzählen. Nach einer Weile wird der Erzählsack an einen Schüler weitergereicht. Wiederum zieht er ein Tier aus dem Erzählsack und führt die Geschichte fort. Nach und nach kommt jeder Schüler der Klasse an die Reihe und ergänzt die Geschichte.

Anmerkung

Beim Erzählkreis sollte zugelassen werden, dass die Schüler den Erzählsack auch an ein anderes Kind weiterreichen dürfen, wenn sie gerade keine Ideen zur Fortsetzung der Geschichte haben.

Abb. 5: Tier aus dem »Erzählsack«

Weiterführung

In einer Fortführung dieser Aufgabenstellung können sich die Kinder gemeinsam ein Ende für ihre Geschichte überlegen. Auch ist es möglich, die Geschichte der Kinder mit einem Kassettenrekorder aufzunehmen. So lässt sich die Geschichte in den Folgestunden weiterführen.

| Deutsch, Nr. 10 | Geschichten erzählen | Märchen |

Ziel und didaktischer Kontext

- Erfinden eines eigenen Märchens
- Gestalten eines Standbildes zum Märchen
- Entwickeln einer Erzählidee
- Förderung der Kreativität und Fantasie

Schuljahr	Gruppengröße	Vorkenntnisse	Dauer	Materialien
2.–4. Klasse	5–7 Kinder	keine	ca. 45 min.	• eventuell Tücher

Durchführung

Aufgabe ist es, ein eigenes Märchen zu erfinden. Zuerst wählen die Kinder in der Klassengemeinschaft eine Überschrift für ihr Märchen und überlegen sich mögliche Personen und Figuren, die mitspielen könnten. Danach finden sich die Kinder in Gruppen zusammen und denken sich eine Szene für ihr Märchen aus. Die Gruppen überlegen, wie sie die Szene in einem Standbild darstellen können. Wichtig dabei ist, dass jedes Gruppenmitglied in das Standbild einbezogen wird.

Anschließend kommen alle Kinder im Sitzkreis zusammen und jede Gruppe stellt ihr Standbild vor. Dabei gibt ein Erzähler (der Lehrer oder ein Schüler) die Szene verbal wieder. So wird das Märchen Szene um Szene erweitert. Eventuell ist es notwendig, sich Übergänge für die Szenen auszudenken. Zum Abschluss erfinden die Kinder gemeinsam ein Ende für ihr Märchen.

Anmerkung

Eine Variante dieser Spielidee ist, dass nur eine Gruppe ein Standbild für das Märchen entwirft. Die anderen Gruppen denken sich auf der Grundlage dieses Standbildes ein eigenes Märchen aus. Anschließend erzählt jede Gruppe im Sitzkreis ihr Märchen. Gemeinsam kann man nun besprechen:

- Wieso bin ich mir sicher, dass die Szene so weitergeht, wie ich mir dies überlegt habe?
- Gibt es noch andere Sichtweisen?
- Was ändert sich, wenn ich die Szene aus einem anderen Blickwinkel betrachte?
- Wie erweitern sich hierdurch meine (Re-)Konstruktionen?

Anmerkung

Im Anschluss an diese Aufgabenstellung kann das eigene Märchen verschriftlicht werden. Hierfür schreibt jede Gruppe einen kurzen Text zu ihrer Szene und der Lehrer formuliert die Übergänge von der einen Szene zur nächsten. Von den Standbildern aufgenommene Fotos können das Märchenbuch der Kinder komplettieren.

| Deutsch, Nr. 11 | Geschichten erzählen | Piratengeschichte |

Ziel und didaktischer Kontext

- Erfinden einer Piratengeschichte
- Äußern von Assoziationen zu einem Gegenstand
- Entwickeln einer Erzählidee
- Förderung der Kreativität und Fantasie

Schuljahr	Gruppengröße	Vorkenntnisse	Dauer	Materialien
1.–3. Klasse	alle Kinder	keine	ca. 25 min.	• diverse Objekte, die man auf einer Pirateninsel finden könnte

Durchführung

Im Sitzkreis präsentiert der Lehrer Gegenstände (oder Bilder), die auf einer Pirateninsel zu finden sein könnten. Die Kinder überlegen sich gemeinsam eine Überschrift für ihre Geschichte und sammeln Ideen, was in der Geschichte alles geschehen könnte. Der Anfang der Piratengeschichte wird von allen Schüler/innen gemeinsam erstellt. Jeder Schüler wählt nun einen Gegenstand aus, den er in den Mittelpunkt seines Geschichtsabschnittes stellt. Anhand dieser Objekte wird die Geschichte fortgeführt. Nach und nach kommt jeder Schüler der Klasse an die Reihe und ergänzt die Piratengeschichte. Gemeinsam überlegt sich die Klasse ein Ende für ihre Geschichte.

Anmerkung

Damit die Kinder eine Erzählidee für ihre Piratengeschichte entwickeln, bietet es sich an, Gegenstände als Impuls bereitzustellen, die mit einer Insel oder mit dem Thema Piraten assoziiert werden. Beispiele hierfür sind:

- Sand
- Steine
- Muscheln
- Augenklappe
- Goldmünzen
- Palme
- Kokosnuss
- Orangen
- Stöcke
- Paddel
- Boot

Anmerkung

In einer Fortführung dieser Aufgabe können andere Themenschwerpunkte (z. B. Geisterschloss, Bauernhof, Indianer) ausgewählt werden. Auch zu diesen Themen werden typische Gegenstände ausgewählt, die als Erzählanlass dienen. Die Auswahl der Dinge kann durch die Schüler/innen vorgenommen werden, indem jeder von zu Hause etwas mitbringt, das zu dem jeweiligen Themenschwerpunkt passt.

| Deutsch, Nr. 12 | Geschichten erzählen | Planeten |

Ziel und didaktischer Kontext

- Erfinden eines eigenen Planeten
- Formulieren von Eigenschaften zu einem Planeten
- Entwickeln einer Erzählidee
- gemeinsames Problemlösen

Schuljahr	Gruppengröße	Vorkenntnisse	Dauer	Materialien
3.–4. Klasse	4 Kinder	Grundkenntnisse von den Eigenschaften der Planeten	ca. 35 min.	• eventuell Sachbücher über Planeten

Durchführung

Die nebenstehende Geschichte wird vorgelesen. Aufgabe ist es, sich eine Fortsetzung zu der Geschichte auszudenken und zu überlegen, wie der eigene Planet beschaffen sein könnte:

- Ist er heiß, sandig, steinig oder mit Pflanzen bewachsen?
- Ist er groß oder klein?
- Scheint dort die Sonne oder ist es dunkel?

Gemeinsam sammeln die Gruppenmitglieder Eigenschaften für ihren Planeten. Dabei können sich die Kinder durch Beschaffenheit und Namen von real existierenden Planeten inspirieren lassen. Im Sitzkreis berichtet jede Gruppe von ihrem Planeten.

Anmerkung

Die offenen Fragestellungen zum Ende dieses Textes regen die Kinder dazu an, sich mit einer Fortsetzung der Geschichte zu befassen. Wichtig dabei ist, dass der Text kurz, spannend und zugleich informativ ist.

Planeten

Wir schreiben das Jahr 2100. Auf der Erde gibt es mittlerweile so viele Kinder und Erwachsene, dass der Platz nicht mehr für alle reicht. Deshalb macht sich eine Gruppe, bestehend aus vier mutigen Forschern, auf die Suche nach einem neuen Planeten, auf dem Menschen leben können. Sie steigen in ihr Raumschiff und fliegen los. Sie kommen vorbei an unendlich vielen Sternen. Wo wird sie ihre Reise wohl hinführen? Welchen Planeten werden sie finden?

Weiterführung

Im Anschluss kann im Sachunterricht thematisiert werden, welche Eigenschaften Planeten aufweisen können. Beispiele: Wüstenplanet (heiß, sandig), Eisplanet (kalt, alles zugefroren), Wasserplanet (fast überall ist Wasser, es gibt nur wenig Land), Steinplanet (steinig, es wachsen kaum Pflanzen). Auf dieser Grundlage kann eine Zuordnung zu realen Planeten sowie deren Namen erfolgen.

2.3 Texte schreiben: Entdecken kreativer und sprachästhetischer Möglichkeiten

Die Urteile über das Textverfassen am Schreibanfang variieren in der Literatur erheblich. Jürgen Baurmann und Otto Ludwig (1986) stützen sich auf eine selektive Wahrnehmung des Modells von Carl Bereiter (1980), der die Entwicklung von Schreibstrategien auf der Grundlage textbezogener Wissens- und Fähigkeitskomplexe analysiert und daraus folgende fünf Schreibschemata ableitet:

- *Assoziatives Schreiben*: Das Kind schreibt seine Gedanken und Gefühle assoziativ nieder, ohne dabei auf den Leser Rücksicht zu nehmen.
- *Normbewusstes Schreiben*: Zunehmend versucht das Kind, grammatisch, stilistisch und orthografisch korrekt zu schreiben und nimmt erste Korrekturen am eigenen Text vor.
- *Kommunikatives Schreiben*: Der Leser wird in den Text mit einbezogen, indem der Schreiber versucht, die Perspektive des Adressaten zu berücksichtigen.
- *Authentisches Schreiben*: Der persönliche Stil des Schreibers kommt im Text zum Tragen.
- *Heuristisches Schreiben*: Erst beim Verfassen des Textes kommen dem Schreiber die entscheidenden Ideen. Er denkt schreibend.

Während Bereiter ein differenziertes Bild von Bewältigungsstrategien entwirft, kürzt sich bei Baurmann und Ludwig (1986, S. 19) das »assoziativ-expressive Schreiben« wie folgt zusammen: »Das Kind schreibt nieder, was ihm durch den Kopf geht. Assoziativ sind die Gedanken, expressiv ist die Funktion. Geschrieben wird einzig und allein, um etwas, das man in sich spürt, Gedanken oder Empfindungen, nach außen zu bringen. Das Kind schreibt sozusagen aus sich heraus.« Diese Auffassung über die Schreibqualität von Schreibanfängern ist ebenso schematisch wie abwertend: Das Strukturierungsverfahren des Kindes könne zunächst nur »linear-additiv«, später dann »analytisch-integrativ« (Ludwig 1994, S. 20) sein.

Für ein vollkommen neues Verständnis von Kindertexten plädiert Mechthild Dehn (1996b, S. 113). Sie warnt davor, dass »das Verständnis von Schülertexten und der Umgang mit ihnen [...] leicht in die Gefahr ideologischer Verzerrung (geraten), nämlich den Kindertext wie ein nicht veränderungswürdiges Kunstwerk zu betrachten, oder in die Gefahr des entwicklungspsychologisch begründeten ›Kurzschlusses‹, den Text als per se defizitär anzusehen. Die Normen für schulische Korrekturen geraten allzu leicht zu Stereotypen, die dann den Unterricht, das Schreiben vorbestimmen.« Ein angemessenes Verständnis von Kindertexten erfordert nach Dehn (1996a, S. 175) die Bereitschaft zu einer neuen Lesehaltung. Aufgabe des Lehrers ist es dementsprechend, Schülertexte unter dem Aspekt ihrer inhaltlichen Mitteilungen ernst zu nehmen; denn »Voraussetzung für das Textverstehen ist die Haltung dessen, der den Text liest: der also die Leseerwartung, die vom Text erzeugt wird, und die Schreibhaltung, die im Text erkennbar wird, annimmt. Und das heißt zunächst einmal, den Text wörtlich [...] nehmen. Das bedeutet auch, dass ich, wenn ich als Lehrerin einen Text lese, mich als Person wahrnehme – im Prozess des Verstehens bereits – in der Perspektivenübernahme beim Lesen des Schülertextes.« Einer richtig gestimmten Lesehaltung eröffnen sich dann Kindertexte als Sinnentwürfe.

Ziel des Grundschulunterrichts sollte es demgemäß sein, Kinder zum Schreiben ihrer eigenen Meinung zu motivieren, und zwar zunehmend differenzierter. Ein Curriculum für den Schreibunterricht, das anhand der nachfolgend aufgeführten Praxisbeispiele skizziert werden soll, könnte wie folgt aussehen: Bereits in den ersten Jahren der Grundschule sollte der Schreibunterricht mit komplexen Aufgaben beginnen, damit die Schüler/innen Gelegenheit zur Erprobung, zum Experimentieren und zum Finden des Eigenen erhalten. Dies heißt jedoch nicht, dass die Schreibaufgaben nach der Maxime vom Einfachen zum Schweren ausgewählt werden sollten, sondern eher nach dem Grundsatz vom Unvollkommenen zum Vollkommenen.

Erst, wenn Grundschüler/innen in »produktive Sprachnot« (Balhorn/Vieluf 1990, S. 34) geraten, d. h. wenn sie etwas ihnen persönlich Wichtiges ausdrücken wollen und ihre schriftsprachlichen Fähigkeiten dazu noch nicht ausreichen, entwickelt sich ihre Schreibfähigkeit. Derartige Situationen des »Fehlens« und der »Leerstelle« regen das Denken der Kinder an und lassen diese zu erstaunlichen formalen Gestaltungslösungen gelangen. Wesentlich dabei ist, dass jeder Schreibversuch und jede noch so ungewöhnliche Idee und Assoziation als produktiv, als Sinnentwurf und nicht als Fehler gewertet werden sollten. Von ihnen gehen Anstöße aus, den eigenen Text immer angemessener zu gestalten. Folgende Aufgabenstellungen fordern die Kinder zu einer solchen Form des Schreibens heraus:

- Pantomime (2.–3. Schuljahr)
- Spielzeugladen (2.–3. Schuljahr)
- Gedicht der Gefühle (2.–4. Schuljahr)
- Koffergeschichte (3.–4. Schuljahr)
- Baum im Rapsfeld (1.–2. Schuljahr)
- Großmutters Kommode (2.–4. Schuljahr)
- Fünf Wörter (3.–4. Schuljahr)
- Zauberschloss (3.–4. Schuljahr)
- Expedition im Dunkeln (2.–4. Schuljahr)

Der hier vorgestellte Kanon gibt den Kindern vielfältige Anlässe zum Schreiben und zur Reflexion ihrer Wirklichkeitskonstruktionen. Als Impulse werden unterschiedliche Schreibanlässe ausgewählt wie z. B. das Schreiben zu einem Textanfang mit offenem Ende. In der »Koffergeschichte« beispielsweise wird den Kindern im Rahmen des Textanfangs vorgegeben, dass ein Koffer auf dem Meer treibt. An einer Seite hängt ein Kleidungsstück heraus. Wir fragen uns, wem der Koffer gehört, wo er herkommt, warum er dort schwimmt, wohin er gelangen sollte, wie lange er schon auf dem Wasser treibt. Der Schreibanlass »Großmutters Kommode« geht von einer den Schüler/innen bekannten Situation aus: Zwei Kinder dürfen die Ferien im Haus der Großmutter verbringen. Dort entdecken sie eine Kommode mit zahlreichen Schubladen. Was sich darin wohl verbirgt? Auch beim Besuch in einem »Zauberschloss«, in dem sich ein scheinbar endloser Gang mit vielen Türen befindet, werden die Kinder zur Wirklichkeitskonstruktion angeregt, indem sie die Frage gestellt bekommen: Welches Abenteuer könnte sich hinter den Türen verbergen? Schließlich werden die Schüler/innen mit der Situation konfrontiert, sich in einem »Spielzeugladen« zu befinden, in dem plötzlich die Spielsachen lebendig werden. Was könnte hier geschehen?

Durch eine solch offene Fragehaltung werden die Schüler/innen zum Erfinden eigener Geschichten und zur eigenen kreativen sprachlichen Gestaltung angeregt. Nur so kann es gelingen, dass sie auf eigene spontane Einfälle zurückgreifen und dabei Erinnerungen und Assoziationen mit dem vorgegebenen Schreibimpuls verknüpfen. Sie entwickeln eigene Weltbilder, die nicht als Rekonstruktion zu verstehen sind, sondern als ein Konstrukt, das eigene Deutungen und Entwürfe enthält. Ein solch konstruktivistisches Paradigma kommt auch im Rahmen des Praxisbeispiels »Pantomime« zum Tragen. Hier werden die Schüler mit der Aufgabenstellung konfrontiert, zu einem Gegenstand (z. B. einer Blume oder einer Geldbörse) etwas pantomimisch darzustellen und dies anschließend zu verschriftlichen. Im Rahmen der Aufgabe »Gedicht der Gefühle« werden den Kindern verschiedene Fragen vorgegeben (z. B.: Wie sieht dein Gefühl aus? Wie riecht es? Wie schmeckt das Gefühl? Wie fühlt sich das Gefühl an? Wie klingt es?). Zu diesen Fragestellungen entwirft jeder Schüler ein eigenes Gedicht zu einem von ihm ausgewählten Gefühl.

Bei der »Expedition im Dunkeln« wird den Kindern ein Fühlkasten mit verschiedenen Naturmaterialien (z. B. Baumrinde, Moos, Tannennadeln) zur Verfügung gestellt. Das Ertasten der Materialien soll die Schüler/innen dazu anregen, ihre eigenen kreativen und sprachästhetischen Möglichkeiten zu entdecken und auszuprobieren. Dieses Ziel steht auch im Rahmen der Aufgabenstellung »Baum im Rapsfeld« im Vordergrund. Hier werden die Kinder mittels eines Bildimpulses zum Schreiben unter einem Blickwinkel der Dekonstruktion veranlasst, indem sie sich mit solchen Fragen auseinandersetzen wie z. B.: Welche Assoziationen verbinde ich mit dem Bild? Gibt es Sichtweisen, die meine Interpretationen erweitern und die ich bislang noch nicht wahrgenommen habe? Welche Gemeinsamkeiten und Unterschiede zeigen sich zwischen meiner Interpretation und der Sichtweise der anderen? Was ändert sich, wenn ich meinen Betrachtungswinkel wechsele? Solche Fragen, ebenso wie die nachfolgend dargestellten Praxisbeispiele, veranschaulichen, dass jede Wahrnehmung eine bereits konstruierte Wahrnehmung ist. Dieses konstruktivistische Paradigma gilt es im nun Folgenden zu exemplifizieren.

2.3 Texte schreiben: Entdecken kreativer und sprachästhetischer Möglichkeiten

| **Deutsch, Nr. 13** | **Texte schreiben** | **Pantomime** |

Ziel und didaktischer Kontext

- Durchführen einer Pantomime
- Entwickeln einer Schreibidee
- Formulieren und Verschriftlichen eigener Gedanken
- Förderung der Experimentierfreude und Fantasie

Schuljahr	Gruppengröße	Vorkenntnisse	Dauer	Materialien
2.–3. Klasse	2–4 Kinder	keine	ca. 30 min.	• Spielkiste mit diversen Materialien

Durchführung

Der Lehrer stellt eine Spielkiste mit diversen Materialien zur Verfügung. Die Kinder machen sich mit den Objekten vertraut. Nach einiger Zeit finden sich zwei bis vier Kinder zusammen und wählen einen Gegenstand aus. Sie sollen eine Geschichte zu dem ausgewählten Objekt darstellen, ohne dabei zu sprechen. Ein Gruppenmitglied beginnt die pantomimische Darstellung. Nach einer Weile reicht das Kind den Gegenstand weiter und die Darstellung wird vom nächsten Gruppenmitglied fortgeführt. Anschließend wird die Geschichte von der Gruppe schriftlich fixiert und im Sitzkreis den anderen Kindern vorgestellt.

Anmerkung

Um Möglichkeiten einer Wirklichkeitskonstruktion anzustoßen, bietet es sich an, Objekte auszuwählen, die zur Interaktion anregen. Solche Objekte können beispielsweise sein:

- Geldbörse
- Taschenlampe
- Blume
- Foto oder Bild
- Zeitung
- Brille

Weiterführung

Anschließend können die Kinder auch von zu Hause einen Gegenstand mitbringen und eine Geschichte über dieses Mitbringsel entwerfen.

| Deutsch, Nr. 14 | Texte schreiben | Spielzeugladen |

Ziel und didaktischer Kontext

- Verfassen einer Geschichte
- Formulieren von Assoziationen zu einem Spielzeug
- Entwickeln einer Schreibidee
- Förderung der Kreativität und Fantasie

Schuljahr	Gruppengröße	Vorkenntnisse	Dauer	Materialien
2.–3. Klasse	3–5 Kinder	Kenntnisse im Aufbau der Schriftsprache	ca. 45 min.	• Karton mit diversen Spielzeugen • eventuell Wörterbuch

Durchführung

Der Lehrer liest die nebenstehende Geschichte vor. Jede Gruppe erhält einen Karton, in den an einer Seite ein Loch hineingeschnitten wurde. Im Karton befinden sich unterschiedliche Spielzeuge wie z. B.:

- Hampelmann
- Stoffhund
- Spielzeugauto
- Lokomotive

Durch das Loch im Karton können die Kinder das Spielzeug betrachten, ohne es anfassen zu können. In ihren Gruppen überlegen sie, was das Spielzeug erleben könnte, wenn es lebendig wäre. Was könnte in dem Spielwarenladen geschehen? Gemeinsam schreiben die Gruppenmitglieder ihre Geschichte auf. Anschließend lesen sie die Geschichte im Sitzkreis den anderen Kindern vor.

Anmerkung

Mit nachfolgendem Geschichtsanfang werden die Kinder zur Fantasiebildung angeregt.

Spielzeugladen

Nach der Schule gehen Lara und Lucas stets gemeinsam nach Hause. Jeden Tag kommen sie dabei an einem Spielwarenladen vorbei. In dem Schaufenster finden sich unendlich viele Dinge – Stofftiere, eine Spielzeugeisenbahn, Spielzeugautos, ein Puppenhaus und viele andere Spielsachen zum Anschauen und Bestaunen. Immer wenn Lara und Lucas auf dem Weg nach Hause an das Geschäft gelangen, bleiben sie einen Augenblick stehen, um in das Schaufenster zu schauen. Auch heute stehen die beiden wieder vor dem Spielzeugladen und betrachten die vielen Gegenstände. Doch plötzlich – sie trauen ihren Augen kaum – beginnen sich die Spielsachen zu bewegen. Sie werden lebendig!

Weiterführung

Aus den einzelnen Geschichten, die in den Gruppen verfasst werden, kann ein Buch der Fantasiegeschichten entstehen. Jede Gruppe ist dazu aufgefordert, eine spannende Anekdote beizusteuern, um so gemeinsam ein Buch mit mehreren Kapiteln zu entwerfen.

| Deutsch, Nr. 15 | Texte schreiben | Gedicht der Gefühle |

Ziel und didaktischer Kontext

- Verfassen eines Gedichtes der Gefühle
- Beschreiben abstrakter Begriffe mithilfe von Sinneswahrnehmungen
- Zulassen verschiedener Lösungen
- Wechsel der Perspektive

Schuljahr	Gruppengröße	Vorkenntnisse	Dauer	Materialien
2.–4. Klasse	2 Kinder	Kenntnisse im Aufbau der Schriftsprache	ca. 25 min.	• Papier • Stifte

Durchführung

Jedes Kind sucht sich ein Gefühl aus, z. B. Liebe, Hass, Trauer, Mut. Nun sollen die Schüler/innen das von ihnen gewählte Gefühl beschreiben. Grundlegende Fragestellungen hierfür sind:

- Wie sieht das Gefühl aus?
- Wie riecht es?
- Wie schmeckt das Gefühl?
- Wie fühlt es sich an?
- Wie klingt es?

Anschließend stellen die Partner/innen gegenseitig ihr Gedicht der Gefühle vor.

Anmerkung

Die Grundstruktur für das Gedicht der Gefühle wird durch die nebenstehenden Fragestellungen vorgegeben. Auf dieser Grundlage entwerfen die Schüler/innen eine eigene Sicht auf das von ihnen ausgewählte Gefühl.

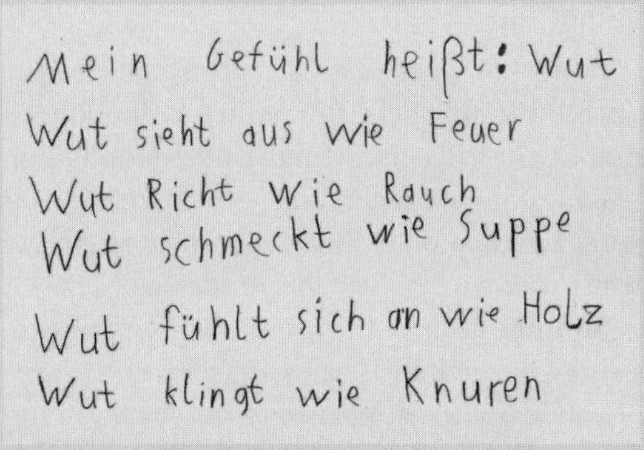

> Mein Gefühl heißt: Wut
> Wut sieht aus wie Feuer
> Wut Richt wie Rauch
> Wut schmeckt wie Suppe
>
> Wut fühlt sich an wie Holz
> Wut klingt wie Knuren

Abb. 6: Kinderbeispiel zum Gedicht der Gefühle

Weiterführung

Für diese Aufgabenstellung können ebenso Situationen aus dem Alltag der Kinder als Schreibanlass herangezogen werden (z. B. Schlafengehen, Schaukeln). Alternativ können auch konkretere Begriffe gewählt werden (z. B. reale Gegenstände).

| Deutsch, Nr. 16 | Texte schreiben | Koffergeschichte |

Ziel und didaktischer Kontext

- Entwerfen einer Koffergeschichte
- Formulieren und Verschriftlichen eigener Gedanken
- Entwickeln einer Schreibidee
- Förderung der Kreativität und Fantasie

Schuljahr	Gruppengröße	Vorkenntnisse	Dauer	Materialien
3.–4. Klasse	3–5 Kinder	Kenntnisse im Aufbau der Schriftsprache	ca. 45 min.	• Papier • Stifte • eventuell Wörterbuch

Durchführung

Der Lehrer liest die nebenstehende Geschichte vor. In ihren Gruppen überlegen die Kinder:

- Wo könnte der Koffer herkommen?
- Was könnte er schon alles erlebt haben?
- Wo ist er auf seiner Reise vorbeigekommen?

Gemeinsam schreiben die Gruppenmitglieder die Geschichte ihres Koffers auf. Sollten dabei Fragen im Hinblick auf Rechtschreibung oder Grammatik auftreten, können sie ein Wörterbuch zurate ziehen. Auf die Hilfe des Lehrers sollte weitestgehend verzichtet werden. Stoßen die Kinder auf Fragen, die sie in ihrer Gruppe nicht beantworten können, kann eine Lösung im Klassengespräch gesucht werden. Nachdem alle Gruppen ihre Geschichte fertig geschrieben haben, lesen sie diese im Sitzkreis den anderen Kindern vor.

Anmerkung

Im Rahmen des Geschichtsanfangs wird den Kindern vorgegeben, dass sie am Hafen einen Koffer beobachten, aus dem ein Kleidungsstück hervorschaut. Wie genau dieses Kleidungsstück aussieht, wo es herkommt und wem es gehört, bleibt der Fantasie der Kinder überlassen. Hierdurch werden sie zu Möglichkeiten einer Wirklichkeitskonstruktion angeregt.

Koffergeschichte

Wir stehen an einem großen Hafen und sehen, wie ein Koffer von den Wellen angespült wird. Wir beobachten den Koffer und erkennen, dass ein Kleidungsstück aus ihm herausschaut. Es könnte ein T-Shirt sein. Wir fragen uns, wem der Koffer gehört, wo er herkommt, warum er dort schwimmt, wohin er gelangen sollte, wie lange er schon auf dem Wasser treibt, … in Gedanken verfolgen wir die Reise und die Erlebnisse dieses Koffers.

Weiterführung

Im Anschluss an die Gruppenarbeit kann im Klassengespräch zusammengetragen werden, welche Orte der Koffer gesehen und besucht hat. Beispiele: eine einsame Insel, bewohnt von Affen, Schlangen und Papageien, eine Stadt mit Hochhäusern oder eine Pirateninsel. Auf dieser Grundlage kann von den Kindern eine Landkarte angefertigt werden, die die Reise ihres Koffers wiedergibt.

| Deutsch, Nr. 17 | Texte schreiben | Baum im Rapsfeld |

Ziel und didaktischer Kontext

- Interpretation der Bildvorlage
- Formulieren und Verschriftlichen eines eigenen Untertitels
- Entwickeln einer Schreibidee
- Förderung der Kreativität und Fantasie

Schuljahr	Gruppengröße	Vorkenntnisse	Dauer	Materialien
1.–2. Klasse	2–3 Kinder	Grundkenntnisse im Aufbau der Schriftsprache	ca. 30 min.	• Kopie des Bildes • Papier • Stifte

Durchführung

Jede Gruppe erhält das Bild »Baum im Rapsfeld«. Die Kinder überlegen, was sie zu dem Bild schreiben können. Gemeinsam sammeln die Gruppenmitglieder Assoziationen:

- Was ist auf dem Bild zu sehen?
- Wie könnte ein Titel für dieses Bild lauten?
- Gibt es andere Sichtweisen?
- Warum ist es für mich selbstverständlich, das Bild so und nicht anders wahrzunehmen?

In ihren Gruppen schreiben die Kinder einen Untertitel für das Bild auf. In höheren Jahrgangsstufen können die Schüler/innen auch einen eigenen Text zu ihrem Titel verfassen.

Anmerkung

Das nachstehende Beispiel eines Erstklässlers zeigt, dass diese Schreibaufgabe bereits in den ersten Wochen des Schriftspracherwerbs von den Kindern geleistet werden kann.

Abb. 7: Kinderbeispiel zum »Baum im Rapsfeld«

Weiterführung

Im Sitzkreis werden alle Titel vorgestellt. In diesem Zusammenhang lässt sich thematisieren, wie verschiedenartig die Betrachtungsweisen der Kinder zu dem Bild sein können. Wie viele unterschiedliche Varianten gibt es?

| Deutsch, Nr. 18 | Texte schreiben | Großmutters Kommode |

Ziel und didaktischer Kontext

- Verfassen einer Geschichte
- Formulieren und Verschriftlichen eigener Gedanken
- Entwickeln einer Schreibidee
- Förderung der Kreativität und Fantasie

Schuljahr	Gruppengröße	Vorkenntnisse	Dauer	Materialien
2.–4. Klasse	3–5 Kinder	Kenntnisse im Aufbau der Schriftsprache	ca. 45 min.	• Kartons mit diversen Objekten • eventuell Wörterbuch

Durchführung

Der Lehrer liest die nebenstehende Geschichte vor. Jede Gruppe erhält einen Karton, in dem sich ein Gegenstand befindet. Beispiele hierfür sind:

- Fernglas
- Kompass
- Trommel

In ihren Gruppen überlegen die Kinder, wem dieser Gegenstand gehört haben könnte. Was hat die Person mit diesem Objekt alles erlebt? Gemeinsam schreiben die Gruppenmitglieder eine Geschichte zu ihrem Gegenstand auf. Anschließend lesen die Gruppen die Geschichte im Sitzkreis den anderen Kindern vor. Wenn die Schüler/innen möchten, können sie ein gemeinsames Ende für ihre Geschichte erfinden.

Anmerkung

Ein großes Haus zu erkunden, stellt für die Kinder einen besonderen Reiz dar. Diese Faszination wird in dem nachfolgenden Geschichtsanfang aufgegriffen.

Großmutters Kommode

Louise und Caspar fahren zu ihrer Großmutter. Dort dürfen sie ihre Herbstferien verbringen. Beide freuen sich riesig! Sie sind gespannt, was sie in diesem großen Haus, in dem Großmutter lebt, entdecken werden. Kaum sind sie angekommen, begeben sie sich auf eine erste Erkundungstour. Sie gehen in jedes Zimmer und schauen in die Ecken und Winkel. Doch sie finden nichts, was ihr Interesse wecken könnte. Bis sie in einen Raum kommen, der sich am entferntesten Ende des Hauses befindet. Langsam öffnen sie die knarrende Tür und treten ein. Der Raum ist leer. Nur eine alte Kommode steht unter dem Fenster. Vorsichtig ziehen sie eine Schublade heraus. Was sich darin wohl befindet?

Weiterführung

Die Kinder können aufgefordert werden, selbst Gegenstände von zu Hause mitzubringen, die sie in einen Schuhkarton legen. Untereinander tauschen die Schüler/innen ihre Kartons aus und schreiben eine Geschichte zu den in ihnen befindlichen Inhalten.

| Deutsch, Nr. 19 | Texte schreiben | Fünf Wörter |

Ziel und didaktischer Kontext

- Verfassen einer Geschichte
- Einbeziehen von fünf vorgegebenen Wörtern
- Entwickeln einer Schreibidee
- Förderung der Kreativität und Fantasie

Schuljahr	Gruppengröße	Vorkenntnisse	Dauer	Materialien
3.–4. Klasse	3–5 Kinder	Kenntnisse im Aufbau der Schriftsprache	ca. 45 min.	• Stoffsack • Wortkarten • eventuell Wörterbuch

Durchführung

Jede Gruppe zieht fünf Wortkarten aus einem Erzählsack. Mögliche Begriffe sind:

- Blitz
- Gespenst
- Höhle
- Krokodil
- Boot
- Insel
- Ameisenhaufen

Aufgabe ist es, auf der Grundlage der Wörter eine Geschichte zu erfinden. Zunächst suchen die Gruppenmitglieder eine Überschrift und überlegen, was alles in ihrer Geschichte passieren könnte. Nachdem alle Gruppen ihre Geschichte fertig geschrieben haben, lesen sie diese im Sitzkreis den anderen Kindern vor.

Anmerkung

Wesentlich bei dieser Aufgabenstellung ist, dass die von den Schüler/innen entwickelten Schreibideen als Möglichkeiten einer Wirklichkeitskonstruktion akzeptiert werden. Dies gilt sowohl für die Diskussion innerhalb der Gruppen, denn hier sollten die konstruktiven Ideen jedes Gruppenmitglieds anerkannt werden, als auch für die Akzeptanz, die den Arbeiten der anderen Gruppen entgegengebracht wird.

Weiterführung

Aus den Geschichten der einzelnen Gruppen kann ein Buch mit mehreren Kapiteln erstellt werden. Dafür müssen die Kinder Übergänge zwischen den Einzelkapiteln verfassen und gemeinsam eine Überschrift für ihr Buch erfinden.

| **Deutsch, Nr. 20** | **Texte schreiben** | **Zauberschloss** |

Ziel und didaktischer Kontext

- Entwickeln einer Geschichte
- Sammeln von Assoziationen zum Bild einer Tür
- Formulieren und Verschriftlichen eigener Gedanken
- Förderung der Kreativität und Fantasie

Schuljahr	Gruppengröße	Vorkenntnisse	Dauer	Materialien
3.–4. Klasse	3–4 Kinder	Kenntnisse im Aufbau der Schriftsprache	ca. 45 min.	• Abbildungen von Türen • eventuell Wörterbuch

Durchführung

Die nebenstehende Geschichte wird vorgelesen. Anschließend erhält jede Gruppe ein Bild, auf dem eine Tür abgebildet ist. Zu fragen ist:

- Was erwartet die Kinder hinter der Tür?
- Wer könnte sich dahinter verbergen?
- Gibt es noch andere Sichtweisen, die unsere bisherigen Konstruktionen erweitern?
- Was verändert sich, wenn wir den Blickwinkel wechseln?

Die Kinder sammeln in ihren Gruppen Assoziationen und entwickeln daraus eine Geschichte, die sie aufschreiben. Auf die Hilfe des Lehrers sollte dabei weitestgehend verzichtet werden. Nachdem alle Gruppen ihre Geschichte fertig geschrieben haben, lesen sie diese im Sitzkreis den anderen Kindern vor. Wenn die Schüler/innen möchten, können sie abschließend ein gemeinsames Ende für ihre Geschichte erfinden.

Anmerkung

Das offene Ende der nachfolgenden Geschichte fordert die Kinder zu eigenen Konstruktionsprozessen heraus.

Türgeschichte

Die Klasse 3b befindet sich auf Klassenfahrt. Es ist bereits der fünfte Tag, an dem die Kinder von zu Hause fort sind. Am Morgen kommt die Lehrerin in den Schlafsaal und ruft: »Schnell, ihr müsst aufstehen! Wir haben heute etwas ganz Besonderes vor.« Alle blicken mürrisch aus ihren Betten. »Heute besichtigen wir ein Zauberschloss!« Dass die Kinder so schnell aus ihren Betten herausspringen können, überrascht selbst die Lehrerin. Schnell wird noch gefrühstückt, dann geht es mit dem Bus zum Schloss. Die Kinder drängen sich durch die Eingangstür. Doch was ist das? Sie stehen in einem scheinbar endlosen Gang mit vielen Türen. »Hinter jeder Tür könnt ihr ein anderes Abenteuer erleben. Ich wünsche euch viel Spaß!«

Weiterführung

Die Abbildungen von Türen sollen die Kinder zu Assoziationen anregen, was sich hinter der Tür verbergen könnte. Alternativ können die Schüler/innen auch eigene Bilder zu ihrer Tür anfertigen.

Deutsch, Nr. 21	Texte schreiben	Expedition im Dunkeln

Ziel und didaktischer Kontext

- Entwickeln einer Schreibidee
- Formulieren und Verschriftlichen eigener Gedanken
- Ertasten von Materialien
- Sammeln von Ideen und Assoziationen

Schuljahr	Gruppengröße	Vorkenntnisse	Dauer	Materialien
2.–4. Klasse	3–5 Kinder	Kenntnisse im Aufbau der Schriftsprache	ca. 45 min.	• Fühlkästen mit diversen Naturmaterialien • eventuell Wörterbuch

Durchführung

Jede Gruppe erhält einen Karton, in den an einer Seite ein Loch hineingeschnitten wurde. Im Karton befinden sich unterschiedliche Gegenstände. Durch das Loch im Karton können die Kinder die Gegenstände befühlen, ohne sie zu sehen. Aufgabe ist es, auf der Grundlage dieser Inspiration eine Geschichte über eine »Expedition im Dunkeln« zu schreiben. In ihren Gruppen suchen die Kinder eine Überschrift für ihre Expedition und überlegen, was alles passieren könnte:

- Wo befinden wir uns?
- Wie sieht unsere Umgebung aus?
- Was erleben wir in dieser Umgebung?
- Welche Landschaften durchqueren wir?

Gemeinsam schreiben die Gruppenmitglieder ihre Ideen auf. Anschließend werden die Geschichten im Sitzkreis den anderen Kindern vorgestellt.

Anmerkung

Etwas zu fühlen und zu spekulieren, was dies sein könnte, regt zur eigenen Ideen- und Assoziationsbildung an. Von folgenden (Natur-)Materialien können solche Impulse ausgehen:

- Raues (z. B. Baumrinde, Ast, Tannenzapfen)
- Sanftes (z. B. Moos, Fell)
- Hartes (z. B. Kastanie, Knopf, Stein)
- Borsten (z. B. Stroh, Tannennadeln, Bürste)

Weiterführung

Zum Schreibanlass Fühlen kann auch das Riechen hinzugenommen werden. So können beispielsweise Riechproben von Tannennadeln oder Moos in Filmdosen angeboten werden, welche die Kinder zu weiterführenden Assoziationen anregen.

2.4 Literatur kreativ gestalten: Ausdrucksspiel aus dem Erleben

In diesem Abschnitt wird der thematische Zugriff des »Ausdrucksspiel(s) aus dem Erleben« (Baur-Traber et al. 1999, S. 5) in den Mittelpunkt gestellt. Diese Form des darstellenden Spiels, die Léon Chancerel auch als die *Jeux Dramatiques* bekannt machte, stellt eine Methode dar, in deren Rahmen sowohl kleine als auch große Gruppen ohne Material- und Bühnengebundenheit relativ zügig zum Spielen gelangen können. Hier steht der Spaß am Experimentellen im Vordergrund, sodass es auch kein Richtig und kein Falsch gibt. Rollen müssen nicht auswendig gelernt werden. Die Kinder spielen vor allem für sich selbst und miteinander. Zuschauer/innen können zwar anwesend sein, aber das Spiel findet nicht, wie im klassischen Theater, *für* die Zuschauer statt. Ein weiterer Unterschied zu den klassischen Formen des Theaterspiels ist, dass die Spieler/innen während des Spiels nicht sprechen. Der Text wird durch einen Sprecher vorgetragen, der während des Lesens Pausen lässt, bewusst verzögert, eventuell sogar einzelne Passagen wiederholt, um den Ausdruck zu verstärken. Durch Gebärden und Mimik heben die Spieler/innen hervor, was der Sprecher mitteilt.

Hierdurch können im Sinne von Léon Chancerel (1936, S. 5f.) »eine unendliche Vielfalt an Aktivitäten« zustande kommen, »vom einfachsten Spiel des Kindes, das eine Figur, ein Tier, einen Beruf imitiert, bis hin zum gemeinschaftlichen Spiel, welches aus den Wünschen und Ideen aller besteht. Die Kinder werden so vor Probleme gestellt, die zu lösen sind: Probleme der Beobachtung, des Gleichgewichts, des Rhythmus, der angemessenen Ausdrucksweise und des Durchhaltevermögens«. Das Ausdrucksspiel aus dem Erleben setzt voraus, dass die Bedürfnisse und Wünsche der Kinder bei der Auswahl des Textes berücksichtigt werden. Dabei ist es wesentlich, auch wenn die Spieler/innen selbst nicht sprechen, dass sich die Schüler/innen vor dem Spiel hinreichend mit dem Text auseinandergesetzt haben, da jeder Spieler mit dem Handlungsgeschehen vertraut sein sollte. Es gilt zu klären, wo gespielt wird, wer mitspielt, welche Rollen zu besetzen sind, welche Objekte oder Naturphänomene gespielt werden können. Wenn man miteinander erörtert, warum einzelne Rollen wichtig sind und was sie bedeuten, wächst die Bereitschaft, auch Rollen zu übernehmen, die vorher nicht im Blickpunkt standen.

Dieser »Entscheidungsprozess fördert auf kreative Weise, neue Lösungen zu finden. Es kommt zu Doppelbesetzungen, die Geschichte wird erweitert oder abgeändert. Das eigentliche Spiel beginnt erst, wenn alle mit ihrer Rolle zufrieden sind« (Frei 1999, S. 51). Bewährt haben sich hierbei folgende Spielregeln (Baur-Traber et al. 1999, S. 14):

- Jeder darf sich seine Rolle selbst aussuchen.
- Jeder darf sich Zeit lassen, seine augenblickliche Stimmung wahrzunehmen.
- Jeder spielt vor allem für sich selbst.
- Jeder respektiert den Freiraum seiner Mitspieler.

Gestützt auf diese Regeln erfolgt die praktische Umsetzung des Spiels. Ein klangliches Zeichen leitet den Beginn ein, eventuell erfolgt ein kleines musikalisches Vorspiel. Der Sprecher fängt an, den Text langsam vorzulesen. Dabei behält er die Spieler im Auge, die aufgrund ihrer spontanen Spielideen und der momentanen Stimmung selbst ihre Rolle bestimmen. Der Sprecher »liest auch die sprachlichen Dialoge. Dadurch braucht der Spieler nicht selbst zu sprechen; doch ist er innerlich dabei, als ob die Worte aus seinem Munde kommen würden« (Baur-Traber et al. 1999, S. 34). Nach dem Spiel kommen alle Kinder zur Nachbesinnung zusammen, in der sich die Spieler/innen zu solchen Fragestellungen äußern wie z. B.: »Was habe ich beim Spielen erlebt? Wo waren für mich Höhen und Tiefen?« (Schwander/Andersen 2005, S. 134). Im Rahmen der Verarbeitung soll keine Kritik oder Abwertung von Spieler/innen erfolgen. Jedoch kann man darüber sprechen, was beim Spielen fasziniert, begeistert oder überrascht hat. Auch können zusätzliche Rollen oder Mehrfachbesetzungen besprochen und in die Geschichte aufgenommen werden. So kann die Nachbesinnung zum Ausgangspunkt für ein neues Ausdrucksspiel aus dem Erleben werden, wodurch der Aufbau des Spiels den Charakter eines Zirkels mit erneuter Vorbereitung, Durchführung und Reflexion gewinnt. Für die nachfolgenden Beispiele zum Ausdrucksspiel aus dem Erleben wird folgende Literatur zugrunde gelegt:

- Das Blümlein (1.–2. Schuljahr)
- Schöner Frühling (1.–2. Schuljahr)
- Frühling über's Jahr (2.–3. Schuljahr)
- Kritik des Herzens (2.–3. Schuljahr)
- Abschiedsworte an Pellka (3.–4. Schuljahr)

| Deutsch, Nr. 22 | Literatur kreativ gestalten | Das Blümlein |

Ziel und didaktischer Kontext

- spielerisches Darstellen des Gedichts »Das Blümlein«
- Entwickeln von Spielideen
- Förderung der Kreativität und Fantasie
- Verbesserung der Selbstorganisation und Eigenaktivität

Schuljahr	Gruppengröße	Vorkenntnisse	Dauer	Materialien
1.–2. Klasse	8–12 Kinder	erstes pantomimisches Darstellen	ca. 45 min.	• Tücher • Bettlaken • Decken

Durchführung

Das nebenstehende Gedicht wird vom Lehrer vorgelesen. Im Klassenverband besprechen die Kinder, welche Rollen in dem Gedicht vorkommen, die sich spielen lassen. Wesentlich dabei ist, dass neben Tierrollen auch solche Dinge dargestellt werden können wie z. B. der Sonnenschein, die Blume oder die Seele. Jedes Kind wählt eine Rolle aus, wobei Rollen auch doppelt besetzt werden können. Mithilfe von Tüchern verkleiden sich die Kinder und gestalten ihren Spielplatz. Vor dem Spiel sammeln sich die Schüler/innen innerlich. Ein Gong leitet den Beginn des Spiels ein. Das Gedicht wird ein zweites Mal vorgelesen, wobei der Lehrer den Kindern Zeit lässt, die Handlung mit Gebärden und Bewegungen nachzuspielen. Die Spieler/innen selbst sprechen bei diesem Spiel nicht. Allerdings können sie die Tierstimmen oder andere Geräusche nachahmen. Ein Gong beendet das Spiel.

Anmerkung

Das Gedicht »Das Blümlein« lässt den Kindern zahlreiche Spielräume, die Handlung in eigenen Bewegungen sowie mit Mimik und Gestik umzusetzen.

Das Blümlein (W. Busch)

Sie war ein Blümlein hübsch und fein,
hell aufgeblüht im Sonnenschein.
Er war ein junger Schmetterling,
der selig an der Blume hing.
Oft kam ein Bienlein mit Gebrumm
und nascht' und säuselt' da herum.
Oft kroch ein Käfer kribbelkrab
am hübschen Blümlein auf und ab.
Ach Gott, wie das dem Schmetterling
so schmerzlich durch die Seele ging.
Doch was am meisten ihn entsetzt,
das Allerschlimmste kam zuletzt.
Ein alter Esel fraß die ganze
von ihm so heiß geliebte Pflanze.

Weiterführung

Im Anschluss an die Darstellung können die Kinder ihre Eindrücke vom Spiel wiedergeben. Dabei geht es nicht darum, die Darstellungsweise der anderen Kinder zu kritisieren, sondern folgende Fragen zu beantworten: Was habe ich erlebt? Wie habe ich mich beim Spielen gefühlt? Welche Erinnerungen und Assoziationen sind in mir aufgekommen?

| Deutsch, Nr. 23 | Literatur kreativ gestalten | Schöner Frühling |

Ziel und didaktischer Kontext

- spielerisches Darstellen des Gedichts »Schöner Frühling«
- Spielrollen übernehmen und entsprechend ausgestalten
- Entwickeln von Spielideen
- Förderung der Kreativität und Fantasie

Schuljahr	Gruppengröße	Vorkenntnisse	Dauer	Materialien
1.–2. Klasse	10–15 Kinder	erstes pantomimisches Darstellen	ca. 45 min.	• Tücher • Bettlaken • Decken

Durchführung

Das Gedicht »Schöner Frühling« wird vom Lehrer vorgelesen. Beim Lesen achten die Schüler/innen darauf, welche Rollen in dem Gedicht vorkommen, die sich spielen lassen. Dabei sollten nicht nur die Blumen und Vögel Erwähnung finden, sondern auch Dinge, wie z. B. das Laub, das Feld, der Wald, die Berge, das Tal, der Sonnenstrahl oder der Glockenklang. Jeder Schüler sucht sich eine Rolle aus, wobei Doppelbesetzungen von Rollen möglich sind. Mithilfe von Tüchern verkleiden sich die Kinder und begeben sich auf ihre Spielplätze. Mit einem Gong beginnt das Spiel. Das Gedicht wird ein zweites Mal vorgelesen, wobei der Lehrer den Kindern Zeit lässt, die Handlung darzustellen. Dabei sprechen die Kinder nicht, können aber das Singen der Vögel oder den Glockenklang nachahmen. Ein Gong beendet das Spiel. Anschließend können die Kinder ihre Eindrücke vom Spiel wiedergeben.

Anmerkung

Dieses Gedicht von August Heinrich Hoffmann von Fallersleben greift einen thematischen Zusammenhang auf, der den Kindern aus ihrem Alltag in ähnlicher Form bekannt sein dürfte.

Schöner Frühling
(A. H. Hoffmann von Fallersleben)

Schöner Frühling, komm' doch wieder;
lieber Frühling, komm' doch bald,
bring' uns Blumen, Laub und Lieder
schmücke wieder Feld und Wald.
Auf die Berge möcht' ich fliegen,
möchte seh'n ein grünes Tal,
möchte in Gras und Blumen liegen
und mich freu'n am Sonnenstrahl.
Möchte hören die Schalmeien
und der Herden Glockenklang,
möchte freuen mich im Freien
an der Vögel süßem Sang.

Weiterführung

Im Rahmen der Reflexion können die Kinder herausarbeiten, welche Merkmale des Frühlings in dem Gedicht zum Tragen kommen und dabei solche Fragen beantworten wie z. B.: Welche hier beschriebenen Situationen kenne ich? Wie habe ich sie bisher erlebt? Welche Aspekte zum Frühling werden in dem Gedicht nicht erwähnt? Anhand eines zweiten Gedichts zum Thema Frühling lassen sich die Merkmale erweitern (vgl. Deutsch Nr. 24).

2.4 Literatur kreativ gestalten: Ausdrucksspiel aus dem Erleben

| Deutsch, Nr. 24 | Literatur kreativ gestalten | Frühling über's Jahr |

Ziel und didaktischer Kontext

- spielerisches Darstellen des Gedichts »Frühling über's Jahr«
- Spielrollen übernehmen und entsprechend ausgestalten
- Entwickeln von Spielideen
- Förderung der Kreativität und Fantasie

Schuljahr	Gruppengröße	Vorkenntnisse	Dauer	Materialien
2.–3. Klasse	alle Kinder	erstes pantomimisches Darstellen	ca. 45 min.	• Tücher • Bettlaken • Decken

Durchführung

Vom Lehrer oder einem Schüler wird das Gedicht »Frühling über's Jahr« vorgelesen. Aufgabe ist es, beim Vorlesen genau zuzuhören und zu überlegen, welche Rollen sich aus dem Gedicht spielen lassen. Dabei sollten neben dem Beet, den Schneeglöckchen, Primeln und Veilchen auch Dinge benannt werden, wie der Schnee, der Frühling oder der Fleiß. Jeder Schüler wählt eine Rolle aus und verkleidet sich mit Tüchern. Der Spielablauf wird im Vorfeld nicht detailliert festgelegt. Allerdings können Punkte geklärt werden wie z. B.:

- Wo sollen die Schneeglöckchen wachsen?
- Wie lässt sich das smaragdene Keimen darstellen?

Mit einem Gong beginnt das Spiel. Während das Gedicht ein zweites Mal vorgelesen wird, spielen dazu die Kinder, ohne jedoch selbst zu sprechen. Das Spiel endet mit einem Gong.

Anmerkung

Das Gedicht von Johann Wolfgang von Goethe beschreibt die vielfältigen Prozesse des Frühlings in anschaulicher Weise.

Frühling über's Jahr (J. W. v. Goethe)

Das Beet schon lockert
sich's in die Höh',
da wanken Glöckchen
so weiß wie Schnee;
Safran entfaltet
gewalt'ge Glut,
smaragden keimt es
und keimt wie Blut.
Primeln stolzieren
so naseweis,
schalkhafte Veilchen,
versteckt mit Fleiß;
was auch noch alles
da regt und webt,
genug, der Frühling,
er wirkt und lebt.

Weiterführung

Im Anschluss können die Kinder eigene Ideen zur Fortsetzung des Gedichts entwickeln: Was könnte im Frühling noch wachsen? Welche Tiere könnten in dem Gedicht in Erscheinung treten? In Gruppen von drei bis vier Kindern schreiben die Schüler eine Strophe zu dem Gedicht, die anschließend vorgestellt und gegebenenfalls auch gespielt wird.

| Deutsch, Nr. 25 | Literatur kreativ gestalten | Kritik des Herzens |

Ziel und didaktischer Kontext

- spielerisches Darstellen des Gedichts »Kritik des Herzens«
- Spielrollen übernehmen und entsprechend ausgestalten
- Entwickeln von Spielideen
- Förderung der Kreativität und Fantasie

Schuljahr	Gruppengröße	Vorkenntnisse	Dauer	Materialien
2.–3. Klasse	8–12 Kinder	erstes pantomimisches Darstellen	ca. 45 min.	• Tücher • Bettlaken • Decken

Durchführung

Der Lehrer oder ein Schüler liest das nebenstehende Gedicht vor. In der Klassengemeinschaft werden mögliche Rollen, die sich spielen lassen, zusammengetragen. Hier sollten neben dem Reiter und seinem Pferd ebenso der Eselskarren, der Esel und die Allee, eventuell auch die Pfütze oder das Erschrecken benannt werden. Jedes Kind wählt eine Rolle aus. Manche Rollen, z. B. das Pferd, die Allee oder der Eselskarren, lassen sich auch doppelt besetzen. Mit Tüchern verkleiden sich die Kinder und gestalten die Allee. Vor dem Spiel kommen die Kinder zur Ruhe. Ein Gong leitet den Beginn des Ausdrucksspiels ein. Das Gedicht wird vom Lehrer (oder Schüler) ein zweites Mal vorgelesen, wobei der Sprecher den Kindern Zeit zum Spielen lässt. Die Spieler/innen selbst sprechen dabei nicht. Sie dürfen allerdings Geräusche (z. B. das Trappeln oder das Herunterfallen) nachahmen. Mit einem Gong endet das Spiel. Im Rahmen einer Reflexion können die Kinder ihre Eindrücke von dem Spiel wiedergeben.

Anmerkung

Dieses Gedicht eignet sich in besonderer Weise zur Umsetzung im Sinne der *Jeux Dramatiques*.

Kritik des Herzens (W. Busch)

Mein Freund, an einem Sonntagmorgen,
tät sich ein hübsches Rößlein borgen.
Mit frischem Hemd und frischem Mute,
in blanken Stiefeln, blankem Hute,
die Haltung stramm und stramm die Hose,
am Busen eine junge Rose,
so reitet er durch die Alleen,
wie ein Adonis anzuseh'n.
Die Reiter machen viel Vergnügen,
wenn sie ihr stolzes Roß bestiegen.
Nun kommt da unter sanftem Knarren
ein milchbeladner Eselskarren.
Das Rößlein, welches sehr erschrocken,
fängt an zu trappeln und zu bocken,
und, hopp, das war ein Satz, ein weiter!
Dort rennt das Roß, hier liegt der Reiter,
entfernt von seinem hohen Sitze,
platt auf dem Bauche in der Pfütze.
Die Reiter machen viel Vergnügen,
besonders, wenn sie drunten liegen.

Weiterführung

Das Gedicht »Kritik des Herzens« von Wilhelm Busch gibt Anlass zum Schmunzeln. Entsprechend können die Kinder dieses Gedicht in einer amüsanten Weise im Rahmen des Ausdrucksspiels aus dem Erleben darstellen. Im Anschluss an das Spiel kann man gemeinsam überlegen, welche Elemente des Gedichts für dieses belustigende Moment ausschlaggebend sind.

| Deutsch, Nr. 26 | Literatur kreativ gestalten | Abschiedsworte an Pellka |

Ziel und didaktischer Kontext

- spielerisches Darstellen des Gedichts »Abschiedsworte an Pellka«
- Spielrollen übernehmen und entsprechend ausgestalten
- Entwickeln von Spielideen
- Förderung der Kreativität und Fantasie

Schuljahr	Gruppengröße	Vorkenntnisse	Dauer	Materialien
3.–4. Klasse	12–15 Kinder	erstes pantomimisches Darstellen	ca. 45 min.	• Tücher • Bettlaken • Decken

Durchführung

Der Lehrer oder ein Schüler liest das Gedicht von Joachim Ringelnatz vor. Zunächst besprechen die Schüler, was eine Pellka sein könnte und welche weiteren Rollen aus dem Gedicht gespielt werden können. Hier sollten solche Dinge benannt werden wie z. B. die Gabel, Butter, Salz, Quark, Kümmel, Leberwurst und Schnittlauch. Darüber hinaus lassen sich aber auch die unterschiedlichen Blickweisen auf eine Kartoffel darstellen: das Ungleichrunde, Ausgekochte, Zeitgeschälte, Vielgequälte, Jungblütige, Edle.

Jeder Schüler wählt eine Rolle aus, verkleidet sich mit Tüchern und nimmt seine Spielposition ein. Während das Gedicht ein zweites Mal vorgelesen wird, spielen die Kinder die Handlung mit Bewegungen, Mimik und Gestik nach. Beim Spiel sprechen die Kinder nicht. Ein Gong beendet die Darstellung. Anschließend können die Kinder ihre Eindrücke von dem Spiel wiedergeben.

Anmerkung

Aufgrund der recht anspruchsvollen sprachlichen Gestaltung eignet sich das Gedicht »Abschiedsworte an Pellka« erst ab dem dritten Schuljahr.

Abschiedsworte an Pellka (J. Ringelnatz)

Jetzt schlägt deine schlimmste Stunde,
du Ungleichrunde, du Ausgekochte,
du Zeitgeschälte, du Vielgequälte,
du Gipfel meines Entzückens.
Jetzt kommt der Moment des Zerdrückens
mit der Gabel! – Sei stark!
Ich will auch Butter und Salz und Quark
oder Kümmel, auch Leberwurst in dich stampfen.
Musst nicht so ängstlich dampfen.
Ich möchte dich doch noch einmal erfreu'n.
Soll ich Schnittlauch über dich streun?
Oder ist dir nach Hering zumut?
Du bist ein rührend junges Blut.
Deshalb schmeckst du besonders gut.
Wenn das auch egoistisch klingt,
so tröste dich damit, du wundervolle
Pellka, dass du eine Edelknolle
warst, und dass dich ein Kenner verschlingt.

Weiterführung

Vor dem Hintergrund der spielerischen Darstellung des Gedichts »Abschiedsworte an Pellka« können die Kinder dazu angeregt werden, nach weiteren Gedichten über Nutzpflanzen zu suchen, die sich für eine spielerische Umsetzung im Sinne der *Jeux Dramatiques* eignen. Daraus lässt sich ein Buch entwickeln, in dem unterschiedliche Obst- und Gemüsegedichte zusammengestellt werden. Zusätzlich kann das Buch mit Fotos, die während des Spiels der Kinder aufgenommen wurden, bebildert werden.

3. Konstruktivistische Impulse für den Mathematikunterricht

Der Mathematikunterricht der Grundschule bietet zahlreiche Möglichkeiten, um Prozesse des Konstruierens, Rekonstruierens und Dekonstruierens zu veranlassen. In den verschiedenen Rahmenplänen der Bundesländer wird dieser Gedanke unmittelbar aufgegriffen, indem gefordert wird: Die Kinder sollten bei der Lösung von Aufgaben immer wieder Gelegenheit zum selbstständigen Vermuten, Ausprobieren, Entdecken und Argumentieren erhalten. Dieser Ansatz manifestiert sich vor allem in dem fachdidaktischen Grundsatz des »entdeckende(n), anschauliche(n) und handlungsorientierte(n) Lernen(s)« (Hessisches Kultusministerium 1995, S. 144). Gemäß diesem Grundsatz lässt sich festhalten, dass der handelnde Umgang mit Materialien und Sachverhalten unterschiedlichster Art eine wesentliche Grundlage für die Entwicklung und Festigung mathematischer Zusammenhänge darstellt. Dabei kommt dem Aspekt der Umwelterschließung grundlegende Bedeutung zu, und dies nicht nur im Hinblick auf den Arbeitsbereich »Sachrechnen«, sondern ebenso in Bezugnahme auf die Arbeitsbereiche »Mengen und Zahlen«, »Größen« sowie »Geometrie«.

Besonders anschaulich wird dies im Rahmen der Entwicklung des Zahlbegriffs. Hier geht es darum, den Aufbau des dezimalen Stellenwertsystems zu vermitteln, und zwar in der Auseinandersetzung mit lebensnahen Situationen und Fragestellungen. Wie dies gelingen kann und wie sich dabei der Arbeitsbereich »Mengen und Zahlen« mit den unter ihm zu subsumierenden Operationen der Addition, Subtraktion, Multiplikation und Division in Kontexte der Konstruktion, Rekonstruktion und Dekonstruktion einbetten lässt, soll anhand ausgewählter Praxisbeispiele im nun Folgenden dargestellt werden.

Neben den Bereichen »Sachrechnen« sowie »Mengen und Zahlen« wird sich in einem dritten Schritt dem Arbeitsbereich »Größen« gewidmet. Hier wird der Frage nachgegangen, welche Möglichkeiten es gibt, die Bereiche Längen, Gewichte und Hohlmaße unter einem konstruktivistischen Blickwinkel in den Mathematikunterricht der Grundschule einzubeziehen. Konkret zu fragen ist: Wie kann es über die Auseinandersetzung mit diesen Inhalten gelingen, die Kinder zum Entdecken mathematischer Zusammenhänge anzuregen? Was gibt es für Ansätze, um anhand von Erfahrungen aus der Umwelt sowie dem Alltag der Schüler/innen realistische und lebendige Größenvorstellungen zu entwickeln? Wie gelangen die Kinder über die Rekonstruktion von Realsituationen im Hinblick auf das Messen und Wiegen zur Konstruktion eigener Darstellungsformen? Eine solche Fragehaltung wird auch für den Arbeitsbereich »Geometrie«, der einen wichtigen Stellenwert im Mathematikunterricht der Grundschule einnimmt, zugrunde gelegt. Hier werden die Aspekte Umfang von Figuren, Eigenschaften geometrischer Körper und Figuren, Achsensymmetrie sowie Lagebeziehungen in den Blick genommen. In jedem dieser Teilbereiche geht es darum, durch die kreative Auseinandersetzung mit Materialien die Fähigkeiten der Schüler/innen zum Lösen mathematischer Probleme anzuregen.

Die hier erwähnten Arbeitsbereiche »Geometrie«, »Sachrechnen«, »Mengen und Zahlen« sowie »Größen« finden einheitlich in allen Rahmenplänen der Grundschule Berücksichtigung. Zu jedem dieser Bereiche werden in den nachfolgenden Ausführungen Praxisbeispiele vorgestellt, die die Kinder zum Entdecken, Vergleichen und Vermuten herausfordern und sie zu einer Arbeitshaltung der Konstruktion, Rekonstruktion und Dekonstruktion anregen. Bei der Auswahl der Beispiele wurde darauf geachtet, dass alle wesentlichen Aspekte des Mathematikunterrichts abgedeckt werden.

3.1 Geometrie: Knobeln, Kniffeln, Tüfteln

Der Arbeitsbereich »Geometrie« fordert wie kein anderer Bereich des Mathematikunterrichts die Kinder zum Konstruieren, Rekonstruieren und Dekonstruieren heraus. Er ermöglicht in besonderer Weise, mathematische Begriffe und Einsichten aus realen Erfahrungen beim Bauen, Schneiden und Zeichnen zu entwickeln. So können die Schüler/innen beispielsweise Konstruktionsprinzipien geometrischer Formen und Körper erkunden. Sie können Versuche zur Achsensymmetrie oder zur Lagebeziehung von Objekten durchführen. Immer liegt dabei der Fokus auf dem selbstständigen und eigenaktiven Konstruieren, wodurch die Schüler/innen nicht nur geometrische Kontexte reproduzieren, sondern diese unter einem konstruktivistischen Blickwinkel selbst erschließen. Folgende Beispiele greifen diesen Grundgedanken des Konstruktivismus thematisch auf:

- Pyramide (3.–4. Schuljahr)
- Geometrische Seifenhäute (3.–4. Schuljahr)

- Schattenstadt (2.–3. Schuljahr)
- Gärtner-Dreieck (4. Schuljahr)
- Körper-Geometrie (1.–2. Schuljahr)
- Wie symmetrisch bin ich? (2.–3. Schuljahr)
- Sandpapier-Memory (1.–2. Schuljahr)
- Möbiusband (3.–4. Schuljahr)

Zunächst werden die Schüler/innen mit der Aufgabe konfrontiert, geometrische Figuren und Körper, wie beispielsweise eine Pyramide oder einen Würfel, aus Spaghetti und Knete herzustellen. Im Fokus steht dabei die Zielsetzung, die Eigenschaften geometrischer Figuren und Körper selbstständig zu erschließen. Hierzu gehört neben dem Erkennen der Formeigenschaften auch das Ergründen von Lagequalitäten und Lagebeziehungen. Immer sollte dies unter einem Zugang des eigentätigen Entdeckens, Vermutens und (De-)Konstruierens geschehen, wobei solche Fragestellungen in den Blickpunkt geraten wie beispielsweise:

- Was sind die besonderen Merkmale der einzelnen Figuren und Körper?
- In welchen Zusammenhängen zeigen sich Ähnlichkeiten und Unterschiede?
- Wo ergeben sich Anschlussmöglichkeiten zu Figuren und Körpern aus dem Alltag der Kinder?
- Gibt es noch andere Materialien, die sich zur Herstellung der geometrischen Figuren und Körper eignen?

Im Rahmen der Aufgabe »geometrische Seifenhäute« erforschen die Schüler/innen anhand von Drahtkonstruktionen, die in Seifenlauge eingetaucht werden, die unterschiedlichen Eigenschaften von Gegenständen. Dies gibt Anlass, die selbst gebauten Drahtfiguren nach ihren Eigenschaften zu gruppieren und gegebenenfalls Oberbegriffe für die Gruppen zu suchen. Diese eher komplexe Aufgabenstellung eignet sich für das dritte und vierte Schuljahr. Von der Zielsetzung ähnlich gelagert ist die Aufgabe »Körper-Geometrie«. Hier stellen die Schüler/innen verschiedene geometrische Figuren mithilfe ihrer eigenen Körper nach. Dabei gilt es beim Experimentieren und Ausprobieren solche Fragen zu beantworten wie z. B.:

- Wie können sich die Gruppenmitglieder positionieren, um ein Quadrat nachzubilden?
- Wie lässt sich durch die Körper der Kinder ein Rechteck rekonstruieren?

Aufgrund der Anschaulichkeit und einfachen Umsetzbarkeit dieser Aufgabenstellung lässt sich dieses Praxisbeispiel bereits im ersten und zweiten Schuljahr realisieren. Des Weiteren werden im Nachfolgenden Beispiele zum Erkennen und Herstellen von Achsensymmetrien vorgestellt. So wird im Rahmen der Aufgabenstellung »Wie symmetrisch bin ich?« anhand eines Fotos des Kindes sowie eines Handspiegels ergründet, wo sich Symmetrien des Körpers befinden. Die Aufgabe »Schattenstadt« verfolgt eine ähnliche Vorgehensweise. Jedoch werden hier nicht vorgegebene Symmetrien gesucht, sondern die Kinder konstruieren selbst eine Spiegelachse, indem sie eine Stadt aus Bausteinen bauen und diese auf der anderen Seite eines Tuches nachbauen. Diese Vorgehensweise eignet sich für Klassen ab dem zweiten Schuljahr.

Für ältere Schülergruppen sind die Aufgaben »Gärtner-Dreieck« sowie »Möbiusband« empfehlenswert. Im Rahmen der Erstellung eines »Gärtner-Dreiecks« wird der Frage nachgegangen, wie man mithilfe von Seilen eine rechtwinklige Ecke inmitten eines nicht angelegten Gartens abmessen kann. Dafür werden den Kindern Seile in unterschiedlichen Längen zur Verfügung gestellt. Nun gilt es zu eruieren, welche Seile ausgewählt werden müssen und wie diese aneinanderzulegen sind, damit ein rechter Winkel entsteht. In diesem Zusammenhang lässt sich der mathematische Begriff des rechten Winkels einführen. Das »Möbiusband« dient dem Untersuchen und Erkennen von Lagebeziehungen. Durch ein spielerisches Umkreisen des Bandes, z. B. mittels eines Spielzeugautos, werden im Rahmen dieser Aufgabenstellung Lagebeziehungen wie innen und außen, vorn und hinten fassbar. Diese Erkenntnisse gilt es mit eigenen Worten zu beschreiben sowie in zeichnerischen Darstellungen zu rekonstruieren. Im Mittelpunkt steht dabei nicht die Suche nach der richtigen Terminologie, sondern das entdeckende und handlungsorientierte Lernen.

| Mathematik, Nr. 1 | Geometrie | Pyramide |

Ziel und didaktischer Kontext

- Versuche zur Konstruktion einer Pyramide
- Verknüpfen mehrerer Pyramiden
- Experimente zur Überprüfung der Stabilität
- Verbesserung der Selbstorganisation und Eigenaktivität

Schuljahr	Gruppengröße	Vorkenntnisse	Dauer	Materialien
3.–4. Klasse	2–3 Kinder	Kenntnisse vom Aufbau einer Pyramide	ca. 35 min.	• eine Packung Spaghetti • Knete

Durchführung

Aus Spaghetti sollen die Kinder eine Pyramide herstellen. Hierzu erhalten sie einige Spaghetti, eventuell auch in unterschiedlicher Länge, sowie etwas Knete. Aufgabe ist es, mithilfe der zur Verfügung gestellten Materialien eine Pyramide zu errichten. Ein Lineal steht den Kindern nicht zur Verfügung. Um diese Aufgabenstellung bewältigen zu können, müssen die Schüler/innen zu der Erkenntnis gelangen, dass sie acht gleich lange Spaghetti benötigen. Aus vier Spaghetti legen sie ein Quadrat. Mit vier weiteren Spaghetti konstruieren sie eine Pyramide. Anschließend können die Schüler/innen ihren Pyramidenbau um weitere Pyramiden, die sie mit der ersten Pyramide verbinden, erweitern.

Anmerkung

Die Schüler/innen sollten dazu aufgefordert werden, Versuche zur Stabilität ihres Gebildes durchzuführen, z. B. indem sie eine Pappe auf die Konstruktion legen und testen, welches Gewicht sie trägt. Dabei werden sie feststellen, dass die Struktur einer Pyramide sehr stabil ist. Zu überprüfen wäre nun, wie sich die Stabilität verändert, wenn Pyramide und Würfel miteinander kombiniert werden.

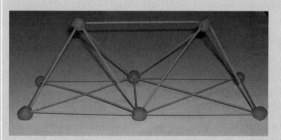

Abb. 8: Konstruktion aus Pyramiden

Weiterführung

In einer Fortführung dieser Aufgabenstellung können auch andere Materialien zur Herstellung geometrischer Figuren und Körper benutzt werden wie z. B. Wolle, Papier oder Sandpapier.

| **Mathematik, Nr. 2** | **Geometrie** | **Geometrische Seifenhäute** |

Ziel und didaktischer Kontext

- Konstruktion verschiedener Figuren aus Draht
- Herstellen von Seifenhäuten mit den Drahtfiguren
- Vergleich der unterschiedlichen Seifenhäute
- Förderung der Experimentierfreude

Schuljahr	Gruppengröße	Vorkenntnisse	Dauer	Materialien
3.–4. Klasse	2–3 Kinder	keine	ca. 25 min.	• dünner Draht • Schale mit Seifenlösung

Durchführung

Jede Gruppe erhält mehrere Stücke dünnen Drahts und eine Schale, die mit Seifenlösung gefüllt ist. Aufgabe ist es, die Drahtstücke in verschiedene Formen zu biegen und sie dann in die Seifenlauge einzutauchen. Zu fragen ist:

- Welche Formen lassen sich aus dem Draht erstellen?
- Wie verhält sich die Seifenlauge bei einer zweidimensionalen Figur?
- Wie sehen die Seifenhäute bei einem dreidimensionalen Körper aus?
- Welche Kriterien gibt es, um die Konstruktionen nach ihren Eigenschaften zu gruppieren?

Anmerkung

Spielerisch können die Schüler/innen unterschiedliche Figuren aus ihrem Draht formen. Dabei sollte vom Lehrer nicht die Vorgabe gemacht werden, eine geometrische Figur erstellen zu müssen. Zwar lässt sich durchaus die Seifenhaut des Quadrats mit der eines Dreiecks oder eines Kreises vergleichen. Spannend wird die Aufgabenstellung jedoch erst, wenn auch solche Konstruktionen zugelassen werden wie z. B. eine Spirale, ein Würfel oder eine Schnecke. Vor allem die Seifenhäute der dreidimensionalen Konstrukte geben Anlass für Mutmaßungen und weiterführende Experimente.

Weiterführung

Die Drahtkonstruktionen können im Anschluss mit allen Kindern der Klasse besprochen und in einem Konstruktionstagebuch fixiert werden.

| Mathematik, Nr. 3 | Geometrie | Schattenstadt |

Ziel und didaktischer Kontext

- Herstellen einer Stadt aus Bausteinen
- Rekonstruktion der Schattenstädte anderer Gruppen
- Entwickeln von Lösungsideen
- gemeinsames Problemlösen

Schuljahr	Gruppengröße	Vorkenntnisse	Dauer	Materialien
2.–3. Klasse	2–3 Kinder	keine	ca. 30 min.	• Legeplättchen • Bausteine • gegebenenfalls weißes Tuch

Durchführung

Auf einem Blatt Papier wird von den Gruppen aus Legeplättchen oder Bausteinen eine frei erfundene Stadt errichtet. Wichtig ist, dass die Gebäude auf dem Papier liegend und nicht in die Höhe gebaut werden. Wenn die Stadt fertig ist, wird die Silhouette vom Lehrer mit einem Stift umfahren. Dabei werden auch alle Torbögen und Fenster berücksichtigt. Danach werden die Plättchen bzw. Bausteine vom Papier genommen und die Schattenstadt mit dem Bild einer anderen Gruppe ausgetauscht. Gelingt es, die Stadt der anderen Gruppe anhand der vorgegebenen Plättchen bzw. Bausteine zu rekonstruieren?

Anmerkung

Der Schwierigkeitsgrad ist weniger hoch, wenn die genaue Anzahl von Plättchen bzw. Bausteinen für die Rekonstruktion der jeweiligen Schattenstadt zur Verfügung gestellt wird. Die Aufgabe wird schwieriger, wenn deutlich mehr als die zur Rekonstruktion der Schattenstadt notwendigen Steine zur Auswahl stehen.

Weiterführung

Mithilfe einer Lampe und eines weißen Tuches lässt sich eine echte Schattenstadt erstellen. Dazu wird das Tuch aufgehängt. Direkt hinter dem Tuch erstellen die Kinder eine Stadt aus Bausteinen. Wird nun diese Stadt aus Bausteinen von hinten beleuchtet, so entsteht ihr Schatten auf dem Tuch. Aufgabe der Nachbargruppe ist es, diese Schattenstadt mit Bausteinen auf der anderen Seite des Tuches nachzubauen.

| Mathematik, Nr. 4 | Geometrie | Gärtner-Dreieck |

Ziel und didaktischer Kontext

- Erstellen eines rechten Winkels mithilfe von Seilen
- Erkennen des Prinzips eines rechten Winkels
- Entwickeln von Lösungsideen
- gemeinsames Problemlösen

Schuljahr	Gruppengröße	Vorkenntnisse	Dauer	Materialien
4. Klasse	2–3 Kinder	Kenntnisse vom Aufbau eines Dreiecks	ca. 25 min.	• Schnüre oder Seile in den Längen von 3, 4 und 5 m

Durchführung

Jeder Gruppe stehen mehrere Schnüre bzw. Seile in den Längen von drei, vier und fünf Metern zur Verfügung. Aufgabe ist es, mithilfe der Seile einen rechten Winkel zur Anlage eines Blumenbeets zu konstruieren. Die Anordnung der Seile muss von den Gruppen selbst vorgenommen werden. Wichtig ist dabei, dass die Kinder mit den Seilen nicht das Blumenbeet selbst abspannen, sondern lediglich *eine* Ecke des Beets konstruieren sollen, und zwar eine rechtwinklige. Wie müssen die Seile zueinander platziert werden, dass die Schüler/innen eine solche Ecke inmitten eines nicht angelegten Gartens abmessen können?

Anmerkung

Halten die Kinder jeweils eine Schnur (Seil) in den Längen von drei, vier und fünf Metern in Form eines Dreiecks straff aneinander, so entsteht ein rechter Winkel. Anstelle der Schnüre bzw. Seile können auch Stäbe in den entsprechenden Längen verwendet werden. Gerade für schwächere Lerner/innen stellt dies eine gute Differenzierungsmaßnahme dar.

Weiterführung

Die mathematischen Hintergründe zu dieser Aufgabenstellung werden erst in den weiterführenden Schulen aufgegriffen. Durch die praktische Umsetzung und die Anschaulichkeit dieser Aufgabe können jedoch erste Implikationen bereits im Grundschulalter erfahrbar gemacht werden. Hier lässt sich auch der mathematische Begriff des rechten Winkels einführen.

| Mathematik, Nr. 5 | Geometrie | Körper-Geometrie |

Ziel und didaktischer Kontext

- Rekonstruktion geometrischer Figuren und Formen
- Erkennen wichtiger Merkmale der Figuren
- Förderung der Experimentierfreude und Fantasie
- Entwickeln von Lösungsideen

Schuljahr	Gruppengröße	Vorkenntnisse	Dauer	Materialien
1.–2. Klasse	6–8 Kinder	Grundkenntnisse von geometrischen Formen	ca. 35 min.	• Karteikarten mit geometrischen Figuren und Körpern (gezeichnet oder geschrieben)

Durchführung

Die Kinder erhalten die Aufgabe, verschiedene geometrische Figuren mithilfe ihrer eigenen Körper nachzustellen. Gemeinsam überlegen sie:

- Wie können sich die Gruppenmitglieder anordnen, um ein Quadrat zu bilden?
- Wie lässt sich durch die Körper der Kinder ein Rechteck rekonstruieren?
- Wie lässt sich ein Dreieck nachbilden?
- Welche Möglichkeiten gibt es, einen Kreis darzustellen?
- Gibt es auch Formen, in die alle Kinder der Gruppe einbezogen werden können?

Anmerkung

Bei diesem Spiel geht es nicht um die Geschwindigkeit, in der die geometrischen Figuren gebildet werden. Der Wettkampfcharakter zwischen den einzelnen Gruppen steht nicht im Vordergrund. Vielmehr ist es wichtig, dass die einzelnen Formen möglichst genau von den Schüler/innen rekonstruiert werden, und dazu gehört, zunächst zu überlegen, welche Kinder (alle gleich groß oder unterschiedlicher Größe) sich zur Nachbildung einer bestimmten Figur eignen.

Weiterführung

Von den einzelnen Figuren, dargestellt durch die Schüler/innen, können Fotos gemacht werden, die im Klassenraum aufgehängt und mit den entsprechenden geometrischen Namen versehen werden.

| Mathematik, Nr. 6 | Geometrie | Wie symmetrisch bin ich? |

Ziel und didaktischer Kontext

- Rekonstruktion der Symmetrien am menschlichen Körper
- Erkennen von Möglichkeiten des Verfremdens
- Vergleich von symmetrischen und asymmetrischen Gegenständen
- Wechsel der Perspektive

Schuljahr	Gruppengröße	Vorkenntnisse	Dauer	Materialien
2.–3. Klasse	1 Kind	Kenntnisse im Umgang mit Spiegel und geometrischen Formen	ca. 30 min.	• Handspiegel • Fotos oder Bilder • Gegenstände aller Art

Durchführung

Im Rahmen dieser Aufgabenstellung sollen die Schüler/innen anhand des Bildes einer Person (z. B. auf der Grundlage eines Fotos des Kindes selbst) Symmetrien des menschlichen Körpers erkunden. Dazu erhalten die Kinder neben dem Bild oder Foto auch einen Handspiegel. Zu fragen ist:

- Wo lässt sich der Handspiegel am Bild bzw. Foto anlegen, um Symmetrien des Körpers zu finden?
- An welchen Stellen ist der Körper nicht symmetrisch?
- Wie verändert sich das Bild bzw. das Foto, wenn ich dieses spiegele?
- Wie sieht der Körper aus, wenn ich einzelne Körperteile mittels des Handspiegels stauche oder strecke?

Anmerkung

Diese Aufgabenstellung lässt sich erweitern, indem nicht nur Bilder des menschlichen Körpers, sondern auch reale Gegenstände, z. B. ein Stift, eine Schere, eine Tasse oder ein Becher, einbezogen werden. Auch hier gilt es herauszufinden, ob das ausgewählte Objekt symmetrisch oder asymmetrisch ist und wie es sich verändert, wenn man es mithilfe des Handspiegels staucht oder streckt.

Weiterführung

Die entstandenen Abstraktionen zu einem Bild oder einem Gegenstand können zeichnerisch festgehalten werden. Auf der Grundlage symmetrischer und asymmetrischer Ausgangsgegenstände lässt sich eine Art Steckbrief mit den erkannten Unterschieden erstellen.

| **Mathematik, Nr. 7** | **Geometrie** | **Sandpapier-Memory** |

Ziel und didaktischer Kontext

- Erstellen eines Sandpapier- und Woll-Memorys
- Vergleichen von Formen und ihren Eigenschaften
- Erkennen der Ähnlichkeiten und Unterschiede der Formen
- Verbesserung der Selbstorganisation und Eigenaktivität

Schuljahr	Gruppengröße	Vorkenntnisse	Dauer	Materialien
1.–2. Klasse	2–4 Kinder	keine	ca. 45 min.	• Schere • Wolle in verschiedenen Stärken • Sandpapier • Pappe • Klebstoff

Durchführung

Zunächst werden den Gruppen mehrere Karten aus Pappe oder Tonkarton, die alle auf die gleiche Größe zugeschnitten wurden, sowie die genannten Materialien zur Verfügung gestellt. Aufgabe der Kinder ist es nun, aus Wolle und/oder Sandpapier die unterschiedlichsten Formen und Figuren auf die Pappstücke zu kleben. Hierbei können sowohl geometrische Formen berücksichtigt werden, wie z. B. Kreis, Dreieck und Rechteck, oder aber von den Kindern ausgedachte Figuren, wie beispielsweise ein Haus, ein Baum, eine Blume oder eine Schnecke. Zu jeder dieser Karten wird eine zweite Karte mit demselben Motiv erstellt. So entwirft jede Gruppe ihr eigenes Memory-Spiel.

Anmerkung

Die Wahrnehmung der Kinder wird in besonderer Weise angesprochen, wenn für das Memory-Spiel eine Form (z. B. ein Kreis) einmal aus Wolle und einmal aus Sandpapier angefertigt wird. Diese Pärchen gilt es nun mit verbundenen Augen und nur durch Fühlen mittels der Hände zu finden.

Weiterführung

Diese Aufgabe lässt sich anschließend auch gruppenübergreifend fortführen. Hierzu tauschen die Gruppen ihre fertigen Karten aus. Diese werden auf dem Tisch verteilt und mit einem Tuch abgedeckt. Aufgabe ist es nun, die Formen der anderen Gruppe zu erraten bzw. ein zueinandergehörendes Paar zu erfühlen.

| Mathematik, Nr. 8 | Geometrie | Möbiusband |

Ziel und didaktischer Kontext

- Herstellen eines Möbiusbandes
- Entwickeln eigener Versuche zur Erforschung des Bandes
- Erkennen der Eigenschaften des Möbiusbandes
- Förderung der Experimentierfreude

Schuljahr	Gruppengröße	Vorkenntnisse	Dauer	Materialien
3.–4. Klasse	2–3 Kinder	keine	ca. 35 min.	• Papier • Schere • Klebestreifen • bunte Stifte • eventuell Spielzeugauto

Durchführung

Jede Schülergruppe erhält ein Din A4 großes Blatt Papier und eine Schere. Zwei Streifen schneiden die Kinder von der Längsseite des Papiers ab. Die Streifen werden hintereinandergeklebt, sodass ein ca. 60 cm langer Papierstreifen entsteht. Die zwei Enden des Streifens werden verdreht zusammengeklebt. Nun ist ein sogenanntes Möbiusband entstanden. Mit diesem Band können die Kinder Experimente durchführen wie z. B.:

- Sie können es bemalen.
- Sie können es längs durchschneiden.
- Auch können sie ein Spielzeugauto auf dem Möbiusband fahren lassen.
- Was kann man hierbei beobachten?
- Wie ist dies zu erklären?

Anmerkung

Es bietet sich an, den einen oder anderen Versuch auch mit einem deutlich längeren Möbiusband durchzuführen. Vor allem das Befahren mit zwei Spielzeugautos, die in entgegengesetzter Richtung das Band umlaufen, gelingt mit einem etwas längeren Möbiusband besonders gut.

Abb. 9: Möbiusband aus Papier

Weiterführung

Die Erfahrungen, die die Schüler/innen mit dem Möbiusband sammeln, können im Anschluss in einem Schaubild festgehalten werden. So lassen sich Merkmale des Möbiusbandes herausarbeiten und mit den Eigenschaften eines normalen Ringes vergleichen.

3.2 Sachrechnen: Zugang zur eigenen Welterschließung

Unter dem Aspekt der Umwelterschließung versteht man im Mathematikunterricht der Grundschule, dass aus Situationen, die die Schüler/innen kennen oder die sie interessieren, Aufgaben konstruiert werden, die zum Erforschen mathematischer Inhalte im eigenen Umfeld und Leben anregen. Das Feld des Sachrechnens bietet hierfür eine geeignete Grundlage, denn das Lernen kann hier wirklichkeitsnah und in lebendigen Anwendungskontexten erfolgen. Es geht von lebensnahen Problemen aus, die zum selbstständigen Entdecken und Konstruieren herausfordern. Im Mittelpunkt steht insofern nicht die Systematik der mathematischen Inhalte mit Lehrsätzen und Begriffen, sondern die Bewältigung von Problemen, die aus dem Alltag der Kinder entstammen. Dies können Situationen aus dem Spektrum des Einkaufens und Verkaufens sein, aus dem Bereich des Planens von Ausflügen und Feiern, der Vorbereitung eines gemeinsamen Frühstücks oder der Berechnung von Kosten, die bei einer Busfahrt auf die Klassenkasse zukommen.

Wesentlich dabei ist, dass die Sachaufgaben von den Erfahrungen der Schüler/innen ausgehen und deren Vorkenntnisse aufgreifen. Ebenso bedeutsam ist jedoch, dass die im Rahmen des Sachrechnens gesammelten Kenntnisse, Fähigkeiten und Fertigkeiten auf künftige Alltagsprobleme der Kinder übertragbar sind. Folglich steht neben den Kriterien der Gegenwartsbedeutung sowie der exemplarischen Relevanz auch das Merkmal der Zukunftsorientierung. Alle drei Kriterien werden bei der Auswahl der hier vorgestellten Aufgaben zum Arbeitsbereich Sachrechnen zugrunde gelegt und im Rahmen folgender Aufgabenstellungen aufgegriffen:

- Vier Wörter (2.–4. Schuljahr)
- Flaschenpost (3.–4. Schuljahr)
- Zahlenspiel (3.–4. Schuljahr)
- Bildergeschichte (2.–3. Schuljahr)
- Sachverhalte suchen (2.–3. Schuljahr)
- Zeitungsartikel auswerten (3.–4. Schuljahr)

Bei den hier ausgewählten Praxisvorschlägen steht der Gedanke im Vordergrund, die Kinder zur Konstruktion eigener Sachaufgaben anzuregen. Hierfür werden verschiedene Impulse gesetzt: Im Rahmen der Aufgabe »Vier Wörter« werden den Schüler/innen mehrere Begriffe vorgegeben, auf deren Grundlage eine eigene Sachaufgabe erstellt werden soll. Bei der Aufgabe »Flaschenpost« wird ein vergilbter Brief zugrunde gelegt, der zahlreiche Lücken aufweist und sich erst über die Assoziationen der Schüler/innen zu einer Sachaufgabe vervollständigen lässt. Noch weniger Vorgaben werden den Kindern beim sogenannten »Zahlenspiel« gemacht. Hier werden lediglich drei Zahlen vorgegeben, die es in eine Sachaufgabe einzubetten gilt. Diese eher abstrakten Formen des (Re-)Konstruierens von Sachaufgaben eignen sich für das dritte und vierte Schuljahr. Im Gegensatz hierzu ist der durch eine »Bildergeschichte« gesetzte Impuls bereits für das zweite Schuljahr geeignet, und hier vor allem auch für schwächere Lerner. Für sie stellt die Visualisierung mittels Bildern eine Hilfestellung beim Entwurf einer eigenen Sachaufgabe dar. Entsprechend der Lernstärke der Kinder sowie vor dem Hintergrund ihrer Vorerfahrungen lässt sich die Komplexität der Bildergeschichte variieren. So können anfangs Geschichten mit nur einem oder zwei Bildern ausgewählt werden. Später lassen sich die Anzahl der Bilder und damit auch der Umfang des in der Bildergeschichte dargestellten Handlungsgeschehens steigern.

Beim traditionellen Sachrechnen wird den Kindern zumeist ein Sachtext präsentiert, zu dem es die entsprechende Rechnung zu finden gilt. Die Aufgabenstellung »Sachverhalte suchen« wählt den umgekehrten Weg: Hier werden die Kinder zunächst mit der Rechnung und dem Ergebnis konfrontiert. Auf welchen Sachzusammenhang sich diese Zahlen beziehen, ist indes nicht bekannt. Die Schüler/innen sind nun dazu aufgefordert, Möglichkeiten einer Wirklichkeitskonstruktion durchzuspielen und zu überlegen, wie sich die vorgegebene Rechnung und das Ergebnis in einen sinnvollen Sachkontext einbetten lassen. Entsprechend dem Schwierigkeitsgrad der Rechenaufgabe ist diese Form des Sachrechnens für das zweite bis vierte Schuljahr geeignet. Eine Herausforderung für fortgeschrittene Lerner/innen stellt die Aufgabe »Zeitungsartikel auswerten« dar. Ausgehend von einem Zeitungsbericht, in dem Zahlen verwendet werden, z. B. im Rahmen der Angabe von Schneehöhen oder der Verspätung von Zügen, sollen die Schüler/innen eine eigene Sachaufgabe konstruieren. Hierbei können sie die im Zeitungsartikel verwendeten Zahlen und Informationen um eigene Angaben ergänzen. Damit setzt sich diese Aufgabe, ebenso wie die zuvor beschriebenen Praxisbeispiele, zum Ziel, den Kindern Selbstvertrauen für die eigene konstruktive Gestaltung von Sachaufgaben zu vermitteln.

| Mathematik, Nr. 9 | Sachrechnen | Vier Wörter |

Ziel und didaktischer Kontext

- Formulieren einer eigenen Sachaufgabe
- Verwenden vorgegebener Begriffe in der Sachaufgabe
- Entwickeln einer Rechen- und Schreibidee
- Förderung der Kreativität

Schuljahr	Gruppengröße	Vorkenntnisse	Dauer	Materialien
2.–4. Klasse	1 Kind	Grundkenntnisse vom Aufbau einer Sachaufgabe	ca. 15 min.	• Wortkarten • Rechensack

Durchführung

Jedes Kind zieht aus einem »Rechensack« vier Karten. Auf den Karten stehen verschiedene Begriffe wie z. B.:

- Familie
- Vater
- Mutter
- Bruder

Aus diesen Begriffen gilt es, eine eigene Sachaufgabe zu entwerfen. So können die Schüler/innen beispielsweise formulieren: Fünf Personen gehören zu der Familie. Mutter und Vater gehen spazieren. Der Bruder spielt Fußball. Wie viele Familienmitglieder sind noch zu Hause?

Anmerkung

Die traditionelle Form des Berechnens von Sachaufgaben erfordert ein Vorgehen, bei dem aus einem vorgegebenen Text Zahlen herausgefiltert und in einen Rechenzusammenhang gestellt werden. Die hier vorliegende Aufgabenstellung geht noch einen Schritt weiter, indem die Kinder einen eigenen Sachkontext erschließen müssen. Als Hilfestellung hierfür werden ihnen vier Wortkarten zur Hand gegeben. Diese sollen in die eigene Sachaufgabe einbezogen werden. Dabei ist es allerdings nicht notwendig, alle vier Karten zu verwenden. Die Kinder können auch nur ein oder zwei Begriffe in ihre Sachaufgabe einfügen.

Weiterführung

Die von den Kindern konzipierten Aufgabenstellungen lassen sich als Anstoß für zukünftiges Sachrechnen verwenden. So kann aus den Rechenaufgaben der Schüler/innen z. B. eine Art Stationsbetrieb entstehen, den es im Rahmen der nächsten Mathematikstunden zu bearbeiten gilt.

| **Mathematik, Nr. 10** | **Sachrechnen** | **Flaschenpost** |

Ziel und didaktischer Kontext

- (Re-)Konstruktion einer Sachaufgabe
- Einfügen eigener Ideen in den vorgegebenen Text
- Förderung der Kreativität
- gemeinsames Problemlösen

Schuljahr	Gruppengröße	Vorkenntnisse	Dauer	Materialien
3.–4. Klasse	2–3 Kinder	Kenntnisse vom Aufbau einer Sachaufgabe	ca. 20 min.	• Flasche • Brief

Durchführung

Jede Schülergruppe erhält eine Flasche, in der sich ein Brief befindet. Dieser Brief ist alt und nur noch schwer zu entziffern. Einzelne Wörter, eventuell ganze Satzteile oder Sätze, sind verblichen. Diese Fragmente sind von den Schüler/innen zu rekonstruieren und in einen Sachzusammenhang zu stellen:

- Wie könnte der vollständige Text lauten?
- Um welche Details könnte der Text erweitert werden?
- In welchen Zusammenhang lassen sich diese Informationen stellen?
- Wie könnte eine Sachaufgabe hierzu lauten?

Anmerkung

Diese Aufgabe regt die Kinder zum Nachdenken und Verweilen an. Hier geht es nicht nur darum, Zahlen herauszufiltern und diese in eine Rechenaufgabe einzufügen, sondern die Schüler/innen müssen Sachzusammenhänge erschließen und diese mit eigenen Inhalten füllen. Das nachfolgende Beispiel verdeutlicht dies.

Ha …
… leben h … und … Meine Fam … besitzt … Kuh … 15 … a … Ziegen … aber sie … Liter … Außerdem … viele …?

Weiterführung

Nachdem die Kinder den vorgegebenen Brief bearbeitet haben, können sie auch eigene Briefe mit Textlücken entwerfen. Diese sollten so konzipiert werden, dass sich daraus eine Sachaufgabe entwickeln lässt. Anschließend tauschen die Kinder ihre Briefe mit denen der anderen Schüler/innen aus.

| Mathematik, Nr. 11 | Sachrechnen | Zahlenspiel |

Ziel und didaktischer Kontext

- Konstruktion einer eigenen Sachaufgabe
- Formulieren und Verschriftlichen eines Sachzusammenhangs
- Entwickeln einer Rechen- und Schreibidee
- Förderung der Kreativität

Schuljahr	Gruppengröße	Vorkenntnisse	Dauer	Materialien
3.–4. Klasse	2–3 Kinder	Kenntnisse vom Aufbau einer Sachaufgabe	ca. 30 min.	keine

Durchführung

Den Schüler/innen werden im Rahmen dieser Aufgabenstellung drei Zahlen vorgegeben (z. B. 113, 86 und 11). Diese Zahlen werden an die Tafel geschrieben. Nun überlegt sich jede Schülergruppe eine Sachaufgabe, in der die entsprechenden Zahlen vorkommen. Ein Thema, das der Sachaufgabe zugrunde gelegt wird, kann, muss aber nicht vorgegeben werden. Im Anschluss tauschen die Gruppen ihre Sachaufgaben aus und versuchen die der anderen zu lösen.

Anmerkung

Es bietet sich an, die Sachaufgaben der Kinder im Klassenverband vorzustellen. Dabei wird sich zeigen, dass die vorgegebenen Zahlen von den Gruppen in ganz unterschiedlicher Weise verwendet wurden. Differenzen zeigen sich z. B. hinsichtlich der Aspekte:

- thematischer Kontext
- Komplexität der Sachaufgabe
- Auswahl der Rechenverfahren

Solche interindividuellen Verschiedenheiten sollten herausgearbeitet werden. Wesentlich dabei ist jedoch, dass es hier kein Richtig und kein Falsch gibt.

Weiterführung

Die von den Kindern konstruierten Sachaufgaben können in einem klasseneigenen Mathematikbuch zusammengefasst werden. Dieses kann in Phasen der freien Arbeit von den Schüler/innen bearbeitet und weiter ergänzt werden.

| Mathematik, Nr. 12 | Sachrechnen | Bildergeschichte |

Ziel und didaktischer Kontext

- Konstruktion einer eigenen Sachaufgabe
- Lesen und Verstehen einer Bildergeschichte
- Verschriftlichen des Handlungsgeschehens in einer Sachaufgabe
- Entwickeln einer Rechen- und Schreibidee

Schuljahr	Gruppengröße	Vorkenntnisse	Dauer	Materialien
2.–3. Klasse	2–3 Kinder	Grundkenntnisse vom Aufbau einer Sachaufgabe sowie im Umgang mit Bildergeschichten	ca. 30 min.	• Bildergeschichte

Durchführung

Jeder Schülergruppe wird eine Bildergeschichte zur Verfügung gestellt. Hier können entweder alle Gruppen dieselbe Geschichte bearbeiten, die sich dann auch mittels des Overhead-Projektors an die Wand werfen lässt, oder jede Gruppe erhält eine andere Geschichte. Zunächst müssen sich die Kinder mit ihrer Bildergeschichte auseinandersetzen und solche Fragen beantworten wie z. B.:

- Was ist auf den Bildern zu erkennen?
- Welche Personen treten hier in Erscheinung?
- Was machen diese Personen?

Nachdem die Kinder den Kontext der Geschichte erschlossen haben, sollen sie aus dem dargestellten Handlungsgeschehen eine Aufgabe formulieren. Hier sollten die in den Bildern verschlüsselten Informationen aufgegriffen und in einer Sachaufgabe verarbeitet werden.

Anmerkung

Gerade für jüngere Schüler/innen stellt die Auseinandersetzung mit einer Bildergeschichte einen ansprechenden und motivierenden Anlass dar, um eine eigene Sachaufgabe zu verfassen. Durch die in der Bildergeschichte vorgegebenen Handlungselemente erhalten die Kinder einen Rahmen für ihre Sachaufgabe. Dies gibt schwächeren Lerngruppen eine gute Hilfestellung.

Wenn die einzelnen Schülergruppen jeweils unterschiedliche Bilderaufgaben bearbeiten, können die daraus hervorgehenden Sachaufgaben unter den Gruppen ausgetauscht werden.

Anmerkung

Entsprechend der Lernstärke der Kinder sowie ihren Vorerfahrungen lässt sich die Komplexität der Bildergeschichte variieren. So können zu Beginn Geschichten mit nur einem oder zwei Bildern bearbeitet werden. Anschließend lassen sich sowohl die Anzahl der Bilder als auch die Anzahl der in der Geschichte agierenden Personen steigern.

| Mathematik, Nr. 13 | Sachrechnen | Sachverhalte suchen |

Ziel und didaktischer Kontext

- Konstruktion einer eigenen Sachaufgabe
- Formulieren und Verschriftlichen eines Sachzusammenhangs
- Verwenden einer vorgegebenen Rechnung in der eigenen Sachaufgabe
- Förderung der Kreativität

Schuljahr	Gruppengröße	Vorkenntnisse	Dauer	Materialien
2.–3. Klasse	1 Kind	Grundkenntnisse vom Aufbau einer Sachaufgabe	ca. 25 min.	keine

Durchführung

Den Schüler/innen wird eine Rechenaufgabe vorgegeben. Entsprechend dem Alter lässt sich eine Aufgabe zur Addition, Subtraktion, Multiplikation oder Division auswählen. Diese Aufgabe wird an die Tafel geschrieben. Nun gilt es, einen passenden Sachverhalt aus der Umwelt zu suchen und hieraus eine Sachaufgabe zu formulieren. Die konzipierten Aufgaben können mit dem Nachbarn ausgetauscht und bearbeitet werden.

Anmerkung

Die traditionellen Sachaufgaben gehen von dem Gedanken aus, zu einem Sachverhalt die entsprechende Rechnung zu finden. Das hier beschriebene Vorgehen wählt den umgekehrten Weg: Die Kinder kennen die Rechnung und auch das Ergebnis. Unbekannt ist hingegen, auf welchen Kontext sich die Zahlen beziehen:

- Sind hier Tiere oder Menschen gemeint?
- Beziehen sich die Zahlen auf die Anzahl von Gegenständen, und wenn ja, auf welche?
- Nehmen die einzelnen Zahlen auf jeweils unterschiedliche Dinge Bezug?
- Wie lässt sich ein Zusammenhang zwischen den einzelnen Komponenten herstellen?

Weiterführung

Im Anschluss können die Kinder in Partnerarbeit entsprechend dem oben skizzierten Vorgehen weitere Sachaufgaben konstruieren. Beide Partner/innen schreiben jeweils eine Rechenaufgabe auf einen Zettel und tauschen dann ihre Blätter. Der andere ist nun dazu aufgefordert, eine Sachaufgabe zu dieser Rechnung zu konzipieren.

| **Mathematik, Nr. 14** | **Sachrechnen** | **Zeitungsartikel auswerten** |

Ziel und didaktischer Kontext

- Konstruktion einer eigenen Sachaufgabe
- Lesen und Verstehen eines Zeitungsartikels
- Herausfiltern wesentlicher Informationen
- Einbinden der Informationen in eine Sachaufgabe

Schuljahr	Gruppengröße	Vorkenntnisse	Dauer	Materialien
3.–4. Klasse	2–3 Kinder	Kenntnisse vom Aufbau einer Sachaufgabe	ca. 30 min.	• diverse Zeitungsberichte mit Zahlen

Durchführung

Jeder Gruppe wird ein Zeitungsbericht zur Verfügung gestellt. Wichtig dabei ist, dass dieser Artikel Zahlen enthält. So ist beispielsweise ein Bericht geeignet, der

- über Schneehöhen in verschiedenen Regionen informiert,
- Preisänderungen bekannt gibt,
- Zugverspätungen darlegt,
- Teilnehmerzahlen von Veranstaltungen ankündigt.

Auf der Grundlage des Artikels sollen die Schüler/innen eine eigene Sachaufgabe gestalten. Hier können die im Zeitungsartikel verwendeten Zahlen und Mitteilungen um eigene Angaben ergänzt werden.

Anmerkung

Sobald den Kindern die hier beschriebene Form des Erstellens einer eigenen Sachaufgabe bekannt ist, können die Schüler/innen auch selbst einen Artikel aus der Zeitung auswählen, der sich für die Aufgabenstellung eignet.

Weiterführung

Eine eigene Zeitung der Mathematik lässt sich aus den von den Schüler/innen konzipierten Sachaufgaben erstellen. Hierzu werden neben den ausgewählten Zeitungsartikeln die eigenen Sachaufgaben in ein Buch eingeklebt. Dieses kann als Ressource für zukünftiges Sachrechnen dienen.

3.3 Mengen und Zahlen: Rekonstruktion lebensnaher Situationen und Fragestellungen

Die Auseinandersetzung mit lebensnahen Situationen stellt die Grundlage der nun folgenden Aufgabenstellungen zum Arbeitsbereich »Mengen und Zahlen« dar. Hier wird einerseits der Zahlbegriff im Umgang mit Repräsentanten thematisiert und andererseits wird das Erschließen des Addierens, Subtrahierens, Multiplizierens und Dividierens in den Blick genommen. Bei allen der im Nachfolgenden vorgestellten Praxisbeispiele steht das Ziel im Vordergrund, die Schüler/innen durch ausgewählte Aufgabenstellungen zur eigenen konstruktiven Erkenntnistätigkeit anzuregen. In Anlehnung an Hermann Krüssel (1996, S. 95) gilt es dabei jedoch zu bedenken, dass die Grenzen der Wirklichkeitskonstruktion nicht allein in der Beschaffenheit der Umwelt bestehen, d. h. in der Struktur der Gegenstände und Phänomene, sondern auch im Auffassungsvermögen des Kindes selbst. Daraus resultiert die Notwendigkeit von Maßnahmen zur Differenzierung für schwächere und stärkere Lerner, was in den nachfolgenden Aufgabenstellungen entsprechend berücksichtigt wird. Im Einzelnen wird hier auf folgende thematische Felder Bezug genommen:

- Zahlenmuseum (1.–2. Schuljahr)
- Fühlsack (1.–2. Schuljahr)
- Planung einer Party (3.–4. Schuljahr)
- Busfahrt (1.–2. Schuljahr)
- Neues Mobiliar (4. Schuljahr)
- Bilder in Zahlen (1.–3. Schuljahr)

Zunächst wird mit den Aufgabenstellungen »Zahlenmuseum« und »Fühlsack« die Entwicklung des Zahlbegriffs thematisiert. Dies geschieht zum einen über die Erstellung eines Zahlenmuseums in Schuhkartons, in denen Repräsentanten zu einer vorgegebenen Zahl gesammelt werden, und zum anderen durch die Konstruktion eigener Rätsel zu einer von den Kindern erfühlten Zahl. Hierfür werden aus Pappe ausgeschnittene Zahlen in einen Fühlsack gegeben, und die Kinder versuchen nun, die Ziffern durch Fühlen zu identifizieren. Diese taktile Komponente wird durch eine verbale ergänzt, indem die Schüler/innen den anderen Kindern Hinweise zu der von ihnen erfühlten Zahl geben. Dabei wird sich zeigen, vor allem im Hinblick auf das taktile Auffassungsvermögen der Kinder, dass hier deutliche interindividuelle Unterschiede auftreten. Doch auch die Beschaffenheit der Umwelt, genauer gesagt die Struktur der Gegenstände, spielt im Rahmen der Aufgabenstellung »Fühlsack« eine entscheidende Rolle, nicht zuletzt aber auch bei der Suche nach Repräsentanten für Mengen und Zahlen zur Erstellung eines »Zahlenmuseums«.

Im Rahmen der Aufgaben »Planung einer Party« sowie »Busfahrt« setzen sich die Schüler/innen mit Situationen und Fragen auseinander, die aus ihrem Alltagsleben entstammen und die in mathematische Zusammenhänge eingebettet werden. So wird beispielsweise eine »Busfahrt« mit Ein- und Aussteigen in einen fiktiven Bus rekonstruiert. Hierbei müssen die Schüler solche Abläufe nachstellen wie das Benennen des Fahrtziels beim Einsteigen in den Bus, das Bezahlen des Fahrgeldes sowie die Herausgabe des Wechselgeldes. Ein solches Nachahmen realer Situationen sollte immer auch mit den Perspektiven der Konstruktion und Dekonstruktion einhergehen, indem von den Kindern z. B. ein Busfahrplan mit fiktiven Abfahrtszeiten und Zielorten sowie eine Preisliste für die jeweiligen Zielorte erstellt werden. Hier sind der Fantasie der Kinder keine Grenzen gesetzt. Auch Überlegungen, wie z. B. das Herstellen und Aushändigen eines Fahrscheins, die Überprüfung der Fahrscheine durch einen Fahrkartenkontrolleur oder die Verspätung des Busses aufgrund eines Staus, können in das Spiel der Kinder mit einbezogen werden.

Anspruchsvoll ist die Aufgabenstellung, ein »neues Mobiliar« für das Klassenzimmer auszuwählen. Hier muss nicht nur ein Gesamtkonzept erstellt werden, das Etat und Größe des Raumes berücksichtigt, sondern es müssen auch die Anzahl der Schüler/innen sowie notwendige Nischen für Lese- oder Bastelecke in die Planungen mit einbezogen werden. Die Komplexität dieser Aufgabenstellung lässt vielfältige Möglichkeiten einer Wirklichkeitskonstruktion zu. Wichtig dabei ist, dass die Kinder Mut für die eigene konstruktive Erkenntnistätigkeit entwickeln und zugleich für die Sichtweisen der anderen Akzeptanz zeigen. Dies impliziert immer auch eine Reflexion der eigenen Wirklichkeitskonstruktion. Die Aufgabe »Bilder in Zahlen«, die für die Kinder Faszination und Herausforderung zugleich ist, knüpft unmittelbar an diesen Gedankengang an. Zu fragen ist hier: Wie kann es gelingen, nur mithilfe von Zahlen ein Kunstwerk zu erstellen? Kann man die einzelne Zahl im Gesamtkontext des Bildes noch erkennen? Wie sieht das Bild aus, wenn man es von einer größeren Entfernung aus betrachtet? Ein solches Spiel mit den Zahlen veranlasst die Schüler/innen, einen Wechsel der Perspektive vorzunehmen.

| Mathematik, Nr. 15 | Mengen und Zahlen | Zahlenmuseum |

Ziel und didaktischer Kontext

- Erstellen eines Zahlenmuseums
- Entwickeln des Zahlbegriffs
- Vergleichen und Ordnen von Zahlen
- gemeinsames Problemlösen

Schuljahr	Gruppengröße	Vorkenntnisse	Dauer	Materialien
1.–2. Klasse	2–3 Kinder	keine	ca. 30 min.	• Schuhkartons • diverse Gegenstände

Durchführung

Aufgabe ist es, ein Zahlenmuseum zu erstellen. Hierzu erhält jede Gruppe einen leeren Schuhkarton, auf dessen Unterseite eine Zahl steht. Die Zahlen der einzelnen Gruppen sollten sich unterscheiden. Zu der eigenen Zahl soll die Gruppe nun einen Repräsentanten finden, den sie in ihren Schuhkarton legt. Beispiele hierfür sind:

- ein Paar Turnschläppchen für die Zahl 2
- ein Riegel Schokolade, der aus vier Stücken besteht, für die Zahl 4
- ein Fingerhandschuh für die Zahl 5
- eine Uhr für die Zahl 12

Anschließend können die Schuhkartons im Klassenraum ausgestellt werden. Nun sollen die anderen Schüler/innen die Zahl zu dem jeweiligen Repräsentanten herausfinden. Zur Kontrolle können die Kinder auf der Unterseite des Schuhkartons nachsehen. Hier steht die jeweilige Zahl.

Anmerkung

In den Deckel des Schuhkartons kann ein Loch geschnitten werden, das mit einer durchsichtigen Folie bespannt wird. Die ausgewählten Repräsentanten werden im Schuhkarton befestigt und der Karton mit dem Deckel verschlossen. So lässt sich das Zahlenmuseum im Klassenraum aufhängen, was die Kinder dazu auffordert, immer mal durch die Löcher in die Kartons zu sehen und zu überprüfen, ob man sich an die dazugehörige Zahl erinnern kann. Um dies spannender zu gestalten, können die Inhalte einzelner Kästen immer wieder mit neuen Repräsentanten ausgetauscht werden.

Weiterführung

Das Zahlenmuseum lässt sich auch im höheren Zahlenraum fortführen. So kann beispielsweise für die Zahl 50 das Mathematikbuch, das 50 Seiten hat, als Repräsentant gewählt werden.

| **Mathematik, Nr. 16** | **Mengen und Zahlen** | **Fühlsack** |

Ziel und didaktischer Kontext

- Erstellen von Zahlen aus Pappe
- Erfühlen der Zahlbilder
- Verbesserung der Selbstorganisation und Eigenaktivität
- gemeinsames Problemlösen

Schuljahr	Gruppengröße	Vorkenntnisse	Dauer	Materialien
1.–2. Klasse	3–4 Kinder	Kenntnis der Zahlen 1–8	ca. 30 min.	• Stoffsack • Pappe • Stifte • Scheren

Durchführung

Zunächst erhält jede Gruppe Pappe, Stifte und Scheren. Aufgabe ist es, auf die Pappe die Zahlen von eins bis acht zu schreiben. Wichtig dabei ist, dass die Zahlen nicht nur als dünner Strich zu erkennen sind, sondern mehrmals dick nachgemalt werden. Anschließend werden die Ziffern von den Kindern ausgeschnitten und in den Stoffsack gelegt. Ein Kind beginnt. Es wählt eine Zahl aus und versucht, diese zu ertasten. Den Gruppenmitgliedern gibt es nun Hinweise zu seiner Zahl wie z. B.:

- Meine Zahl ist niedrig.
- Sie fühlt sich eckig an.
- Es ist nicht die 2.

Reihum darf jedes Gruppenmitglied eine Vermutung zu dieser Zahl äußern. Anschließend wird die Zahl herausgezogen.

Anmerkung

Zunächst ist es sinnvoll, dass sich die Kinder erst einmal mit dem Erfühlen der Zahlen vertraut machen. So kann in einer ersten Runde reihum jeweils eine Zahl erfühlt und benannt werden. Anschließend wird die Zahl hervorgezogen, und es wird überprüft, ob die Vermutung des Schülers richtig war. Gerade für schwächere Lerner/innen stellt diese Variante eine geeignete Differenzierungsmaßnahme dar.

Auch kann es hilfreich sein, wenn alle Zahlen nochmals auf ein Blatt Papier geschrieben werden und dieses Blatt vor den Kindern auf den Tisch gelegt wird. Schwächere Lerner können sich an dieser optischen Hilfe orientieren.

Weiterführung

Die Zahlen können auch aus Sandpapier ausgeschnitten oder beispielsweise aus Nudeln oder Reis geklebt werden. Hier sind der Kreativität der Kinder keine Grenzen gesetzt.

| **Mathematik, Nr. 17** | **Mengen und Zahlen** | **Planung einer Party** |

Ziel und didaktischer Kontext

- Erstellen einer Kostenkalkulation für eine Party
- Überprüfen unterschiedlicher Preise
- Auswahl geeigneter Lebensmittel
- Einhalten eines vorgegebenen Etats

Schuljahr	Gruppengröße	Vorkenntnisse	Dauer	Materialien
3.–4. Klasse	4–5 Kinder	Kenntnis der Rechenverfahren für die Addition und Multiplikation	ca. 45 min.	• Werbeprospekte • Plakat • Klebstoff • Scheren • Stifte

Durchführung

Im Rahmen dieser Aufgabe sollen die Schüler/innen ein eigenes Fest planen. Zunächst wird der finanzielle Rahmen abgesteckt, der in Anlehnung an das in der Klassenklasse befindliche Geld veranschlagt wird. Die Schuler/innen bekommen nun die Aufgabe gestellt, vor dem Hintergrund der finanziellen Möglichkeiten eine Party für die Klasse zu planen. In ihren Gruppen erhalten die Kinder Prospekte verschiedener Supermärkte. Nun sind solche Fragen zu besprechen wie z. B.:

- Welche Lebensmittel benötigen wir?
- Welche Materialien brauchen wir zusätzlich?
- Was kosten diese Dinge?
- Fallen uns auch Alternativen zu den ausgewählten Lebensmitteln ein, die günstiger sind?

Das Ergebnis der einzelnen Gruppen wird in einer Collage festgehalten und im Sitzkreis der Klasse präsentiert.

Anmerkung

Zunächst geht es um die Auswahl der Lebensmittel und die Kostenkalkulation:

- Was wollen wir essen?
- Was wollen wir trinken?
- Wie viel Geld haben wir zur Verfügung?
- Wo können wir sparen?
- Wie verändert sich die Kalkulation, wenn wir Sonderangebote zugrunde legen?

Doch auch die Logistik muss geplant und solche Fragen durchdacht werden wie beispielsweise:

- Wo lassen sich die Getränke kühl stellen?
- Wer übernimmt die Dekoration des Raumes?
- Wer kann einen Kassettenrekorder zur Verfügung stellen?
- Welches Thema soll unsere Party haben?

Hierdurch ergeben sich zahlreiche Anschlussmöglichkeiten für den Kunst- und Sachunterricht.

Weiterführung

Aus den Entwürfen der einzelnen Gruppen kann im Klassenverband ein gemeinsamer Plan erstellt werden. In diesem werden Ideen verschiedener Gruppen aufgegriffen. Die Kalkulation kann im Anschluss in einer gemeinsamen Party zur Anwendung kommen.

| Mathematik, Nr. 18 | Mengen und Zahlen | Busfahrt |

Ziel und didaktischer Kontext

- Rekonstruktion einer Busfahrt
- Herstellen von Spielgeld
- Festsetzen und Bezahlen der Fahrpreise
- Herausgeben des Wechselgeldes

Schuljahr	Gruppengröße	Vorkenntnisse	Dauer	Materialien
1.–2. Klasse	alle Kinder	Kenntnisse im Umgang mit Geld	ca. 40 min.	• Papier • Stifte • Scheren • Stühle

Durchführung

Die Kinder spielen im Rahmen dieser Aufgabe den Ablauf einer Busfahrt nach. Hierfür können im Klassen- oder Pausenraum Stühle so aufgestellt werden, dass diese wie in einem Bus angeordnet sind. Nun muss festgelegt werden, wie viel eine Busfahrt kosten soll:

- Ist der Preis für jede Fahrtstrecke immer derselbe?
- Oder variieren die Preise entsprechend der Fahrtlänge?

Bevor die Kinder ihren Bus besteigen, stellen sie in Kleingruppen Spielgeld her: Eine Gruppe erstellt 10- und 5-Euro-Scheine, eine andere 2- und 1-Euro-Münzen und eine dritte 50-, 20- und 10-Cent-Stücke. Das Geld wird auf die Kinder verteilt. Der Busfahrer erhält genügend Wechselgeld. Die Busfahrt kann jetzt beginnen.

Anmerkung

Fast jeder Schüler ist in seinem Leben schon einmal mit dem Bus gefahren. Viele Abläufe, wie das Bezahlen am Eingang, sind selbstverständlich. Doch häufig übernimmt diese Aufgabe der begleitende Erwachsene. In diesem Spiel führen die Schüler/innen alle Aufgaben selbst aus wie z. B.:

- Benennen des Fahrtziels beim Einsteigen
- Nennung des Fahrpreises
- Bezahlen des Preises
- Herausgabe des Wechselgeldes

Wenn die Kinder möchten, können im Vorfeld auch Fahrkarten hergestellt werden, die vom Busfahrer ausgehändigt werden.

Weiterführung

Bei diesem Spiel können auch Kontrolleure zum Einsatz kommen. Ein Busfahrplan kann erstellt werden, mit Angabe der Abfahrtszeiten und Zielorte. Auch lässt sich eine Preisliste für die entsprechenden Zielorte anfertigen.

| Mathematik, Nr. 19 | Mengen und Zahlen | Neues Mobiliar |

Ziel und didaktischer Kontext

- Erstellen einer Kostenkalkulation für das Mobiliar im Klassenraum
- Vergleichen von Preisen
- Entwickeln eines Konzepts
- Förderung der Kreativität und Fantasie

Schuljahr	Gruppengröße	Vorkenntnisse	Dauer	Materialien
4. Klasse	4–5 Kinder	Kenntnis der Rechenverfahren für die Addition und Multiplikation	ca. 60 min.	• diverse Prospekte für Büromöbel

Durchführung

Ziel dieser Aufgabenstellung ist es, die Planung für eine neue Einrichtung des Klassenraumes vorzunehmen. Jede Gruppe soll einen solchen Planungsentwurf anfertigen und im Anschluss den anderen Schüler/innen vorstellen. Als Ausgangspunkt wird den Kindern ein Etat vorgegeben. Auch wird gemeinsam besprochen, was im Klassenraum enthalten sein sollte wie z. B.:

- Tische und Stühle
- Lehrerpult
- Leseecke
- Bastelecke

Jede Schülergruppe übernimmt nun die Gestaltung eines dieser Bereiche und entwirft hierzu neben einer Kostenkalkulation auch eine Skizze.

Anmerkung

Ein wichtiges Element zur Gestaltung des Klassenraumes stellt die Anschaffung von Tischen und Stühlen dar. Bei der Kostenkalkulation für diese Gegenstände ist zu vergleichen, welche Variante kostengünstiger ist. Im Rahmen der Planungen zu einer Lese- oder Bastelecke kann von den Schüler/innen eventuell auch solches Mobiliar bedacht werden, das zur Aufbewahrung oder Abtrennung von Räumlichkeiten dienlich ist, wie z. B. Regale oder Kommoden. Vielleicht entsteht auch die Idee, neue Lampen, Bilder oder ein Sofa zu kaufen. Diese Vorschläge sollten vor dem Hintergrund des vorgegebenen Etats diskutiert werden.

Weiterführung

Die Vorschläge der einzelnen Gruppen können in einem Gesamtkonzept der Klasse zusammengefasst werden. Hierzu sollte auch eine Skizze vom Raum erstellt werden. Wo sollen die Tische stehen? Wie sollen die Regale aufgestellt werden?

| Mathematik, Nr. 20 | Mengen und Zahlen | Bilder in Zahlen |

Ziel und didaktischer Kontext

- Erstellen eines Zahlenbildes
- Erproben unterschiedlicher Varianten
- Einbinden der Zahlen in Bildmotive
- Darstellen von Zahlen in ästhetischer Form

Schuljahr	Gruppengröße	Vorkenntnisse	Dauer	Materialien
1.–3. Klasse	1 Kind	Kenntnis der Zahlen 0–9	ca. 30 min.	• Papier • Stifte

Durchführung

Im Rahmen dieser Aufgabe sollen die Schüler/innen ein Bild aus Zahlen erstellen. Hierzu sind folgende Fragen zu klären:

- Welche Möglichkeiten gibt es, ein Bild aus Zahlen herzustellen?
- Wie lassen sich die Zahlen anordnen, damit ein Bild daraus entsteht?
- Welche Motive erscheinen für ein solches Bild aus Zahlen geeignet?
- Welche Zahlen bieten sich für die Rekonstruktion bestimmter Motive an?

Anmerkung

Diese Aufgabenstellung lässt der Kreativität der Kinder viel Raum. Hier können nicht nur verschiedene Motive ausprobiert werden, sondern auch die Anordnung der Zahlen lässt sich variieren. Diese können nebeneinander, untereinander, diagonal versetzt oder überlappend geschrieben werden. Nicht zuletzt lassen sich Variationen durch die Auswahl der Zahlen herbeiführen: Der runde Kreis der Null kann für die Sonnenstrahlen verwendet werden, die Eins indes als Begrenzung für das Dach.

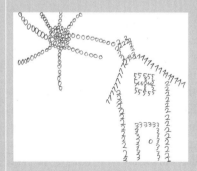

Abb. 10: Bild aus Zahlen

Weiterführung

Die Bilder der Kinder können in der Pausenhalle ausgestellt werden. So können Schüler/innen anderer Klassen die Zahlenbilder betrachten. Faszinierend hierbei ist, dass diese Bilder aus der Entfernung nicht erkennen lassen, dass sie ausschließlich aus Zahlen bestehen.

3.4 Größen: Spielerisches Entdecken mathematischer Zusammenhänge

Wesentliches Ziel des Mathematikunterrichts in der Grundschule ist es, dass die Kinder mathematische Zusammenhänge selbstständig und eigenaktiv erschließen. Wie dies im Arbeitsbereich »Größen« mit seinen Unterkategorien Längen, Gewichte und Hohlmaße gelingen kann, wird im nun Folgenden anhand ausgewählter Beispiele vorgestellt. Im Besonderen wird bei der Auswahl der Aufgabenstellungen darauf geachtet, dass die Schüler/innen zu eigenen Konstruktionsprozessen angeregt werden. Damit wird der Grundgedanke konstruktivistischer Theoriebildung aufgegriffen, demzufolge jede Form von Erkenntnis auf der Konstruktion von Wirklichkeit beruht. Gemäß des konstruktivistischen Paradigmas geht jede Darstellung der Wirklichkeit aus dem Erlebnisraum des Individuums hervor, d. h. sie wird hier konstruiert. Die Kernidee des Konstruktivismus bestreitet nicht das Vorhandensein einer außerhalb der Wahrnehmung bestehenden Realität von Gegenständen, begreift aber jede Erkenntnis über die äußere Realität als Konstruktion des Individuums (Glasersfeld 2002, S. 36 f.). Dieses konstruktivistische Paradigma wird bei der Konzeption der hier vorgestellten Beispiele zugrunde gelegt und in folgenden thematischen Zusammenhängen aufgegriffen:

- Der Kuchen (1.–2. Schuljahr)
- Bau einer Waage (2.–3. Schuljahr)
- Umriss des Körpers (2.–3. Schuljahr)
- Fassungsvermögen (3.–4. Schuljahr)
- Schlauchcollage (3.–4. Schuljahr)
- Wie lang ist ein Meter? (1.–2. Schuljahr)

Im Rahmen dieses Kanons, der alle wesentlichen Inhalte des Arbeitsbereichs »Größen« berührt, werden die Schüler/innen immer wieder zum Entdecken mathematischer Zusammenhänge angeregt. Zunächst wird mit der Aufgabenstellung »Der Kuchen« ein Kontext angestoßen, der den Kindern aus ihrem Alltag bekannt ist: Es gilt, einen Kuchen so aufzuteilen, dass jedes Gruppenmitglied ein gleich großes Stück erhält. Hierzu schneidet jeder Schüler ein Stück von einem Kuchen aus Pappe ab und reicht den Rest des Kuchens an seinen Nachbarn weiter.

- Wie kann es gelingen, dass jedes Gruppenmitglied ein Stück gleicher Größe erhält?
- Welche Strategien lassen sich hierzu entwickeln?

Auch im Rahmen der Aufgabenstellung, eine eigene »Waage« zu bauen, müssen die Schüler/innen vielfache Planungsschritte vornehmen. Gezielt wird hier darauf verzichtet, die Konstruktionsweise zum Bau einer Waage vorzugeben. Lediglich werden die Schüler/innen mit der Problemstellung konfrontiert, mithilfe von Stöcken, Fäden, Klammern sowie den inneren Kästchen von Streichholzschachteln festzustellen, welches Gruppenmitglied den schwersten und welches Kind innerhalb der Gruppe den leichtesten Radiergummi in seinem Mäppchen hat. Das konkrete Vorgehen zur Lösung dieses Problems wird indes nicht vorgegeben. So sind die Kinder dazu angehalten, eigene Planungs- und Konstruktionsschritte vorzunehmen und diese anhand des eigenen Modells immer wieder zu überprüfen. Dabei wird sich zeigen, dass manche Konstruktionsidee der Kinder nicht in der von ihnen gedachten Weise realisiert werden kann, z. B. weil sich die Waage nicht genau justieren lässt oder weil die Streichholzschachteln nicht stabil genug angebracht wurden, um den Radiergummi zu tragen. Hier sollte den Kindern die Gelegenheit gegeben werden, ihr Modell zu überarbeiten und zu optimieren. Im Rahmen der Aufgabe »Umriss des Körpers« werden lebensgroße Bilder von den Kindern erstellt, indem der Umriss ihrer Körper mit einem Stift umfahren wird. Mittels Kordel oder Wolle lässt sich der Umriss abmessen und ein Stück Wolle in entsprechender Länge zuschneiden. Nun können die Kinder Vergleiche anstellen zwischen der Länge des Wollfadens sowie ihrer Körpergröße und darüber spielerisch mathematische Zusammenhänge erschließen.

Auch bei der Aufgabe »Fassungsvermögen«, in deren Rahmen die Volumina von Verpackungen ermittelt werden, ergeben sich für die Schüler/innen zahlreiche Anlässe zum Schätzen, Messen und Vergleichen. Hierbei werden die Kinder feststellen, dass die eigene Wahrnehmung der äußeren Welt nicht immer mit den realen Gegebenheiten übereinstimmen muss: Manchmal ist das Fassungsvermögen eines Gefäßes größer, als man zuvor vermutet hätte. Solche Phänomene gilt es aufzugreifen und zu thematisieren. Momente des Nachdenkens und Hinterfragens werden die Schüler/innen ebenso beim Erstellen einer »Schlauchcollage« erleben. Hier soll ein Diagramm der Maßeinheiten aus unterschiedlich dicken Schläuchen konstruiert werden, wobei die Kinder versuchen sollen, ein möglichst »ungewöhnliches« Diagramm zu erstellen. Wie kann dies gelingen? Was sind mögliche Faktoren, die das Außergewöhnliche der Collage ausmachen? Zum Grübeln und Nachdenken werden die Schüler/innen schließlich auch angestoßen, wenn sie im Rahmen der Aufgabe »Wie lang ist ein Meter?« u. a. folgende Fragestellungen beantworten sollen:

- Wie viele Stifte benötigen wir, um einen Meter nachzubilden?
- Wie viele Tannenzapfen müssen wir hintereinanderlegen, um genau einen Meter zu erhalten?

| Mathematik, Nr. 21 | Größen | Der Kuchen |

Ziel und didaktischer Kontext

- Herausschneiden eines Kuchenstücks
- gleichmäßige Verteilung auf alle Gruppenmitglieder
- Verbesserung der Selbstorganisation und Eigenaktivität
- gemeinsames Problemlösen

Schuljahr	Gruppengröße	Vorkenntnisse	Dauer	Materialien
1.–2. Klasse	10–15 Kinder	keine	ca. 20 min.	• Kreis aus Pappe • Schere

Durchführung

Jede Gruppe erhält einen Kuchen, der durch einen Kreis aus Pappe dargestellt wird. Aufgabe ist es, dass jeder Schüler der Gruppe aus dem Kuchen ein Stück herausschneidet. Dabei sollen die Kuchenstücke der einzelnen Kinder gleich groß sein. Wichtig dabei ist, dass im Vorfeld innerhalb der Gruppe keine Absprachen stattfinden.

Das erste Kind beginnt und schneidet ein Stück aus dem Kuchen heraus. Nun erhält das zweite Kind den restlichen Kuchen und schneidet sich seinerseits ein Stück ab. Gelingt es, dass auch das letzte Kind ein Kuchenstück erhält?

Anmerkung

Die Aufgabe erscheint auf den ersten Blick nicht sonderlich schwierig: Ein Stück Kuchen soll aus einem großen Kuchen herausgeschnitten werden. Mit dem Zusatz, dass jedes Kind der Gruppe ein gleich großes Kuchenstück erhalten soll, wird die Aufgabe jedoch deutlich schwieriger. Nun muss man nicht nur das eigene Kuchenstück abschneiden, sondern auch die Kuchenstücke der anderen Gruppenmitglieder in die Kalkulation mit einbeziehen.

Weiterführung

In einer Reflexion sollten die Kinder die Gelegenheit erhalten, sich über ihre gesammelten Erfahrungen auszutauschen. Was war schwierig? Was hat bereits gut funktioniert? Anschließend kann das Experiment »Der Kuchen« in den Gruppen nochmals wiederholt werden. Gelingt es nun besser, den Kuchen auf alle Gruppenmitglieder zu verteilen?

| Mathematik, Nr. 22 | Größen | Bau einer Waage |

Ziel und didaktischer Kontext

- Konstruktion einer eigenen Waage
- Entwickeln von Wiegeexperimenten
- Förderung der Experimentierfreude
- Verbesserung der Selbstorganisation und Eigenaktivität

Schuljahr	Gruppengröße	Vorkenntnisse	Dauer	Materialien
2.–3. Klasse	2–3 Kinder	keine	ca. 30 min.	• Stifte/Stöcke • Fäden • Klammern • Streichholzschachteln

Durchführung

Die Gruppen bekommen Stifte oder Stöcke, Fäden, Klammern und die inneren Kästchen von Streichholzschachteln zur Verfügung gestellt. Aufgabe ist es, mithilfe dieser Materialien zu überprüfen, welches Kind in der Gruppe den schwersten und wer den leichtesten Radiergummi (Bleistift, Schere oder Lineal) in seinem Mäppchen hat. Die Schüler/innen sind nun dazu aufgefordert, eine eigene Waage zu bauen. Dabei werden die Kinder unter anderem auf folgende Fragestellungen stoßen:

- Wie funktioniert eine Waage?
- Wie lässt sich diese mithilfe der vorgegebenen Materialien rekonstruieren?
- Wo muss man die Waage festhalten, damit sie genau justiert ist?
- Wie lässt sich die entsprechende Stelle zum Festhalten markieren?

Anmerkung

Die Experimentierphase sollte nicht zu kurz bemessen sein. Dabei sollte den Kindern die Gelegenheit gegeben werden, eigene Wiegeexperimente durchzuführen wie z. B.:

- Wie viele Radiergummis sind notwendig, um eine Schere aufzuwiegen?
- Ist der dünne, lange Stift schwerer als der dickere und kürzere Stift?
- Wie viele Kreidestücke benötigt man, um das Gewicht des Schwammes zu erreichen?

Solche Experimente können im Anschluss den anderen Schüler/innen im Stuhlkreis vorgestellt werden.

Weiterführung

Auf dem Schulhof lässt sich mit einfachen Mitteln eine große Waage herstellen. Hierfür werden folgende Materialien benötigt: Besenstiel, Seile und Schuhkartons. Mit ihrer Waage können die Kinder Dinge wiegen wie z. B. Tannenzapfen, kleine Steine, Sand oder einzelne Schuhe.

| Mathematik, Nr. 23 | Größen | Umriss des Körpers |

Ziel und didaktischer Kontext

- Erstellen einer Umrisszeichnung
- Messen des Umrisses mittels Wolle
- Vergleichen von Umriss und Körpergröße
- Vergleich des Umrisses unterschiedlicher Kinder

Schuljahr	Gruppengröße	Vorkenntnisse	Dauer	Materialien
2.–3. Klasse	2 Kinder	keine	ca. 30 min.	• Wolle oder Kordel • Plakate • Stifte

Durchführung

Die Schüler/innen finden sich in Paaren zusammen und zeichnen gegenseitig die Umrisse ihrer Körper auf ein Plakat. Auf die Umrisszeichnungen legen sie eine Kordel oder Wolle und schneiden diese in entsprechender Länge ab. Die Zeichnungen werden im Klassenraum aufgehängt und die Kordel bzw. Wolle zum Vergleich daneben gehängt. In dieser Weise wird das Verhältnis von Körpergröße zu Umriss anschaulich dargestellt.

Anmerkung

Die abgeschnittenen Kordeln bzw. Wollstücke können mit dem Namen des jeweiligen Schülers versehen und entsprechend ihrer Länge auf dem Boden angeordnet oder im Raum aufgehängt werden.

- Findet jeder Schüler seine Kordel wieder?
- Welche Beziehung lässt sich zwischen Körpergröße und Umriss erkennen?

Weiterführung

Es kann eine Liste erstellt werden, auf der die Kinder entsprechend der Länge ihres Umrisses aufgeführt werden. Nach ein paar Monaten oder nach einem Jahr kann überprüft werden, ob sich an dieser Liste etwas verändert hat.

| Mathematik, Nr. 24 | Größen | Fassungsvermögen |

Ziel und didaktischer Kontext

- Mutmaßungen äußern über die Größe einer Verpackung
- Bestimmen der Volumina von Verpackungen
- Sortieren der Verpackungen von »klein« bis »groß«
- Förderung der Experimentierfreude

Schuljahr	Gruppengröße	Vorkenntnisse	Dauer	Materialien
3.–4. Klasse	2–4 Kinder	Kenntnisse im Umgang mit Messbechern	ca. 30 min.	• diverse Verpackungen • Trichter • Textmarker • Messbecher

Durchführung

Im Rahmen dieser Aufgabenstellung sollen die Schüler/innen herausfinden, wie groß das Fassungsvermögen unterschiedlicher Verpackungen ist. Hierfür bringt jedes Kind von zu Hause eine Verpackung mit. Beispiele hierfür sind:

- Shampooflasche
- Joghurtbecher
- Vitaminröhrchen
- Gurkenglas
- Ketchupflasche

Mithilfe des Messbechers wird überprüft, wie viele Milliliter in die verschiedenen Gefäße passen. Die Ergebnisse werden auf die Verpackungen geschrieben. Der Größe nach werden nun die Verpackungen aufgereiht.

- Was ist bemerkenswert an der Reihenfolge?
- Wie lässt sich dies begründen?

Anmerkung

Bevor die Kinder zu messen beginnen, können sie Vermutungen äußern, in welcher Reihenfolge die Verpackungen von »klein« bis »groß« angeordnet werden müssen. Stimmen die Messergebnisse mit den Mutmaßungen überein?

Abb. 11: Bestimmung der Volumina

Weiterführung

Die Schüler/innen können im Anschluss an ihre Messungen Vergleichstabellen erstellen. Dabei gehen sie solchen Fragestellungen nach wie z. B.: Wie oft passt der Inhalt eines Vitaminröhrchens in eine Shampooflasche? Zu überprüfen ist nun, ob die Berechnungen der Kinder zutreffen.

Mathematik, Nr. 25 — Größen — Schlauchcollage

Ziel und didaktischer Kontext

- Erstellen einer Schlauchcollage
- Anordnen der Schläuche entsprechend ihrer Füllmenge
- Vergleichen der Füllmenge bei unterschiedlicher Schlauchstärke
- Konstruktion besonders ausgefallener Schlauchcollagen

Schuljahr	Gruppengröße	Vorkenntnisse	Dauer	Materialien
3.–4. Klasse	4–5 Kinder	Kenntnisse im Umgang mit Messbechern	ca. 30 min.	• verschiedene durchsichtige Schläuche • Textmarker • Scheren • Messbecher • Klebestreifen

Durchführung

Im Rahmen dieser Aufgabe sollen die Schüler/innen ein »Diagramm« aus Schläuchen bilden. Dazu werden die Schläuche zunächst mit Klebeband auf der einen Seite verschlossen. Dann werden mithilfe des Messbechers verschiedene Maßeinheiten (z. B. 10, 15, 20 und 25 ml) abgemessen und in die Schläuche gefüllt. Die Anzahl der Milliliter wird auf den jeweiligen Schlauch geschrieben und auf Höhe des Wasserstandes eine Markierung angebracht. Nachdem das Wasser wieder ausgeleert wurde, werden die Schläuche auf Höhe der Markierung abgeschnitten und entsprechend ihrer Füllmenge in einer Art Collage angeordnet.

Anmerkung

Anhand der Collage wird deutlich, dass nicht nur die Dicke des Schlauches für die Füllmenge ausschlaggebend ist, sondern auch dessen Länge. So werden die Kinder feststellen, dass der dünne Schlauch mit weniger Inhalt unter Umständen einen höheren Wasserstand aufweist als der dickere Schlauch mit mehr Inhalt. Vor diesem Hintergrund können die Schüler/innen mit den Schläuchen experimentieren. Welcher Gruppe gelingt es, das »ungewöhnlichste« Diagramm der Maßeinheiten zu basteln?

Weiterführung

Den Kindern werden konkrete Maßeinheiten vorgegeben. Zu dieser Vorgabe erstellt jede Gruppe eine Collage. Inwieweit unterscheiden sich die einzelnen Collagen?

| Mathematik, Nr. 26 | Größen | Wie lang ist ein Meter? |

Ziel und didaktischer Kontext

- Rekonstruktion eines Meters mithilfe von Alltagsmaterialien
- Vergleichen der Anzahl notwendiger Materialien
- Förderung der Experimentierfreude
- gemeinsames Problemlösen

Schuljahr	Gruppengröße	Vorkenntnisse	Dauer	Materialien
1.–2. Klasse	3–4 Kinder	Grundkenntnisse im Umgang mit einem Maßband	ca. 25 min.	• Zollstock oder Metermaß • diverse Gegenstände aus dem Klassenraum

Durchführung

Die Schüler/innen messen zunächst mithilfe eines Maßbandes einen Meter ab. Diesen Meter gilt es nun mittels verschiedener Materialien zu rekonstruieren. So lässt sich beispielsweise fragen:

- Wie viele Schuhe ergeben einen Meter?
- Wie viele Stifte benötigt man, um einen Meter nachzubilden?
- Welche Anzahl von Radiergummis ist notwendig?

Bevor die Schüler/innen diese Fragestellungen überprüfen, stellen sie Vermutungen über die möglichen Ergebnisse an.

Anmerkung

Auf der Grundlage der nebenstehenden Aufgabenstellung kann eine Vielzahl verschiedener Längeneinheiten rekonstruiert und anschließend dokumentiert werden. Als Differenzierungsmaßnahme lassen sich für stärkere Lerner auch die Elle oder andere Längenmaße aus fremden Ländern einbeziehen.

Weiterführung

Die Ergebnisse der Schüler/innen können fotografiert und in einem Längentagebuch zusammengestellt werden.

4. Zur Konstruktivität des Sachunterrichts

Der Sachunterricht bietet wie kein anderes Fach des Grundschulunterrichts Möglichkeiten zum Konstruieren mit strukturiertem und unstrukturiertem Material. In den ersten beiden Schuljahren manifestieren sich die Konstruktionsprozesse der Kinder in einem spielerischen Umgang mit dem zur Verfügung gestellten Material. Hierdurch erhalten die Schüler/innen »erste Einblicke in Funktionsweisen und Zusammenhänge von Ursache und Wirkung. Im 3./4. Schuljahr tritt zweckorientiertes Konstruieren und das Lösen einfacher technischer Probleme hinzu« (Hessisches Kultusministerium 1995, S. 133). Demnach überwiegen in den ersten beiden Schuljahren die spielerischen Tätigkeiten, während im dritten und vierten Schuljahr »zunehmend auf Erkenntnis zielende Aktivitäten und selbständiges Anwenden hinzutreten« (Hessisches Kultusministerium 1995, S. 124). Je mehr dabei eine Verknüpfung zwischen spielerischen Aktivitäten und dem auf Erkenntnis zielenden Handeln erfolgt, umso nachhaltiger gestaltet sich das Lernen der Kinder.

Eine konstruktivistische Betrachtungsweise des Sachunterrichts geht davon aus, dass Lernen die internen Verstehensprozesse der Schüler/innen betont, d. h. dass deren individuelle Wahrnehmung und Interpretation der Umwelt in den Mittelpunkt gerückt werden. Lernen erscheint unter einem solchen Blickwinkel als ein aktiver und konstruierender Vorgang, der sich nach Paul Klimsa (1993, S. 22) nicht allein durch das Handeln und Kommunizieren auszeichnet, sondern vor allem auch durch die Prozesse der Wahrnehmung und Erfahrung. Zu fragen ist: Wie kann es gelingen, eine solche Form des Lernens, die als aktiver zielgerichteter Vorgang in Erscheinung tritt, im Sachunterricht der Grundschule zu initiieren? Welche Methoden und Arbeitsmittel sind hierfür grundlegend? Welche Inhalte erscheinen zur Umsetzung geeignet? Diesen Fragestellungen wird in den nachfolgenden Ausführungen nachgegangen. Dabei wird anhand von Beispielen aus den Lernfeldern »Technik«, »Naturphänomene«, »Raum/Zeit« sowie »Zusammenleben« gezeigt, wie eine Verknüpfung spielerischer Umgangserfahrungen mit einem auf Erkenntnis zielenden Arbeiten gelingen kann.

Die hier ausgewählten Lernfelder berühren alle wesentlichen Inhalte des Sachunterrichts. Im Einzelnen kommen folgende Themenschwerpunkte zum Tragen: Bauen und Konstruieren, Transport von Lasten, Energie, Pflanzen, Wasser, Tiere, Raumerfahrungen, mit Zeit umgehen, Spiel und Arbeit. Bei der Auswahl dieser Inhalte wurden die Empfehlungen der Rahmenpläne von Bayern, Bremen, Baden-Württemberg, Hessen, Nordrhein-Westfalen, Niedersachsen, Sachsen und Sachsen-Anhalt berücksichtigt. Einheitlich wird in diesen Rahmenplänen gefordert, dass der Sachunterricht die Schüler/innen zur Auseinandersetzung mit Inhalten aus ihrer technischen, natürlichen und sozialen Umwelt anregen soll. Hier geht es nicht allein darum, Faktenwissen zu vermitteln, sondern die Kinder sollen zu einem Thema eigene Fragestellungen entwickeln und nach Begründungszusammenhängen suchen. Dies erfordert ein Vorgehen, bei dem der Lehrer nicht primär demonstriert und korrigiert. Vielmehr ist es seine Aufgabe, »Prozesse der selbsttätigen und selbständigen Wissenserschließung und Wissensaneignung« (Arnold 1993, S. 53, zit. nach Siebert 2002, S. 29) zu ermöglichen. Anhand der im Nachfolgenden vorgestellten Beispiele aus den Lernfeldern »Technik«, »Naturphänomene«, »Raum/Zeit« und »Zusammenleben« werden Möglichkeiten für die Praxis beschrieben, wie eine solche Form der Lernförderung gelingen kann.

4.1 Technik/Statik: Konstruktionen mit strukturiertem und unstrukturiertem Baumaterial

Bereits das Kleinkind interessiert sich für die materialspezifischen Möglichkeiten der Dinge, indem es aus den unterschiedlichsten Gegenständen Bauwerke errichtet und dabei grundlegende Erfahrungen mit Längen, Gewichten, Zerbrechlichkeit und Beweglichkeit der Materialien sammelt. Auch Verhältnisse im Raum, wie das Nebeneinander, Aufeinander und Ineinander werden bei diesem funktionalen Umgang mit den Dingen erkundet, wobei es nicht auf ein spezielles Ergebnis, z. B. ein besonders hohes Bauwerk, ankommt, sondern auf die Tätigkeit selbst. Erst allmählich entwickelt sich aus diesem materialspezifischen Funktionsspiel das sogenannte Konstruktionsspiel. Dieser Übergang geht nach Schenk-Danzinger (1983, S. 375) zugleich mit Fortschritten im kognitiven Bereich einher, denn das Kind ist nunmehr zu länger dauerndem, konzentriertem Spiel fähig. Charakteristischerweise treten diese neurophysiologischen Veränderungen zu jener Zeit in Erscheinung, »in der das Kind sein ›Ich‹ entdeckt, seine eigene Person von der Umwelt abgehoben hat und erste volitionale Akte, erste Pläne, erste bewußte Zielsetzungen erkennen lässt.«

Im Grundschulalter findet das Konstruktionsspiel seine Fortsetzung und Vertiefung. Dabei geht es nicht allein um das spielerische Erleben, sondern beim Konstruktionsspiel werden auch verschiedene Entwicklungsziele gefördert. Hierzu gehört zuvorderst das Erfassen von Merkmalen, Dimensionen und Mengen von Bauteilen, denn durch das Vergleichen, Klassifizieren und Zuordnen lässt sich die Entwicklung des Zahlbegriffs anbahnen. Darüber hinaus erfasst das Kind räumliche Beziehungen von Teilen im Modell. Es erkennt Funktionsprinzipien eines Entwurfs und seiner Baugruppen, selektiert Teile aus Modellen und Abbildungen und zieht daraus Schlussfolgerungen über einzelne Teile sowie deren Verbindungen. Diese können auf der Abbildung partiell oder ganz verdeckt sein. Dabei vergleicht das Kind sein Modell systematisch mit dem noch unvollständigen Entwurf, was nicht nur zum Planen von Handlungsfolgen führt, sondern auch zur Flexibilität bei der Beachtung von Teilzielen in Bezug auf die Zielerreichung (vgl. Einsiedler 1999, S. 103). Solche Dimensionen einer spielerischen Konstruktion lassen sich in folgenden thematischen Zusammenhängen aufgreifen:

- Turmbau zu Babel (1.–3. Schuljahr)
- Knetboote (1.–2. Schuljahr)
- Windmühle (3.–4. Schuljahr)
- Zeltbau (2.–3. Schuljahr)
- Kugelbahn (1.–2. Schuljahr)
- Leuchtturm (3.–4. Schuljahr)

Im Rahmen des Praxisbeispiels »Turmbau zu Babel« werden die Kinder mit der Aufgabenstellung konfrontiert, einen möglichst hohen und zugleich stabilen Turm aus Verpackungsmaterialien zu bauen. Der Turm darf von den Schüler/innen nicht festgehalten oder mit anderen Hilfsmitteln fixiert werden. Beim Ausprobieren und Experimentieren werden die Kinder feststellen, welche stabilen Varianten es für Türme gibt. Dabei werden sie z. B. auf die Idee kommen, eine Stabilisierung mittels Träger und Stütze vorzunehmen. Auch im Rahmen der Aufgabenstellung »Zeltbau« geht es darum, eine stabile Möglichkeit zum Bau eines Zeltes aus Bettlaken, Besen und Seilen herauszufinden. Im Gegensatz zum Turmbau ist hier jedoch noch stärker die Kooperationsfähigkeit der Kinder gefragt, denn es bedarf einer guten Zusammenarbeit innerhalb der Gruppe, um die vorgegebenen Materialien in einer stabilen Form zu einem Zelt zusammenzufügen. Kooperation und Kreativität sind ebenso beim Bau einer »Kugelbahn« gefragt. Hier müssen die Schüler/innen gemeinsam nach kreativen Möglichkeiten suchen, wie sich Papprollen so miteinander verbinden lassen, dass eine Murmel durch die Bahn laufen kann, ohne dabei herauszufliegen oder an Stellen mit geringem Gefälle zum Stehen zu kommen. Spannend ist in diesem Zusammenhang, mehrere Bahnen zu kreuzen und z. B. Kurven, Tunnel oder Brücken einzubauen. Den Kindern sollte hierbei die Gelegenheit gegeben werden, verschiedenartige Konstruktionsideen in der Praxis zu erproben.

Ein solches Überprüfen und Modifizieren der eigenen Assoziationen sind in besonderem Maße bei der Aufgabe »Knetboote« von Bedeutung. Hier gilt es, tragfähige Boote aus Knete zu konstruieren, die auf dem Wasser schwimmen können. Welche Möglichkeiten es gibt, die Tragfähigkeit des eigenen Bootes zu optimieren, können die Schüler/innen in eigenen Versuchen erproben. Auch im Rahmen der Aufgaben »Windmühle« und »Leuchtturm« erhalten die Schüler/innen die Gelegenheit, technische Phänomene am eigenen Modell zu rekonstruieren und sich dabei mit Fragen zur Nutzung von Energie zu befassen. Wichtig dabei ist, dass es keine vorgegebene Bauanleitung zur Erstellung der Windmühle bzw. des Leuchtturms gibt. Vielmehr sind die Schüler/innen dazu aufgefordert, durch eigene Ideen und Assoziationen die vom Lehrer bereitgestellten Materialien zu strukturieren und entsprechend den Erfordernissen sinnvoll in ihrem Modell zu verwerten. Welche Möglichkeiten sich daraus ergeben, zeigen die nachfolgenden Beispiele.

| Sachunterricht, Nr. 1 | Technik/Statik | Turmbau zu Babel |

Ziel und didaktischer Kontext

- Versuche zur Verbesserung der Stabilität
- Förderung des kreativen Umgangs mit Material
- Verbesserung der Selbstorganisation und Eigenaktivität
- gemeinsames Problemlösen

Schuljahr	Gruppengröße	Vorkenntnisse	Dauer	Materialien
1.–3. Klasse	2–3 Kinder	keine	ca. 35 min.	• Verpackungsmaterialien • Scheren • Klebestreifen

Durchführung

Die Kinder sollen aus den ihnen zur Verfügung gestellten Verpackungsmaterialien einen Turm bauen. Als Material bietet sich hierfür an:

- Joghurtbecher
- Papprollen
- Milchtüten
- Shampooflaschen
- Streichholzschachteln
- Schuhkartons

Dieses Material darf von den Schüler/innen geschnitten, gebogen oder geklebt werden. Dabei wird verabredet, dass der Turm nicht angelehnt oder befestigt werden darf, d. h. er muss selbstständig stehen bleiben.

Anmerkung

Wichtig ist, dass bei dieser Aufgabenstellung nicht der Wettbewerbscharakter im Vordergrund steht. Viel wesentlicher ist, dass die Kinder mit Sorgfalt die Stabilität ihres Turmes prüfen. Dabei werden sie feststellen, dass

- einem stabilen Fundament grundlegende Bedeutung zukommt.
- größere Bauteile unten, kleinere oben platziert werden sollten.
- Würfel starke Bauteile sind.
- die Stabilität des Turmes durch mehrere nebeneinanderstehende Würfel erhöht werden kann.

Solche Erkenntnisprozesse sollten im Gespräch mit allen Kindern aufgegriffen und vertieft werden.

Weiterführung

Im Anschluss an die Bauphase können sich die Kinder über ihre Erfahrungen austauschen. Dabei sollte nicht nur die Höhe der einzelnen Türme begutachtet werden, sondern auch deren Stabilität. Auch können die Kinder überlegen, aus welchen anderen Materialien sich Türme bauen lassen, z. B. aus Spaghetti, Zahnstochern oder aus Papier.

| Sachunterricht, Nr. 2 | Technik/Statik | Knetboote |

Ziel und didaktischer Kontext

- Versuche zur Tragfähigkeit von Booten
- Förderung des kreativen Umgangs mit Material
- Verbesserung der Selbstorganisation und Eigenaktivität
- gemeinsames Problemlösen

Schuljahr	Gruppengröße	Vorkenntnisse	Dauer	Materialien
1.–2. Klasse	2–3 Kinder	keine	ca. 30 min.	• Knete • Schüssel mit Wasser • Murmeln

Durchführung

Jede Gruppe soll aus Knete ein Boot bauen. Dabei sollen die Kinder ausprobieren, welche Möglichkeiten es gibt, die Knete zum Schwimmen zu bringen. Auch soll erprobt werden, wie tragfähig das eigene Boot ist. Hierfür stehen den Kindern Murmeln (oder Nüsse) zum Überprüfen der Tragfähigkeit zur Verfügung. Diese können nach und nach auf dem Boot platziert werden. Folgende Fragestellungen lassen sich hierbei diskutieren:

- Wie lässt sich die Knete formen, damit sie auf dem Wasser schwimmen kann?
- Welche Form eignet sich am besten?
- Gibt es zusätzliche Möglichkeiten, um die Tragfähigkeit des Bootes zu verbessern?

Anmerkung

Grundlegende Kenntnisse zur Verbesserung der Tragfähigkeit von Booten werden von den Kindern im Rahmen dieser Aufgabenstellung gesammelt. Dabei werden sie z. B. herausfinden, dass

- das Boot nicht zu schwer sein darf.
- es sich anbietet, eine schalenähnliche Form als Bootskörper zu verwenden.
- die Tragfähigkeit des Bootes erhöht werden kann, wenn Luft im Bootskörper eingeschlossen wird.

Weiterführung

Auf der Grundlage der beim Experimentieren gesammelten Erkenntnisse kann eine Tabelle erstellt werden, die Kriterien für eine gute Tragfähigkeit des Bootes festhält. In einer zweiten Spalte lassen sich Varianten aufführen, die sich nicht bewährt haben.

| Sachunterricht, Nr. 3 | Technik / Statik | Windmühle |

Ziel und didaktischer Kontext

- Konstruktion einer Windmühle
- Herstellen von Flügeln für die Windmühle
- Versuche zur Drehfähigkeit der Flügel
- gemeinsames Problemlösen

Schuljahr	Gruppengröße	Vorkenntnisse	Dauer	Materialien
3.–4. Klasse	2–3 Kinder	keine	ca. 45 min.	• leere Milchtüten • Papier • Holzspieße • Korken • Scheren • Klebestreifen

Durchführung

Als Aufgabe wird den Schüler/innen gestellt, eine Windmühle aus den zur Verfügung gestellten Materialien zu bauen. Hierzu müssen die Kinder zunächst herausarbeiten, aus welchen Bestandteilen sich eine Windmühle zusammensetzt und wie das Drehen der Flügel gelingt. Wie genau die Flügel aussehen sollen, wird vom Lehrer nicht vorgegeben. Hier sollten die Schüler/innen zu eigenen Konstruktionsversuchen angeregt werden und dabei solche Fragestellungen diskutieren wie z. B.:

- Welche Formen von Flügeln gibt es?
- Welche Form eignet sich für eine Windmühle?
- Woran lassen sich die Flügel befestigen?
- Wie müssen die Flügel aussehen, dass sie vom Wind in Bewegung versetzt werden können?
- Wie lässt sich Energie mithilfe der Windmühle erzeugen?
- Wie kann man diese Energie unmittelbar nutzen?

Anmerkung

Bevor die Kinder mit ihren Konstruktionsversuchen beginnen, können sie eine Skizze zu ihrem Modell anfertigen. Im Gespräch über die möglichen Optionen wird sich herausselektieren, welcher Ansatz zunächst in der Praxis erprobt werden soll. Wichtig dabei ist, dass alternative Vorschläge nicht gänzlich verworfen werden. Zu einem späteren Zeitpunkt können diese im Konstruktionsprozess nochmals aufgegriffen werden.

Abb. 12: Konstruktion einer Windmühle

Weiterführung

Im Anschluss an die Bauphase können die Modelle der einzelnen Gruppen im Sitzkreis vorgestellt und besprochen werden. Dabei sollte den Kindern verdeutlicht werden, dass dies nicht als Kritik an den anderen Schülermodellen zu verstehen ist, sondern als Inspiration für schwächere Schülergruppen.

| Sachunterricht, Nr. 4 | Technik/Statik | Zeltbau |

Ziel und didaktischer Kontext

- Konstruieren eines Zeltes
- Förderung des kreativen Umgangs mit Material
- gemeinsames Problemlösen
- Förderung der Kooperation

Schuljahr	Gruppengröße	Vorkenntnisse	Dauer	Materialien
2.–3. Klasse	3–4 Kinder	keine	ca. 30 min.	• Tücher • Bettlaken • Tischdecken • Seile • Besen

Durchführung

Aus verschiedenen Materialien, z. B. einem Bettlaken und mehreren Besen, sollen die Kinder ein möglichst stabiles Zelt bauen. Dabei können auch Materialien verwendet werden, die sich zufällig im Klassenraum befinden, wie z. B. ein Schal, Schnürsenkel oder Gürtel. Ziel ist es nicht, das Zelt in möglichst kurzer Zeit zu errichten, sondern ein Zelt zu bauen, das nach Möglichkeit allen Kindern der Gruppe Platz bietet und eine hohe Stabilität aufweist.

Anmerkung

Die Gruppe sollte nicht zu groß sein, damit alle Gruppenmitglieder anschließend Platz in ihrem Zelt finden können.

Abb. 13: Zelt aus Besen und Bettlaken

Weiterführung

Neben dem vorgegebenen Objekt (Zelt) können die Kinder auch weiterführende Bauideen entwickeln und sogar eigene kleine Welten entstehen lassen (z. B. Häuser, Türme, Tunnel).

| Sachunterricht, Nr. 5 | Technik/Statik | Kugelbahn |

Ziel und didaktischer Kontext

- Konstruktion einer Kugelbahn
- Entwickeln von Möglichkeiten zur Verknüpfung mehrerer Bahnen
- Förderung des kreativen Umgangs mit Material
- Entwickeln von Spiel- und Lösungsideen

Schuljahr	Gruppengröße	Vorkenntnisse	Dauer	Materialien
1.–2. Klasse	4–5 Kinder	keine	ca. 40 min.	• Pamprollen in verschiedenen Größen • Klebestreifen • Scheren • Murmeln

Durchführung

Die Kinder erhalten die Aufgabe, aus Papprollen eine Kugelbahn zu bauen. Dazu können sie neben Klebeband und Scheren auch Bücher oder Ähnliches zur Verbesserung der Stabilität nutzen. Jeder Gruppe sollte eine gewisse Anzahl von Murmeln und Papprollen zur Verfügung stehen, damit die Kinder hiermit experimentieren können. Dabei werden sich solche Fragen ergeben wie z. B.:

- Wie kann es gelingen, dass die Bahn auch in Kurven verläuft?
- Welche Möglichkeiten ergeben sich zum Anhalten und Umleiten der Murmeln?
- Wie lassen sich zwei Bahnen kreuzen?
- Welche Varianten gibt es zum Bau von Tunneln oder Brücken?

Anmerkung

Bei der Lösung dieser Aufgabe sollte kein Wettbewerb unter den Gruppen entstehen. Es geht nicht darum, die größte oder längste Kugelbahn zu bauen. Wichtiger ist, dass solche kreativen Elemente eingebaut werden, wie z. B. Brücken, Tunnel oder Drehelemente, die ein Verstellen der Laufrichtung ermöglichen.

Weiterführung

Auf dem Schulhof lässt sich eine große Kugelbahn mit allen Kindern der Klasse errichten. Hierfür können anstelle von Papprollen z. B. Rohre aus dem Baumarkt verwendet werden.

| Sachunterricht, Nr. 6 | Technik/Statik | Leuchtturm |

Ziel und didaktischer Kontext

- Erstellen eines Leuchtturms
- Auseinandersetzen mit der Funktionsweise eines Leuchtturms
- Vergleichen unterschiedlicher Konstruktionsweisen
- Förderung der Experimentierfreude

Schuljahr	Gruppengröße	Vorkenntnisse	Dauer	Materialien
3.–4. Klasse	2–3 Kinder	keine	ca. 40 min.	• leere Milchkartons • Faden • kleine Taschenlampe • Holzspieß • Klebestreifen

Durchführung

Die Gruppen bekommen jeweils einen leeren Milchkarton, etwas Faden und eine kleine Taschenlampe zur Verfügung gestellt. Aufgabe ist es, aus diesen Materialien einen Leuchtturm zu bauen. Fragen, die zu dieser Problemstellung in den Gruppen diskutiert werden können, sind beispielsweise:

- Wie lässt sich die Lampe im Inneren des Leuchtturms befestigen?
- Wie gelingt es, dass es vom Meer so aussieht, als ob beim Leuchtturm nicht durchgängig das Licht brennt, sondern nur hin und wieder aufleuchtet?
- Wie könnte dies im eigenen Modell realisiert werden?
- Sollen Fenster und Tür in den Milchkarton geschnitten werden?
- Lässt sich eine Treppe konstruieren?

Anmerkung

Die Experimentierphase sollte nicht zu kurz bemessen sein. Den Kindern sollte Gelegenheit gegeben werden, den Leuchtturm nach ihren Vorstellungen zu gestalten. Das nachfolgende Bild veranschaulicht einen möglichen Entwurf.

Abb. 14: Leuchtturm mit Drehelement

Weiterführung

Die Konstruktionen können anschließend im Sitzkreis vorgestellt werden. Dabei sollte herausgearbeitet werden, dass es unterschiedliche Konstruktionsvarianten gibt.

4.2 Naturphänomene: Entwickeln von Experimenten

In den nachfolgenden Ausführungen werden Praxisbeispiele zu den Themenbereichen »Pflanzen«, »Wasser« und »Tiere« vorgestellt. Diese Lernbereiche werden in manchen Rahmenplänen für die Grundschule getrennt voneinander behandelt und nicht unter dem Schwerpunkt »Naturphänomene« subsumiert. Da jedoch zahlreiche Verknüpfungen zwischen dem Lernfeld »Naturphänomene« sowie den Bereichen »Pflanzen«, »Wasser« und »Tiere« bestehen, werden diese Teilbereiche des Sachunterrichts hier zusammen dargestellt. Im Einzelnen werden folgende Themen aus diesem Kanon aufgegriffen:

- Vulkanausbruch (3.–4. Schuljahr)
- Düne (2.–3. Schuljahr)
- Thermometer (2.–3. Schuljahr)
- Blumentagebuch (1.–2. Schuljahr)
- Teebeutel (1.–2. Schuljahr)
- Reinigung von Wasser (3.–4. Schuljahr)
- Wasserläufer (1.–3. Schuljahr)

Diese Beispiele gehen von dem Phänomen aus, dass das Explorieren mit dem Spielen einhergeht; und mehr noch: Jedem *echten* Experiment ist der Spielgedanke immanent, da der Ausgang stets ungewiss ist. Beim Experimentieren werden die Schüler/innen dazu angeregt, Fragen zu formulieren, Vermutungen zu äußern und nach Begründungen zu suchen. Durch eigenes Tun finden die Kinder etwas heraus und entdecken in gewisser Weise die Erfindungen anderer noch einmal. Was in der Schule indes als Experiment bezeichnet wird, beinhaltet oft nur die Funktion der Veranschaulichung. Häufig haben die Schüler/innen kaum Möglichkeiten zum eigenen Handeln, da lediglich eine einzelne Person stellvertretend für alle den Versuch durchführt und die Kinder zeitgleich den Ablauf aus der Beobachterperspektive verfolgen müssen. Hinzu kommt, dass das experimentelle Design oftmals so gestaltet ist, dass »die Schüler keineswegs von sich aus die Strukturierung durchschauen können. Es wird vorgegeben. Allenfalls im Nachhinein können die Schüler die ›Berechtigung‹ einer solchen Anordnung ›einsehen‹« (Klein/Oettinger 2007, S. 105). Ein solcher Blickwinkel vernachlässigt einen wesentlichen Gedanken konstruktivistischer Unterrichtsgestaltung: Die Rekonstruktion sollte immer mit der Konstruktion und der Dekonstruktion einhergehen.

Eine Verknüpfung dieser drei Perspektiven wird im Rahmen der hier vorgestellten Praxisbeispiele aus den Themenbereichen »Naturphänomene«, »Pflanzen«, »Wasser« und »Tiere« angestrebt. Hier wird den Kindern eine Auswahl von Materialien zur Verfügung gestellt, mit denen sie in vielfältiger Weise ausprobieren und experimentieren können. Sie rekonstruieren am eigenen Modell Naturphänomene, wie z. B. das Ausbrechen eines Vulkans, und beobachten dabei, wie aus der Flaschenöffnung eine Art roter Lava hervortritt. Zu fragen ist nun: Welchen Weg sucht sich die »Lava«? Wie verteilt sie sich auf dem eigenen Vulkanmodell? Ist das Aussehen der Modelle anderer Schülergruppen mit dem eigenen Vulkanmodell vergleichbar? Wie lassen sich die Gemeinsamkeiten und Unterschiede begründen?

Auch die Aufgaben »Blumentagebuch«, »Teebeutel«, und »Reinigung von Wasser« veranlassen die Schüler/innen zur eigenen konstruktiven Erkenntnistätigkeit. So erhalten die Schüler/innen z. B. die Gelegenheit, mittels verschiedener Naturmaterialien, wie Kiesel, Erde, Sand und Steinen, verschmutztes Wasser zu säubern. Wie dies gelingen kann und in welcher Reihenfolge die Materialien verwendet werden sollten, wird den Schüler/innen im Vorfeld nicht vorgegeben. Erst durch eigenständiges Ausprobieren und Experimentieren erfahren die Kinder, welche Variante besser und welche weniger gut geeignet ist. Wesentlich dabei ist, dass im Rahmen solcher (Re-)Konstruktionen immer auch versucht wird, die Perspektive zu wechseln und dass beispielsweise bei der Erstellung eines Blumentagebuchs die Pflanze nicht nur aus der Seitenansicht gezeichnet wird, sondern ebenso aus der Vogelperspektive. Beim Blick von der Seite fallen andere Details auf, als wenn derselbe Gegenstand von oben betrachtet wird.

Ein solcher Perspektivwechsel bietet sich auch für die Durchführung und Dokumentation des Experiments »Wasserläufer« an: Schauen die Kinder von oben in den Glasbehälter, sehen sie die auf der Wasseroberfläche schwimmenden Pfefferkörner bzw. Konfettistücke. Fügt man nun wenige Tropfen Spülmittel hinzu, kann man beobachten, wie sich die Pfefferkörner bzw. Konfettistücke zur Seite wegbewegen. Beim Blick von der Seite ist zu erkennen, wie die Körner bzw. Konfettistücke nach und nach zu Boden sinken. Solche Beobachtungen können die Schüler/innen im Rahmen der nachfolgenden Experimente machen.

| Sachunterricht, Nr. 7 | Naturphänomene | Vulkanausbruch |

Ziel und didaktischer Kontext

- (Re-)Konstruktion eines Vulkanmodells
- Simulation eines Vulkanausbruchs
- Erkennen der wesentlichen Merkmale beim Ausbruch eines Vulkans
- Vergleichen unterschiedlicher Vulkanmodelle

Schuljahr	Gruppengröße	Vorkenntnisse	Dauer	Materialien
3.–4. Klasse	2–4 Kinder	keine	ca. 45 min.	• Sand • kleine Plastikflasche • Backpulver • Essigessenz • rote Lebensmittelfarbe

Durchführung

Zur Durchführung dieses Experiments begeben sich die Schülergruppen am besten auf den Schulhof, damit nichts dreckig werden kann. Auf einer ausgebreiteten Plastiktüte können sie ihren Vulkan aufbauen. Zunächst füllen sie in die Plastikflasche das Backpulver, bis die Flasche ungefähr zur Hälfte gefüllt ist. Um die Flasche herum schütten die Kinder einen Sandberg auf, sodass nur noch die Flaschenöffnung aus dem Sand herausschaut. Nun geben die Schüler/innen ein wenig Essigessenz in einen Becher, färben sie mit Lebensmittelfarbe rot und lassen davon etwas in die Flasche tropfen. Was passiert? Beobachtet genau und tauscht euch innerhalb eurer Gruppe über die Beobachtungen aus!

Anmerkung

In diesem Versuch rekonstruieren die Schüler/innen das Naturereignis eines Vulkanausbruchs. Dabei können sie beobachten, wie aus der Flaschenöffnung eine Art rote Lava hervortritt. Diese läuft, wie ein träger Fluss, am Vulkanmodell der Kinder hinab. Vergleicht man anschließend die Modelle der einzelnen Schülergruppen, so wird sich zeigen, dass jedes Vulkanmodell anders aussieht. Wie lässt sich dies begründen?

Weiterführung

Die am eigenen Modell gemachten Beobachtungen können auf einen realen Vulkanausbruch übertragen werden. Es lässt sich fragen: Gibt es Sichtweisen, die wir bei unserer (Re-)Konstruktion noch nicht in Betracht gezogen haben? Warum ist es für uns selbstverständlich, unsere Beobachtungen so und nicht anders zu interpretieren?

| Sachunterricht, Nr. 8 | Naturphänomene | Düne |

Ziel und didaktischer Kontext

- (Re-)Konstruktion einer Düne
- Versuche zur Befestigung von Sand
- Vergleich unterschiedlicher Konstruktionsweisen
- gemeinsames Problemlösen

Schuljahr	Gruppengröße	Vorkenntnisse	Dauer	Materialien
2.–3. Klasse	2–4 Kinder	keine	ca. 25 min.	• Schuhkarton • Sand

Durchführung

Die Gruppen erhalten jeweils eine Plastikwanne sowie einen Beutel mit Sand. Aufgabe ist es, in der Wanne eine Düne aus Sand zu bauen. Sollten die Schüler/innen die Idee entwickeln, Wasser für den Bau ihrer Düne zu verwenden, sollte ihnen dieses zur Verfügung gestellt werden. Im Anschluss sollten sich die einzelnen Gruppen über ihre gesammelten Erfahrungen austauschen.

Anmerkung

Bei der Lösung dieser Aufgabe sollte kein Wettbewerb unter den Gruppen entstehen. Es geht nicht darum, die Sanddüne in möglichst kurzer Zeit fertigzustellen. Wichtiger ist es, sich mit solchen Fragestellungen auseinanderzusetzen wie z. B.:

- Wie gelingt es, den Sand in Form einer Düne zu fixieren?
- Welche Hilfsmittel können dabei nützlich sein?
- Wie behilft sich die Natur?
- Was für Gründe sind ausschlaggebend, dass in der Natur eine Düne entsteht?

Weiterführung

Im Sandkasten auf dem Schulhof kann die Klasse eine große Düne aus Sand errichten. Hier lassen sich die in Gruppenarbeit gesammelten Erfahrungen nutzen.

| Sachunterricht, Nr. 9 | Naturphänomene | Thermometer |

Ziel und didaktischer Kontext

- (Re-)Konstruktion eines Thermometers
- Versuche zum Funktionieren des Instruments
- Förderung der Experimentierfreude
- gemeinsames Problemlösen

Schuljahr	Gruppengröße	Vorkenntnisse	Dauer	Materialien
2.–3. Klasse	2–4 Kinder	keine	ca. 30 min.	• kleine Plastikflasche • Lebensmittelfarbe • Strohhalm • Luftballon • Schüsseln

Durchführung

Die Gruppen bekommen jeweils eine Plastikflasche, etwas Lebensmittelfarbe, einen Strohhalm, einen Luftballon sowie eine Klammer zum Befestigen zur Verfügung gestellt. Aufgabe ist es, aus diesen Materialien ein Thermometer herzustellen. Zu fragen ist:

- Wie kann dies gelingen?
- Was sind die wesentlichen Merkmale eines Thermometers?
- Wie lassen sich diese Aspekte im eigenen Modell rekonstruieren?

Um das Thermometer anschließend ausprobieren zu können, werden im Klassenraum zwei große Schüsseln bereitgestellt. In die eine Schüssel wird warmes Wasser gefüllt, in die andere kaltes. In beide Gefäße können die Gruppen ihr Thermometer hineinhalten.

Anmerkung

Dieses Experiment veranschaulicht in eindrucksvoller Weise, dass sich Wasser unter Wärme ausdehnt. Wenn es sich anschließend wieder abkühlt, zieht es sich zusammen. Entsprechend steigt bzw. fällt der Wasserstand, wie in nachstehender Abbildung zu sehen ist.

Abb. 15: Versuchsaufbau zum Experiment

Weiterführung

Die Ergebnisse sollten im Sitzkreis mit allen Kindern besprochen werden. Hierbei lassen sich Probleme, die beim Bau des Thermometers aufgetreten sind, klären. Anschließend können die Beobachtungen der Schüler/innen in einem Konstruktionstagebuch festgehalten werden.

| Sachunterricht, Nr. 10 | Naturphänomene | Blumentagebuch |

Ziel und didaktischer Kontext

- Dokumentieren des Wachstums einer Pflanze
- Beobachten der Veränderungen im Wachstum
- Wechsel der Perspektive
- Verbesserung der Selbstorganisation und Eigenaktivität

Schuljahr	Gruppengröße	Vorkenntnisse	Dauer	Materialien
1.–2. Klasse	1 Kind	keine	ca. 2 Wochen	• Blumentopf • Erde • Blumensamen

Durchführung

Jedes Kind pflanzt einen Samen in einen Blumentopf und gießt diesen regelmäßig. In einer Art Bildertagebuch dokumentieren die Schüler/innen das Wachstum ihrer Pflanze. Im Rahmen der Dokumentation sollte auch ein Perspektivwechsel vorgenommen werden, indem einmal aus der Seitenansicht das Wachstum der gesamten Pflanze festgehalten wird, um dann aus der Vogelperspektive z. B. den Aufbau der Blüte zu fokussieren.

Anmerkung

Diese Aufgabenstellung wird bereichert durch die Möglichkeit des Perspektivwechsels. Sollten die Schüler/innen nicht von selbst auf die Idee kommen, beim Zeichnen die Perspektive zu wechseln, kann vom Lehrer die Vorgabe gemacht werden, dass im Tagebuch jeweils auf der linken Seite des Buches die Pflanzen aus der Seitenansicht gezeichnet werden. Auf der rechten Seite werden Detailzeichnungen aus der Vogelperspektive angefertigt. Hieraus können sich solche Anschlussfragen ergeben wie z. B.:

- Was kann man in der Vogelperspektive sehen, was beim Blick von der Seite verborgen bleibt?
- Was sieht man aus der Seitenansicht besonders gut?
- Welche Details sind aus beiden Blickwinkeln gleichermaßen zu sehen?

Weiterführung

In einem Anschlussversuch können die Schüler/innen überprüfen, inwieweit Pflanzen zum Licht wachsen. Hierfür wird ein Schuhkarton durch mehrere Trennwände, die jeweils mit einem Loch versehen sind, abgeteilt. Auch in die Stirnseite des Kartons wird ein Loch geschnitten. Der Keimling wird hinter der letzten Trennwand platziert und der Karton mit einem Deckel verschlossen. Nach einigen Tagen können die Kinder beobachten, dass der Keimling durch die Löcher in Richtung des Lichts wächst.

| Sachunterricht, Nr. 11 | Naturphänomene | Teebeutel |

Ziel und didaktischer Kontext

- Erproben verschiedener Möglichkeiten zur Herstellung von Tee
- Rekonstruktion der notwendigen Materialien
- Erstellen von Kategorien
- gemeinsames Problemlösen

Schuljahr	Gruppengröße	Vorkenntnisse	Dauer	Materialien
1.–2. Klasse	2–3 Kinder	keine	ca. 30 min.	• leere Teebeutel • Pfefferminze • Kamille • Bindfaden • Wasserkocher • Tassen

Durchführung

Die Schüler/innen erhalten in ihren Gruppen verschiedene Blätter und Kräuter (z. B. Pfefferminze, Kamille). Zunächst werden die Kinder mit folgender Aufgabe konfrontiert:

- Wie kann man aus diesen Blättern etwas zum Trinken herstellen?
- Welche Dinge benötigt ihr zur Herstellung?
- Erstellt eine Liste mit den notwendigen Materialien.

Nachdem die Kinder in ihren Gruppen Ideen gesammelt haben, kommen alle Schüler/innen im Sitzkreis zusammen und besprechen mögliche Optionen zur Herstellung des Getränks. Gemeinsam wählen die Kinder eine Variante aus und erproben diese im Klassenverband.

Anmerkung

In ihren Gruppen können die Kinder ein Plakat erstellen, auf dem verschiedene Teesorten (z. B. als Teebeutel) in Kategorien sortiert und aufgeklebt werden. Solche Kategorien können sein:

- Farbe (Rot, Grün, Schwarz etc.)
- Geschmack (Vanille, Brombeere, Zitrone etc.)
- Sorte (Kräuter, Ceylon, grüner Tee etc.)

Anschließend können die einzelnen Plakate im Klassenverband vorgestellt und diskutiert werden. Dabei ergeben sich solche Fragestellungen wie z. B.:

- Wie unterscheiden sich die Plakate?
- Wo liegen Gemeinsamkeiten?
- Was sind die grundlegenden Differenzen?

Weiterführung

Die Faszination, die in dieser Aufgabenstellung liegt, zeigt sich in dem Phänomen, dass wenige Teeblätter ausreichen, um mehrere Liter Wasser zu verfärben und mit Geschmack zu versehen. Gelingt dies auch mit kaltem oder lauwarmem Wasser?

| Sachunterricht, Nr. 12 | Naturphänomene | Reinigung von Wasser |

Ziel und didaktischer Kontext

- (Re-)Konstruktion einer Kläranlage
- Erproben von Möglichkeiten zur Anordnung der Materialien
- Vergleichen der unterschiedlichen Konstruktionsweisen
- Entwickeln von Lösungsideen

Schuljahr	Gruppengröße	Vorkenntnisse	Dauer	Materialien
3.–4. Klasse	2–3 Kinder	keine	ca. 40 min.	• Plastikflasche • Erde • grober und feiner Sand • Kies • Steine • Filter

Durchführung

Die Gruppen sollen anhand des zur Verfügung gestellten Materials versuchen, verschmutztes Wasser zu reinigen. Innerhalb der Gruppe gilt es zu diskutieren, in welcher Reihenfolge die Materialien (Erde, Sand, Kies, Steine und Filter) in eine halb aufgeschnittene Plastikflasche gegeben werden sollten, um das verschmutzte Wasser beim Durchlaufen der Schichten möglichst gut zu reinigen. In einem Becher unterhalb der Plastikflasche wird das gereinigte Wasser aufgefangen. Anschließend vergleichen die Schülergruppen die Sauberkeit ihres Wassers mit dem der anderen Gruppen und diskutieren vor diesem Hintergrund, welche Zusammenhänge zwischen der Sauberkeit und der Anordnung der Schichten zu erkennen sind.

Anmerkung

Der hier beschriebene Versuch verdeutlicht in anschaulicher Weise, wie das (Regen-)Wasser beim Durchlaufen der einzelnen Erdschichten gereinigt wird. Zu fragen ist:

- Welche Schichten bieten sich zur Reinigung an?
- In welcher Reihenfolge sollten die Schichten angeordnet werden?
- Wie dick sollten die einzelnen Schichten sein?
- Gibt es noch andere Naturmaterialien, die sich zur Reinigung von Wasser anbieten?

Weiterführung

Die beim Experimentieren gesammelten Erkenntnisse können in einem Konstruktionstagebuch festgehalten und generalisiert werden.

| Sachunterricht, Nr. 13 | Naturphänomene | Wasserläufer |

Ziel und didaktischer Kontext

- Kennenlernen des Phänomens der Wasseroberflächenspannung
- (Re-)Konstruktion von Wasserläufern
- Erkennen der Problematik einer Verschmutzung von Wasser
- Verbesserung der Selbstorganisation und Eigenaktivität

Schuljahr	Gruppengröße	Vorkenntnisse	Dauer	Materialien
1.–3. Klasse	2–4 Kinder	keine	ca. 20 min.	• Schüssel mit Wasser • Konfetti oder Pfefferkörner

Durchführung

Jede Gruppe erhält eine Schüssel mit Wasser sowie etwas Konfetti bzw. Pfefferkörner. Die Kinder geben ihr Konfetti (Pfefferkörner) in das Wasser. Was kann man sehen? In einer Skizze halten die Schüler/innen ihre Beobachtungen fest. Nun geben die Kinder wenige Tropfen Spülmittel in ihr Wasser. Was geschieht? Wieder skizzieren die Kinder ihre Beobachtungen. Nach ca. fünf Minuten wiederholen sie dies nochmals. Die einzelnen Zeichnungen der Kinder werden miteinander verglichen:

- Konnten alle Gruppen dasselbe beobachten?
- Inwieweit unterscheiden sich die Bilder?
- Wie lässt sich dies begründen?

Anmerkung

Die Kinder werden feststellen, dass das Konfetti bzw. die Pfefferkörner, die zunächst auf der Wasseroberfläche schwimmen, mit der Zugabe von Spülmittel plötzlich zur Seite versprengt werden und schließlich untergehen. Dies ist auf die fehlende Oberflächenspannung des mit Spülmittel verschmutzten Wassers zurückzuführen. Diese Beobachtung lässt sich auf die Verschmutzung unserer Gewässer und die dort lebenden Tiere, wie z. B. Wasserläufer, übertragen.

Weiterführung

In höheren Klassen kann das Phänomen der Oberflächenspannung thematisiert werden. Bei jüngeren Kindern steht das Erleben des Phänomens im Vordergrund.

4.3 Raum und Zeit: Wechsel der Perspektive

Im Rahmen der Lernfelder »Raum und Zeit« werden sechs Praxisbeispiele vorgestellt, die Anlass zum Konstruieren und Rekonstruieren geben. Aber auch die Perspektive der Dekonstruktion, die grundlegend für eine konstruktivistische Didaktik ist, kommt in den nachfolgenden Beispielen zum Tragen. So erhalten die Schüler/innen beispielsweise bei der Aufgabenstellung »Klassenraum« nicht nur die Gelegenheit, die gegebenen Bedingungen des Raumes in Miniaturform nachzubauen, sondern sie setzen sich auch mit solchen Fragen auseinander wie z. B.:

- Was ließe sich im Klassenraum verändern?
- Welche Dinge möchte ich gerne ergänzen?
- Was fehlt hier?
- Welche Sitzordnung eignet sich für Phasen der Gruppenarbeit?
- Wie lässt sich aus dieser Sitzordnung möglichst schnell ein Sitzkreis bilden?

Über eine solche Fragehaltung gelangen die Kinder von der Dekonstruktion »in den Zirkel der Konstruktion und Rekonstruktion« (Reich 1996, S. 86). Dabei wird der eigene Klassenraum einem kritischen Blick unterzogen, und es werden sich Punkte auftun, die verbesserungswürdig sind. Allerdings reicht es unter einem konstruktivistischen Blickwinkel nicht, dass die Schüler/innen nur die vorhandenen Bedingungen kritisieren. Zugleich gilt es zu fragen:

- Was ist an der bisherigen Gestaltung des Raumes gelungen?
- Was hat sich bewährt?
- Welche Dinge (Leseecke, Bastelecke oder Sitzordnung) sollten beibehalten werden?

Erst wenn es den Schüler/innen gelingt, den eigenen Klassenraum aus einem anderen Blickwinkel zu betrachten und dabei zu fragen: »Was ändert sich, wenn wir die Beobachterposition nur ein wenig wechseln?« (Reich 1996, S. 87), kann eine kritische Reflexion der Wirklichkeitskonstruktion erfolgen. Aus einem Kreislauf der Konstruktion, Rekonstruktion und Dekonstruktion gehen eigene Konstrukte hervor, die vor dem Hintergrund des Bewährten und des Möglichen von den Schüler/innen entworfen werden. Insofern kann man sagen, dass die Wirklichkeitskonstruktionen der Schüler/innen erst dann produktiv werden, wenn eine Gradwanderung zwischen dem Visionären und dem Reflexiven, zwischen dem Nachentdecken und dem Hinterfragen entsteht. Im nun Folgenden soll dies anhand von sechs ausgewählten Praxisbeispielen exemplifiziert werden:

- Weltkarte und Globus (3.–4. Schuljahr)
- Klassenraum (1.–2. Schuljahr)
- Schulweg (2.–3. Schuljahr)
- Rheingraben (4. Schuljahr)
- Uhr der Aktivitäten (1.–2. Schuljahr)
- Kalender (2.–3. Schuljahr)

Die Aufgabenstellung »Weltkarte und Globus« lässt die Kinder einen Perspektivwechsel vornehmen. Hier messen die Schüler/innen zunächst mithilfe eines Fadens die Entfernung zweier Orte auf einer Weltkarte. Das Ergebnis vergleichen sie im Anschluss mit der Entfernung derselben zwei Orte auf einem Globus. Wie unterscheiden sich die beiden Messungen? Wie verändert sich die Perspektive? Auch im Rahmen des Praxisbeispiels »Schulweg« nimmt der Perspektivwechsel einen wichtigen Stellenwert ein. Jeder Schüler zeichnet bei dieser Aufgabenstellung ein Bild seines Wohnhauses. Anschließend werden die Zeichnungen auf einem Plakat um ein Bild der Schule herum so platziert, dass die Entfernung zwischen Wohnhaus und Schule sowie die Lage des eigenen Hauses in etwa stimmig sind. Nach und nach versuchen nun alle Kinder, auf dem Plakat den zutreffenden Ort für ihr Wohnhaus zu finden. Hilfreich sind dabei solche Fragestellungen wie z. B.:

- Welche Schüler wohnen in derselben Straße?
- Wer wohnt auf der anderen Seite der Hauptstraße?
- Wer wohnt sehr nah an der Schule?
- Wer wohnt am weitesten weg?

Beim Erstellen des Plakats gehen die Kinder von der Position ihres eigenen Wohnhauses aus und analysieren aus dieser Beobachterposition die Entfernungen zu den anderen Häusern. Manche Häuser stehen vom eigenen Haus weit entfernt. Andere Häuser befinden sich indes in unmittelbarer Nähe. Sobald die Kinder ihren Blickwinkel ein wenig ändern und das Plakat aus der Perspektive eines anderen Schülerhauses fokussieren, entsteht eine veränderte Sichtweise: Wer wohnt jetzt am nächsten und wer am weitesten weg? Wie wiederum ändert sich die Beobachterposition, wenn man das Plakat vom Fokus der Schule aus in den Blick nimmt?

Auch die Aufgaben »Rheingraben«, »Uhr der Aktivitäten« sowie »Kalender« fordern die Schüler/innen zum Wechsel der Perspektive heraus. Hier lassen sich solche Fragen diskutieren wie beispielsweise:

- Wie sieht der Rheingraben in einer 3D-Sichtweise aus?
- Welche markanten Merkmale lassen sich am eigenen Modell rekonstruieren?
- Welche Aktivitäten sind für den eigenen Tagesablauf charakteristisch?

- Wie lässt sich auf dieser Grundlage eine »Uhr der Aktivitäten« erstellen?
- In welchen Momenten unterscheidet sich die eigene »Uhr« von der eines anderen Schülers?
- Welche Möglichkeiten gibt es, einen bestimmten Monat pantomimisch darzustellen?
- Haben die einzelnen Schüler ähnliche Vorschläge zur pantomimischen Darstellung oder variieren die Ideen und Assoziationen der Kinder?

Über solche und ähnliche Fragen gelangen die Kinder im Rahmen der hier vorgestellten Aufgabenstellungen in einen Zirkel der Konstruktion, Rekonstruktion und Dekonstruktion. Im Fokus steht dabei nicht, dass die Kinder vorgegebene Versuchsanordnungen zum Thema »Raum und Zeit« bloß reproduzieren. Vielmehr ist es Ziel der nun folgenden Praxisbeispiele, die Schüler/innen zur selbsttätigen und selbstständigen Wissenserschließung anzuregen.

| Sachunterricht, Nr. 14 | Raum und Zeit | Weltkarte und Globus |

Ziel und didaktischer Kontext

- Messen der Entfernung zweier Orte auf einer Weltkarte
- Vergleich dieser Entfernung auf einem Globus
- Erkennen der Unterschiede und Zusammenhänge
- Wechsel der Perspektive

Schuljahr	Gruppengröße	Vorkenntnisse	Dauer	Materialien
3.–4. Klasse	3–4 Kinder	Grundkenntnisse im Umgang mit der Weltkarte und dem Globus	ca. 30 min.	• Globus • Weltkarte • Kordel • Schere

Durchführung

Jede Gruppe erhält eine Weltkarte. Auf der Karte suchen sich die Kinder zwei beliebige Städte aus und legen darauf eine kleine Markierung (z. B. einen Stein oder den Radiergummi). Diese Städte können nah beieinanderliegen oder weit voneinander entfernt sein. Aufgabe ist es, die Entfernung zwischen den beiden Orten mithilfe einer Kordel zu messen. In entsprechender Länge wird die Kordel abgeschnitten. Anschließend wird die Schnur auf einem Globus an dieselben zwei Orte angelegt. Daraus ergeben sich folgende Fragestellungen:

- Reicht die Länge der Kordel aus, um die zwei Orte miteinander zu verbinden?
- Über welche Orte (Städte, Inseln, Meer) führt die Verbindungslinie?
- Werden dieselben Orte überquert, wenn die zwei Städte auf der Landkarte miteinander verbunden werden?
- Wie lässt sich dies begründen?

Anmerkung

Im Idealfall stehen für jede Schülergruppe eine Weltkarte und ein Globus in gleichem Maßstab zur Verfügung. Wenn sich dies nicht realisieren lässt, können die Gruppen zunächst anhand einer Weltkarte mehrere Kordeln vorbereiten und diese in entsprechender Länge zuschneiden. Dabei sollten die Kordeln mit einem Kärtchen, auf dem die zwei mit der Schnur abgemessenen Städtenamen stehen, versehen werden. Anschließend lassen sich im Sitzkreis mit allen Kindern die Entfernungen an einem Globus überprüfen. Nach und nach werden die Schüler/innen dabei erkennen, warum die Entfernungen zwischen denselben Städten differieren, wenn sie einmal auf einer Landkarte und ein andermal auf einem Globus angelegt werden.

Weiterführung

Die Ergebnisse der Schülergruppen können ausgemessen und in einer Tabelle aufgeschrieben werden. Daraus ergeben sich solche Fragestellungen wie z. B.:

- Wie stark differieren die Messergebnisse zwischen Weltkarte und Globus, wenn die zwei ausgemessenen Orte nah zusammenliegen?
- Wie groß ist der Unterschied bei größeren Entfernungen?

| Sachunterricht, Nr. 15 | Raum und Zeit | Klassenraum |

Ziel und didaktischer Kontext

- (Re-)Konstruktion des Klassenraums
- Verwenden von Verpackungsmaterialien zur Herstellung des Modells
- Erkennen von Eigenschaften an Gegenständen des Klassenraums
- Förderung des kreativen Umgangs mit Material

Schuljahr	Gruppengröße	Vorkenntnisse	Dauer	Materialien
1.–2. Klasse	3–4 Kinder	keine	ca. 40 min.	• Schuhkarton • Verpackungs-materialien • Schere • Klebstoff

Durchführung

Aufgabe ist es, den Klassenraum in Miniaturform nachzubauen. Dazu steht den Kindern ein Schuhkarton zur Verfügung, in den sie verschieden große Pappschachteln (oder Pappe) hineinkleben. Zu fragen ist hier:

- Gelingt es, die realen Größenverhältnisse einzuhalten?
- Was gibt es für Möglichkeiten, die Anordnung der Tische und Stühle im eigenen Modell zu rekonstruieren?
- Was ändert sich, wenn ich den Betrachtungswinkel wechsele?
- Welche neuen Gestaltungselemente fallen mir ein?
- Was fehlt bislang im Klassenraum?

Anmerkung

Bei der Bearbeitung dieser Aufgabenstellung sollte kein Wettbewerb unter den Gruppen entstehen. Es geht nicht darum, das Modell in möglichst kurzer Zeit fertigzustellen. Vielmehr sollten kreative Ansätze der Kinder honoriert werden.

Abb. 16: Modell des Klassenraums

Weiterführung

In einer Fortführung dieser Aufgabenstellung können andere Örtlichkeiten, beispielsweise der Schulhof oder das Schulgebäude, nachgebaut werden.

4.3 Raum und Zeit: Wechsel der Perspektive

Sachunterricht, Nr. 16	Raum und Zeit	Schulweg

Ziel und didaktischer Kontext

- Erstellen eines Plakats zum Schulweg
- Rekonstruktion der Entfernung zur Schule
- Vergleichen der Entfernungen unterschiedlicher Wohnhäuser
- gemeinsames Problemlösen

Schuljahr	Gruppengröße	Vorkenntnisse	Dauer	Materialien
2.–3. Klasse	6–8 Kinder	keine	ca. 45 min.	• Papier • Stifte • Fäden • Schere • Klebstoff

Durchführung

Jeder Schüler zeichnet ein Bild seines Wohnhauses und schneidet dieses aus. Anschließend legen die Kinder ihre Bilder auf ein Plakat um ein Bild der Schule herum. Gemeinsam überlegen sie, wo welches Bild angeordnet werden muss. Dabei können die Kinder solche Fragen diskutieren wie z. B.:

- Welche Schüler/innen wohnen nebeneinander?
- Wer wohnt sehr nah an der Schule?
- Welches Wohnhaus liegt am weitesten weg?

Nachdem alle Bilder auf dem Plakat aufgeklebt wurden, deuten die Schüler/innen ihre Schulwege durch Fäden an. Diese können, ebenso wie die Bilder, auf dem Plakat festgeklebt werden.

Anmerkung

Im Rahmen der Herstellung des Plakats werden die Schüler/innen feststellen, dass es sinnvoll ist, zunächst nur ein oder zwei Häuser auf dem Plakat anzuordnen. Nach und nach lassen sich dann weitere Wohnhäuser hinzufügen. Immer gilt es dabei von Neuem zu fragen:

- Müssen die Positionen der bereits platzierten Bilder verändert werden?
- Passt sich das neu hinzugefügte Bild in das Gesamtbild ein?
- Passen die Entfernungen der einzelnen Wohnhäuser zueinander?

Weiterführung

Diese Aufgabe lässt sich auch in der Großgruppe weiterführen. In einem ersten Schritt ordnet hierfür eine Gruppe ihre Wohnhäuser um das Bild der Schule herum an. Dies kann beispielsweise auf dem Fußboden im Sitzkreis erfolgen. Anschließend fügt eine Gruppe nach der nächsten ihre Bilder hinzu. Alle Schüler/innen sind dabei aufgefordert, mit zu überlegen und Korrekturen vorzuschlagen.

| Sachunterricht, Nr. 17 | Naturphänomene | Rheingraben |

Ziel und didaktischer Kontext

- Rekonstruktion des Rheingrabens
- Förderung des kreativen Umgangs mit Material
- Verbesserung der Selbstorganisation und Eigenaktivität
- Entwickeln von Lösungsideen

Schuljahr	Gruppengröße	Vorkenntnisse	Dauer	Materialien
4. Klasse	2–3 Kinder	Kenntnisse im Umgang mit Atlanten	ca. 25 min.	• Inhalt des Schulranzens • Atlanten

Durchführung

Die Kinder erhalten die Aufgabe, den Rheingraben nachzubauen. Dazu können sie alles verwenden, was sie in ihrem Schulranzen bzw. im Raum finden, z. B. Radiergummis, Stifte, Kreide, den Tafelschwamm oder Bücher. Als Hilfestellung bzw. zur Kontrolle können die Schüler/innen einen Atlas nutzen, um so den genauen Aufbau des Rheingrabens zu überprüfen.

Anmerkung

Bei der Lösung dieser Aufgabe sollte kein Wettbewerb unter den Gruppen entstehen. Es geht nicht darum, den Rheingraben in möglichst kurzer Zeit fertigzustellen. Vielmehr sollte die Kreativität der Kinder angeregt werden, z. B. indem im Anschluss an die Bearbeitung der hier vorgeschlagenen Aufgabe die fertigen Produkte aller Schülergruppen ausgestellt und mit dem realen Rheingraben verglichen werden. Dabei sollten auch die von den Kindern verwendeten Materialien begutachtet werden.

Weiterführung

Nachdem die Kinder den Rheingraben rekonstruiert haben, können sie ebenso andere markante Regionen aus dem Atlas auswählen und mithilfe der unterschiedlichsten Materialien nachbauen. Dabei sollten vor allem regionale Gegebenheiten in den Blick genommen werden.

| Sachunterricht, Nr. 18 | Raum und Zeit | Uhr der Aktivitäten |

Ziel und didaktischer Kontext

- Herstellen einer eigenen »Uhr der Aktivitäten«
- Rekonstruktion typischer Aktivitäten im Verlauf eines Nachmittags
- Zuordnen der Betätigungen zu den entsprechenden Uhrzeiten
- Vergleichen von unterschiedlichen Uhren der Kinder

Schuljahr	Gruppengröße	Vorkenntnisse	Dauer	Materialien
1.–2. Klasse	1 Kind	erste Kenntnisse im Lesen der Uhr	ca. 40 min.	• Pappe • Papier • Stifte • Klebstoff

Durchführung

Jeder Schüler erhält zunächst mehrere kleine Blätter Papier (ca. 3,5 × 3,5 cm) und malt darauf Aktivitäten, denen er im Verlauf eines Nachmittags nachgeht. Beispiele hierfür sind:

- Mittagessen
- Hausaufgaben machen
- im Zimmer spielen
- einen Freund oder eine Freundin besuchen
- Fußball trainieren
- nach Hause gehen
- Abendbrot essen

Die zu diesen Aktivitäten gezeichneten Bilder werden anschließend auf einer imaginären Uhr, bestehend aus einem Stück runder Pappe (ca. 15–20 cm), im Uhrzeigersinn angeordnet.

Anmerkung

Im Rahmen dieser Aufgabe setzen sich die Schüler/innen nicht nur mit den Aktivitäten ihres Nachmittags auseinander, sondern sie lernen auch, dass bestimmte Betätigungen einer Uhrzeit zugeordnet werden können. So entwickeln die Schüler/innen ein Gefühl für die Zeit und die Zuordnung typischer Aktivitäten. Anschließend können die Kinder sich gegenseitig ihre »Uhr der Aktivitäten« vorstellen.

Weiterführung

Spannend ist es, zu beobachten, wie sich die Uhren der einzelnen Schüler/innen voneinander unterscheiden. Welche Kinder haben ähnliche Uhren? Welche Uhren differieren indes grundlegend? Die »Uhren der Aktivitäten« lassen sich anschließend im Klassenraum aufhängen.

| Sachunterricht, Nr. 19 | Raum und Zeit | Kalender |

Ziel und didaktischer Kontext

- Herausarbeiten charakteristischer Aktivitäten im Jahresverlauf
- Darstellen der Aktivitäten im pantomimischen Kalender
- Verbesserung der Selbstorganisation und Eigenaktivität
- Förderung der Experimentierfreude und Fantasie

Schuljahr	Gruppengröße	Vorkenntnisse	Dauer	Materialien
2.–3. Klasse	12 gleich große Gruppen	Kenntnisse der Namen und der Abfolge der 12 Monate	ca. 35 min.	• 12 Karteikarten mit den Monatsnamen

Durchführung

Für dieses Spiel bilden die Kinder 12 Gruppen, wobei die Größe der einzelnen Gruppen ungefähr vergleichbar sein sollte. Jede Gruppe erhält eine Karteikarte, auf die ein Monatsname geschrieben ist. Die Gruppen überlegen sich, was in diesem Monat üblicherweise alles passiert, und versuchen, diese Aktionen mit Bewegungen, jedoch ohne Sprache, in ihrer Gruppe umzusetzen. Im Anschluss stellen sich die Gruppen, in der Reihenfolge der Monatsnamen, in einem Kreis auf. Monat für Monat wird der pantomimische Kalender gespielt. Dabei wird die Darstellung der anderen Kinder nicht bewertet.

Anmerkung

Im Vorfeld dieses pantomimischen Spiels sollte der Kalender behandelt worden sein. Die Kinder sollten die Namen der 12 Monate und auch deren Abfolge kennen. Sie sollten wissen, dass z. B. der Monat Juli im Sommer liegt. Daraus lassen sich solche Aktivitäten ableiten wie beispielsweise:

- Januar: Schneeballschlacht
- Februar: Fasching feiern
- März: Wachsen der ersten Blumen
- April: Ostereier suchen
- Mai: Tanz in den Mai
- Juni: in das Freibad gehen
- Juli: am Meer spielen
- August: Wandern
- September: Äpfel pflücken
- Oktober: Drachen steigen lassen
- November: St.-Martins-Umzug
- Dezember: Weihnachten feiern

Weiterführung

Die pantomimischen Darstellungen der Kinder können fotografiert und mit einem Untertitel für den jeweiligen Monatsnamen versehen werden. Dieser Kalender kann im Klassenraum aufgehängt und um die Geburtstage der einzelnen Schüler/innen ergänzt werden.

4.4 Zusammenleben: Sich selbst ergründen und den anderen kennenlernen

Im Rahmen des Lernfeldes »Zusammenleben« setzen sich die Schüler/innen mit ihrer sozialen Umwelt auseinander. Dies kann auf verschiedene Weise gelingen, z. B. indem die Kinder eigene Gefühle darstellen, ohne dabei andere zu verletzen. So werden sie dafür sensibilisiert, die eigene Stimmung bewusster wahrzunehmen und zugleich die Empfindungen anderer besser zu erkennen. Aber auch die Themenkomplexe »Schule als öffentlicher Raum« sowie »Außerschulische Aktivitäten« bieten vielfältige Möglichkeiten, sich selbst zu ergründen und den anderen kennenzulernen, z. B. indem die Kinder Patenschaften übernehmen oder sich mit der Erfahrung des Blindseins auseinandersetzen. Hierdurch lernen sie nicht nur sich selbst besser kennen, sondern sie erfahren auch, wie sich eine andere Person in einer bestimmten Situation fühlen könnte. Einen Anstoß für eine solche Reflexion der Wirklichkeitskonstruktion geben folgende Aufgabenstellungen:

- Schublade der Gefühle (1.–3. Schuljahr)
- Gesichtscollage (1.–2. Schuljahr)
- Erfahrung des Blindseins (2.–3. Schuljahr)
- Verkehrsschilder (2.–3. Schuljahr)
- Handbuch für Paten (4. Schuljahr)
- Klassenstadtplan (3.–4. Schuljahr)

Die Aufgabe »Schublade der Gefühle« ermöglicht den Kindern, sich mit den eigenen Gefühlen und den Empfindungen der anderen bewusster auseinanderzusetzen. Hier wird aus einer Streichholzschachtel eine Schublade der Gefühle gebaut, aus der man sein Gefühl, wenn man dies möchte, herausholen kann. Dazu wird das Innere der Streichholzschachtel von den Schüler/innen individuell gestaltet, wobei im Vorfeld nicht vorgegeben wird, wie die Schachtel aussehen soll. Die Entscheidung für eine bestimmte Gestaltungsform der eigenen »Schublade der Gefühle« trägt dazu bei, sich mit den eigenen Gefühlen auseinanderzusetzen. Ein Kind, das seine Schachtel in dunklen Farbtönen anmalt und einige Steine hineinlegt, auf die es ein trauriges Gesicht malt, bringt etwas ganz anderes zum Ausdruck als ein Kind, das seine Schachtel mit Federn und bunten Wollresten auskleidet. Auch bietet sich im Rahmen dieser Aufgabenstellung die Möglichkeit, einen Papierstreifen zu erstellen, auf den die eigenen Gefühle gemalt, geklebt oder geschrieben werden. Dieser Streifen kann, wie eine Ziehharmonika gefaltet, in die Streichholzschachtel gelegt und dort mit etwas Klebstoff fixiert werden. Wenn das Kind möchte, kann es diesen Streifen nun aus der Schachtel hervorziehen und dabei werden Stück für Stück immer neue Gefühlsaspekte sichtbar. Diese Aufgabe ist aufgrund ihrer Vielfältigkeit und leichten Umsetzbarkeit für die Schuljahre eins bis drei geeignet.

Während die Kinder im Rahmen der Aufgabe »Schublade der Gefühle« damit befasst sind, die eigenen Gefühle zu ergründen und darzustellen, rückt die Aufgabe »Gesichtscollage« einen anderen Aspekt in den Mittelpunkt: Hier geht es nicht vor allem um die Auseinandersetzung mit den eigenen Gefühlen, sondern um das Erkennen der Empfindungen anderer. Dies lässt einen Perspektivwechsel notwendig werden, denn der Fokus wird von der Frage: »Wie fühle ich mich in einer bestimmten Situation?«, hin zu der Überlegung verschoben: »Was kann ich aus dem Gesichtsausdruck einer anderen Person bezüglich deren Gefühlslage entnehmen?« Damit ändert sich der Blickwinkel: Die Schüler/innen versuchen, sich in die Lage des anderen hineinzuversetzen und dessen Empfindungen zu antizipieren. Daraus resultiert eine Fragehaltung, die unter anderem folgende Aspekte in den Blick nimmt:

- Wie könnte sich die Person gerade fühlen?
- Welche Mimik zeigt sich in ihrem Gesicht?
- Wird die Mimik durch Gestik unterstrichen?
- In welcher Situation könnte sich die Person befinden?
- Weshalb ist es für mich selbstverständlich, die Mimik und Gestik so und nicht anders zu interpretieren?
- Könnte das Gefühl der Person auch ein anderes sein?
- Wie würde ich mich in einer entsprechenden Situation verhalten?

Dies sind Leitfragen, die zu einem Zirkel der Konstruktion, Rekonstruktion und Dekonstruktion führen. Im Mittelpunkt steht dabei nicht das Nachahmen von Gefühlen anderer, sondern das Entdecken, Erkennen und Reflektieren der eigenen Emotionen sowie der Empfindungen anderer. Über einen solchen Zugang gelingt eine Verknüpfung der drei Perspektiven einer konstruktivistischen Didaktik, wie im Rahmen der nachfolgenden Beispiele genauer zu zeigen sein wird.

| Sachunterricht, Nr. 20 | Zusammenleben | Schublade der Gefühle |

Ziel und didaktischer Kontext

- Erstellen einer Schublade der Gefühle
- individuelles Gestalten der Streichholzschachtel
- Bewusstwerden der eigenen Gefühle
- Auseinandersetzen mit den Gefühlen anderer

Schuljahr	Gruppengröße	Vorkenntnisse	Dauer	Materialien
1.–3. Klasse	1 Kind	keine	ca. 30 min.	• Streichholzschachtel • Papier • Schere • Klebstoff • Stifte

Durchführung

Alle Kinder erhalten eine Streichholzschachtel. In dieser Schachtel befindet sich die »Schublade der Gefühle«, die sie gestalten und/oder beschriften sollen. Dazu holen sie das Kästchen aus der Streichholzschachtel heraus und schneiden in der Breite der Schachtel einen Streifen von einem Blatt Papier ab. Diesen Streifen können die Kinder individuell gestalten, indem sie auf ihn malen, schreiben oder Dinge (z. B. Wollfäden, Federn) aufkleben. Wegweisend sind hierbei folgende Fragestellungen:

- Wie fühlst du dich im Moment?
- Welche anderen Gefühle kennst du?
- Wie geht es dir, wenn du etwas verloren hast (ins Kino gehst oder eine schlechte Note geschrieben hast)?

Anschließend falten die Kinder den fertigen Papierstreifen in Form einer Ziehharmonika und kleben ihn in ihre »Schublade der Gefühle«.

Anmerkung

Aus ihrer »Schublade der Gefühle« können die Kinder im wahrsten Sinne des Wortes ihre Gefühle herauslassen. Hierzu öffnen sie die Streichholzschachtel und ziehen den Papierstreifen hervor. So können sie auch anderen Schüler/innen ihre Gefühle zeigen. Dies ist jedoch nicht zwingend notwendig: Die Schüler/innen sollten Verständnis dafür entwickeln, wenn ein Kind seine »Schublade der Gefühle« zurzeit nicht öffnen möchte.

Weiterführung

Im Anschluss können die Kinder zu unterschiedlichen Gefühlen eine Streichholzschachtel gestalten. Je nachdem, wie man sich gerade fühlt, lässt sich die fröhliche, traurige, ängstliche oder missmutige Schublade herausziehen.

| Sachunterricht, Nr. 21 | Zusammenleben | Gesichtscollage |

Ziel und didaktischer Kontext

- Auseinandersetzen mit unterschiedlichen Gesichtsausdrücken
- Erkennen möglicher Gefühle
- Erstellen einer Gesichtscollage
- Vergleichen der Collagen der einzelnen Schülergruppen

Schuljahr	Gruppengröße	Vorkenntnisse	Dauer	Materialien
1.–2. Klasse	2–4 Kinder	keine	ca. 30 min.	• Zeitungen • Zeitschriften • eventuell Plakate

Durchführung

Die Kinder erhalten Zeitschriften bzw. Zeitungen und schneiden daraus Personen mit unterschiedlichen Gesichtsausdrücken aus. Sie überlegen, welche Gefühle die Personen haben könnten. In ihrer Gruppe sprechen sie darüber und versuchen, Kategorien zu bilden, denen die Gesichtsausdrücke zugeordnet werden können. Hilfreich sind dabei folgende Fragestellungen:

- Welche Personen haben einen ähnlichen Gesichtsausdruck?
- Welche Gesichtsausdrücke unterscheiden sich grundlegend voneinander?
- Welches Gefühl könnte mit diesen Gesichtsausdrücken einhergehen?
- Gibt es auch noch andere Möglichkeiten, wie man die Gesichtsausdrücke interpretieren kann?

Anschließend erstellen die Kinder eine Gesichtscollage.

Anmerkung

Im Rahmen dieser Aufgabe können die Schüler/innen auch solche Fragen diskutieren wie z. B.:

- Wie sieht das Gesicht meiner Freundin aus, wenn sie sich über etwas freut?
- Wie erkenne ich an ihr, dass sie traurig ist?
- Wie zeigt sie mir, dass sie Angst hat?

Auf der Grundlage der eigenen Erfahrungen fällt die Kategorisierung der in Zeitschriften und Zeitungen gesammelten Bilder von Gesichtsausdrücken leichter. Wichtig ist dabei jedoch zu erkennen: »Es könnte auch noch anders sein!« (Reich 2005, S. 121).

Weiterführung

Die Collagen der einzelnen Gruppen werden miteinander verglichen. Welche Gemeinsamkeiten und Unterschiede treten auf? Eventuell können zu manchen Gesichtsausdrücken auch typische Körperhaltungen gefunden werden, die sich von den Schüler/innen beschreiben oder darstellen lassen.

| Sachunterricht, Nr. 22 | Zusammenleben | Erfahrung des Blindseins |

Ziel und didaktischer Kontext

- Durchlaufen eines Parcours, ohne sehen zu können
- Erfahrungen sammeln mit der Schwierigkeit des Orientierens
- Erproben von Möglichkeiten, sich gegenseitig zu helfen
- Entwickeln unterschiedlicher Lösungsansätze

Schuljahr	Gruppengröße	Vorkenntnisse	Dauer	Materialien
2.–3. Klasse	alle Kinder	keine	ca. 30 min.	• Schnur • Tücher

Durchführung

Eine Schnur wird in einem Park oder Wald zwischen Bäumen entlanggespannt. Die Höhe der Schnur sollte sich etwa auf Brusthöhe der Kinder befinden. Die Schüler/innen bekommen nun die Aufgabe gestellt, mit geschlossenen Augen entlang der Schnur zu gehen. Dabei werden die Schüler/innen erfahren, wie schwer es ist, sich nur mithilfe der Hände und Füße zu orientieren. Dies spüren sie besonders deutlich, wenn sie über Wurzeln oder heruntergefallene Äste steigen müssen.

In einem zweiten Durchlauf sucht sich jeder Schüler einen Partner. Dieser führt das Kind entlang der Schnur und macht es auf Unwegsamkeiten aufmerksam. Anschließend kommen alle Schüler/innen im Sitzkreis zusammen und tauschen sich über ihre Erfahrungen aus.

Anmerkung

Bei dieser Aufgabenstellung erfahren die Schüler/innen, wie schwer es ist, sich zu orientieren, wenn man nicht sehen kann. Folgende Aspekte lassen sich hier thematisieren:

- Auf welche Probleme bin ich gestoßen, als ich alleine den Parcours durchlaufen habe?
- Wie habe ich mich dabei gefühlt?
- Wie konnte mir mein Partner helfen?
- Wie ist es ihm gelungen, mich darauf aufmerksam zu machen, dass ein Stein im Weg liegt oder dass ich einen großen Schritt machen muss, um über eine Wurzel zu steigen?

Im Rahmen einer solchen Reflexion werden die Schüler/innen erkennen, dass es unterschiedliche Möglichkeiten gibt, einer hilfsbedürftigen Person zu helfen.

Weiterführung

Verschiedene Stationen können in den Parcours eingefügt werden. So können beispielsweise an einer Station verschiedene Gerüche (z. B. von Gewürzen, Lebensmitteln) bestimmt werden. An einer anderen Station gilt es, Geschmacksrichtungen zu erkennen (z. B. von Gummibärchen). An einer dritten Station könnten die Schüler/innen aufgefordert werden, eine Mandarine mit verbundenen Augen zu schälen. Außerdem könnten auf dem Weg Hindernisse eingebaut werden wie z. B. das Überwinden eines Baumstamms.

| Sachunterricht, Nr. 23 | Zusammenleben | Verkehrsschilder |

Ziel und didaktischer Kontext

- (Re-)Konstruktion von Verkehrsschildern
- Erkennen von wesentlichen Merkmalen der Schilder
- Förderung des kreativen Umgangs mit Material
- Entwickeln von Lösungsideen

Schuljahr	Gruppengröße	Vorkenntnisse	Dauer	Materialien
2.–3. Klasse	2 Kinder	Kenntnis einzelner Verkehrsschilder	ca. 30 min.	• Streichhölzer • Knöpfe • Bierdeckel • Knete etc.

Durchführung

Die Kinder erhalten Streichhölzer, Knöpfe, Bierdeckel, kleine Stöcke oder auch Knete. Ebenso können Materialien, die sich im Klassenraum befinden, wie z. B. Steckwürfel, Stifte oder Radiergummis, an die Kinder verteilt werden. Aufgabe ist es, aus diesen Materialien Verkehrsschilder zu legen. Als Anregung können Karteikarten dienen, auf denen verschiedene Verkehrsschilder abgebildet sind. Die Kinder müssen nun überlegen, welche Materialien sich zur (Re-)Konstruktion des einzelnen Verkehrsschildes eignen. Zu fragen ist:

- Was sind die wesentlichen Merkmale des Schildes?
- Welche Materialien ähneln dieser Struktur?
- Gibt es noch andere Materialien, die sich zur (Re-)Konstruktion des Schildes eignen?
- Welche Informationen werden mittels dieses Schildes weitergegeben?

Anmerkung

Die von den Schüler/innen (re)konstruierten Verkehrsschilder können unter den Partner/innen ausgetauscht werden. Gelingt es dem anderen Kind, das Schild des Partners zu erkennen? Welches Detail des Verkehrsschildes war für das Erkennen besonders hilfreich? In Abhängigkeit vom Alter und Vorwissen der Kinder lässt sich die Auswahl der Verkehrsschilder variieren. Für weniger erfahrene Schüler bieten sich unter anderem folgende Schilder an:

- Stoppschild
- Zebrastreifenübergang
- Einbahnstraßenschild
- Schild zur Geschwindigkeitsbegrenzung (30, 50 oder 80 km/h)

Weiterführung

Neben dem Legen von vorgegebenen Verkehrsschildern können die Kinder sich auch eigene Schilder ausdenken und diese mithilfe der Materialien gestalten. Welche Hinweisschilder fallen den Kindern ein, die es bislang noch nicht gibt? Warum wären diese Schilder für den Straßenverkehr sinnvoll?

| Sachunterricht, Nr. 24 | Zusammenleben | Handbuch für Paten |

Ziel und didaktischer Kontext

- Konstruktion eines Handbuchs für Patenschaften
- Auseinandersetzen mit den eigenen Erfahrungen als Pate
- Sammeln geeigneter Gestaltungsvorschläge
- Förderung der Kreativität

Schuljahr	Gruppengröße	Vorkenntnisse	Dauer	Materialien
4. Klasse	3–4 Kinder	Kenntnisse im Umgang mit Patenkindern	ca. 45 min.	• Papier • Stifte

Durchführung

Im Rahmen dieser Aufgabenstellung sollen die Schüler/innen ein Handbuch für die Übernahme von Patenschaften erstellen. Dieses Buch soll an die zukünftigen Viertklässler übergeben werden, die ihrerseits eine Patenschaft für die neu einzuschulenden Kinder übernehmen werden. In dem Buch vermerken die Schüler/innen alle Dinge, die wichtig sind, um ein guter Pate zu sein. Beispiele hierfür sind:

- Wie nimmt man Kontakt mit seinem Patenkind auf?
- Wie kann ich den Kontakt bereits vor Einschulung des Patenkindes herstellen?
- Wie oft sollte man sich treffen?
- In welchen Situationen kann ich meinem Patenkind helfen?
- Was mache ich, wenn mein Patenkind ein Problem mit einem anderen Schüler auf dem Schulhof hat?
- Was sind die zehn wichtigsten Aufgaben eines Paten?

Anmerkung

Um dieses Handbuch für zukünftige Schülerklassen erstellen zu können, müssen sich die Kinder mit den Erfahrungen, die sie selbst als Pate gesammelt haben, auseinandersetzen. Sie müssen resümieren, welche Hilfestellungen sie ihrem Patenkind geben konnten und wie effektiv diese waren. Zugleich müssen sie jedoch auch kritisch fragen, wie man sein Patenkind noch besser hätte unterstützen können. Wichtig dabei ist, dass die Empfehlungen stets an die in der Schule gegebenen Möglichkeiten angepasst sind.

Weiterführung

Dieses Handbuch kann in den Folgejahren verändert und erweitert werden. Manche Hinweise haben sich eventuell als nicht so effektiv erwiesen und müssen überarbeitet werden. Es kann aber ebenso sein, dass die Kinder neue Ideen für die Gestaltung einer Patenschaft entwickeln, wie z. B. die Durchführung einer gemeinsamen Wanderung der Erst- und Viertklässler oder eine gemeinsame Koch- bzw. Backstunde.

Sachunterricht, Nr. 25 — Zusammenleben — Klassenstadtplan

Ziel und didaktischer Kontext

- kreative Gestaltung eines Stadtplans
- Markieren beliebter Treffpunkte der Kinder
- Suche nach gemeinsamen Treffpunkten
- Präsentieren des eigenen Stadtplans

Schuljahr	Gruppengröße	Vorkenntnisse	Dauer	Materialien
3.–4. Klasse	3–5 Kinder	Kenntnisse im Umgang mit Stadtplänen	ca. 40 min.	• Kopie eines Stadtplans • ausgedruckte Pop-Arts • Schere • Klebstoff

Durchführung

Im Mittelpunkt dieser Aufgabe steht, dass sich die Schüler/innen mit dem Stadtplan ihres Ortes in einer kreativen Weise auseinandersetzen. Dazu erhält jede Schülergruppe eine Kopie des Stadtplans sowie ausgedruckte Pop-Arts oder Papier und Stifte. Auf dem Stadtplan sollen die Plätze hervorgehoben werden, die für die Schüler/innen bedeutsam sind, wo sie z. B. häufiger spielen, schwimmen, einkaufen, oder auch den Ort, an dem sie wohnen. Diese Stellen markieren die Schüler/innen mithilfe der Pop-Arts bzw. durch selbst angefertigte Zeichnungen. Anschließend stellen die Gruppen ihren Stadtplan den anderen Schüler/innen vor. Wo liegen Gemeinsamkeiten, wo Unterschiede zwischen den Stadtplänen der einzelnen Gruppen?

Anmerkung

Beim Erstellen des eigenen Stadtplans werden die Schüler/innen feststellen, dass es zahlreiche Berührungspunkte zwischen den einzelnen Kindern gibt. Dies kann der Sportplatz sein, auf dem sich die Schüler/innen zum Fußball- oder Leichtathletiktraining treffen. Dies mag der Bäcker sein, bei dem die Kinder ihr Brot einkaufen, der Eisladen, das Kino, das Schwimmbad oder die Pizzeria. Fast jeder Schüler wird Gemeinsamkeiten mit einem anderen Kind entdecken, sicherlich auch mit Schüler/innen, mit denen er sich bislang noch nicht in der Freizeit getroffen hat. So wird es gelingen, den Stadtplan, der den Kindern bislang als eine Zusammenstellung zahlreicher Straßennamen bekannt war, als eine Übersicht über die gemeinsamen Treffpunkte zu betrachten.

Weiterführung

Nachdem die Schüler/innen zunächst in Gruppen einen Stadtplan durch Symbole aufgearbeitet und mit ihren Wohnorten sowie beliebten Treffpunkten gestaltet haben, können sie ihre Ergebnisse in einem gemeinsamen Klassenstadtplan zusammenführen.

5. Konstruktion eigener Weltbilder im Musikunterricht

Die in den Rahmenplänen der Grundschule beschriebenen Ziele des Musikunterrichts beziehen sich vor allem auf die Entwicklung der Wahrnehmungs- und Erlebnisfähigkeit, auf die Förderung der Ausdrucks- und Gestaltungsfähigkeit sowie die Einführung in die Musikkultur. Darunter werden solche Aspekte subsumiert wie z. B. der gezielte Umgang mit Rhythmik, Dynamik, Klangfarbe und Melodik, das Heranführen an Fantasie- und Erlebniswelten der Musik, aber auch die klangliche Realisierung eigener musikalischer Ideen. In den nachfolgenden Ausführungen soll gezeigt werden, dass in allen diesen Aspekten das konstruktivistische Paradigma der (Re-)Konstruktion und Dekonstruktion zum Tragen kommt. Vor allem wird dies im Rahmen der Entwicklung der Ausdrucks- und Gestaltungsfähigkeit deutlich, denn hier erfahren die Schüler/innen unmittelbar, welche Faszination mit der klanglichen Gestaltung eigener musikalischer Einfälle einhergeht. So kann das Kind beispielsweise eine Klanggeschichte verfassen oder sich zur Musik darstellen und bewegen, wodurch es Musik selbst erfährt, ausprobiert und in eigenen Experimenten weiterentwickelt.

Im nun Folgenden wird anhand ausgewählter Beispiele verdeutlicht, wie ein solches Experimentieren mit Musik gelingen kann, welche Grundlagen hierfür im Unterrichtsalltag geschaffen werden müssen und welche musikbezogenen Tätigkeiten sich für eine konstruktivistische Unterrichtsgestaltung anbieten. Bezug genommen wird dabei auf die vier Themenfelder, die in allen Rahmenplänen für die Grundschule Erwähnung finden, und zwar sind dies die »Klanggeschichten«, die »Gefühle und Stimmungen«, »Laut und leise in der Musik« sowie der »Umgang mit Elementarinstrumenten«. Im Rahmen dieser Themenschwerpunkte werden Aspekte aufgegriffen wie das Experimentieren mit Klängen und Geräuschen, das Erfinden eigener Klangsprachen, aber auch das Erkennen und (Re-)Konstruieren von Rhythmen, Klangfarben und Tonhöhen.

5.1 Klanggeschichten: Realisierung musikalischer Fantasien

Im Rahmen der Aufgabenstellungen zum Themenschwerpunkt Klanggeschichten sind die Kinder dazu aufgefordert, nicht nur eigene Klangexperimente zu erfinden, sondern sich auch mit den musikalischen Ideen der anderen Schüler auseinanderzusetzen. So werden die Kinder feststellen, dass ein- und dieselbe Geschichte ganz verschieden verklanglicht werden kann und dass sich erst über eine Fragehaltung der Dekonstruktion die Vielfalt der musikalischen Möglichkeiten erschließen lässt. Die Konstruktion, Rekonstruktion und Dekonstruktion beeinflussen sich dabei gegenseitig und gelangen in ihrer Wechselwirkung zur vollständigen Verwirklichung. Reich (1996, S. 86 f.) spricht davon, dass in einer konstruktivistischen Didaktik »alle zu Dekonstruktivisten werden können, um dann in den Zirkel der Konstruktion und Rekonstruktion zurückzufinden«. Wenn das Kind als Zuhörer musikalischer Beiträge nach Eigentümlichkeiten sucht, »Ergänzungen einbring(t), den Blickwinkel verschieb(t), den Beobachterstandpunkt fundamental wechsel(t) und so andere Sichtweisen gewinn(t), dann kann (es) zugleich thematisieren, inwieweit (es) daraus für (sich) konstruktive Schlußfolgerungen ziehen kann«. Insofern ist es wesentlich, dass sich der Schüler für die musikalischen Fantasien öffnet, genau zuhört und auf der Grundlage der Inspirationen, die von den Beiträgen der anderen angestoßen werden, eigene Klanggeschichten entwirft. Thematisch bieten sich hierfür folgende Möglichkeiten an:

- Regengedicht (1.–2. Schuljahr)
- Märchen (1.–2. Schuljahr)
- Drehbuch (3.–4. Schuljahr)
- Jahreszeitenkanon (1.–2. Schuljahr)
- Geschichte der Geräusche (2.–3. Schuljahr)
- Klangsprache (3.–4. Schuljahr)

Im Rahmen der Aufgaben »Regengedicht«, »Märchen« sowie »Drehbuch« werden die Kinder durch das Gedicht »Regen« von Hans Georg Lenzen, »Das Märchen vom Schlaraffenland« der Brüder Grimm sowie das Gedicht »Der Kobold« von Wilhelm Busch zu eigenen Klangkonstruktionen angeregt. Im Fokus steht dabei die Zielsetzung, durch die Auseinandersetzung mit den literarischen Texten zur Realisierung eigener musikalischer Ideen zu gelangen und dabei Fantasie- und Erlebniswelten der Musik zu erschließen. Besonders eindrucksvoll gelingt dies, wenn die Kinder die Gelegenheit erhalten, die literarischen Vorgaben mit eigenen musikalischen Gestaltungsmitteln zu unterlegen. Hierdurch erleben sie die Wechselwirkung von Musik und Sprache und erfahren, wie sich Musik und Sprache ergänzen.

Die Aufgabe »Jahreszeitenkanon« knüpft an diesen Gedankengang an. Auch hier erhalten die Kinder die Möglichkeit, eigene Klanggeschichten zu verfassen. Diese sind thematisch gebunden: Jeder Schülergruppe wird eine Jahreszeit vorgegeben, zu der sich die Kinder typische Geräusche und Klänge überlegen sollen. Dazu müssen die Schüler/innen zunächst der Frage nachgehen, was die wesentlichen Kennzeichen ihrer Jahreszeit sind, welche Veränderungen in der Natur im Frühling (Sommer, Herbst, Winter) in Erscheinung treten und welche Geräusche mit diesen Prozessen der Umgestaltung einhergehen. Eine solche Perspektive der Rekonstruktion gilt es anschließend um den Blickwinkel der Konstruktion zu ergänzen, denn zu fragen ist nun: Wie kann ich mit den Möglichkeiten, die sich mir bieten, die jeweiligen Geräusche und Klänge erzeugen? Welches Geräusch entsteht z. B., wenn der Schmetterling auf einer Blüte landet? Wie stelle ich mir dieses Geräusch vor? Welches Material eignet sich, um den entsprechenden Klang zu erzeugen? Im Umgang mit den zur Verfügung gestellten Materialien können die Schüler/innen ausprobieren, welches Geräusch eher und welches weniger passt. Auf diesem Wege erschließen die Kinder Fantasie- und Erlebniswelten der Musik.

Im Rahmen der Aufgabe »Geschichte der Geräusche« gehen die Kinder in umgekehrter Weise vor. Hier nehmen sie zuerst unterschiedliche Geräusche auf ein Tonband auf, um dann zu überlegen, wie sie diese Geräusche und Klänge in eine Geschichte einbetten können. Die Fragehaltung verschiebt sich nun von der Frage: »Wie kann ich eine vorgegebene Geschichte verklanglichen?«, hin zu der Überlegung: »Welche Geräusche eignen sich, um daraus eine Geschichte zu entwerfen?« Damit sind die Schüler/innen dazu aufgefordert, Geräusche auszuwählen und auf Tonband aufzunehmen, aus denen sich eine Klanggeschichte entwickeln lässt. Vor diesem Hintergrund lassen sich Aspekte diskutieren wie z. B.: Wie könnte das Geräusch in die Geschichte eingebunden werden? Warum ist es für mich selbstverständlich, das Geräusch so und nicht anders zu deuten? Ließe sich dem Geräusch bzw. dem Klang noch eine andere Bedeutung zuordnen? Was ändert sich, wenn wir dem Geräusch eine verfremdete Bedeutung in der Geschichte geben? Welche Möglichkeiten gibt es noch, das ausgewählte Geräusch in die Geschichte einzubinden?

Die in diesen Fragestellungen enthaltenen Perspektiven einer konstruktivistischen Didaktik, die Konstruktion, Rekonstruktion und Dekonstruktion, kommen auch im Rahmen der Aufgabe »Klangsprache« zum Tragen. Hier werden die Schüler/innen dazu angehalten, eine eigene Klangsprache zu entwerfen und dabei Möglichkeiten zur Kommunikation mittels Geräuschen und Klängen auszuprobieren. Anschließend wird die Klangsprache den anderen Schülergruppen vorgestellt und zugleich gilt es, die Klangsprache der anderen Kinder zu erschließen. Nun reicht es nicht mehr, nach eigenen Ideen und Assoziationen zu suchen, sondern die Schüler/innen müssen sich auch für die Konstrukte der anderen Kinder öffnen. Dabei kann sich zeigen, dass ein- und dasselbe Geräusch ganz unterschiedliche Bedeutungen erhält: In der einen Gruppe repräsentiert das rhythmische Zusammenschlagen zweier Stöcke das Trappeln von Pferden, in einer anderen Gruppe das Herunterprasseln von Regen. Ändern die Schüler/innen den Rhythmus, mit dem sie die Stöcke aneinanderschlagen, kann aus dem Galopp ein Traben, aus dem Regenschauer ein Tröpfeln werden. Schließlich kann ein einmaliges Zusammenschlagen der Stöcke auch das Schließen einer Tür bedeuten. Im Rahmen dieser Aufgabenstellung sind die Kinder in besonderem Maße dazu aufgefordert, genau zuzuhören und sich für die Assoziationen der anderen zu öffnen, denn nur so kann es gelingen, die gegenseitigen Botschaften zu entschlüsseln.

| Musik, Nr. 1 | Klanggeschichten | Regengedicht |

Ziel und didaktischer Kontext

- Klangliche (Re-)Konstruktion des Gedichts »Regen«
- Auswahl geeigneter Materialien zur Verklanglichung
- Förderung der Experimentierfreude und Fantasie
- Verbesserung der Selbstorganisation

Schuljahr	Gruppengröße	Vorkenntnisse	Dauer	Materialien
1.–2. Klasse	3–4 Kinder	keine	ca. 35 min.	• Materialien jeder Art zur Klangerzeugung

Durchführung

Die Kinder lesen in ihren Gruppen das nebenstehende Gedicht. Im ersten Schuljahr kann das Gedicht auch vom Lehrer vorgelesen werden. In ihrer Gruppe überlegen die Schüler/innen, wie sie das Gedicht klanglich untermalen können. Verschiedenartige Materialien können hierfür Verwendung finden wie z. B.:

- Papier
- Eimer mit Wasser
- Stöcke
- Bleistifte
- Reis in einer Dose
- Klanginstrumente

Im Anschluss stellt jede Gruppe ihre Geräusche zum Gedicht vor.

Anmerkung

Im Rahmen dieser Aufgabenstellung verklanglichen die Schüler/innen das Gedicht »Regen« von Hans Georg Lenzen. Ob sie hierfür ihre Stimme, Elementarinstrumente oder Alltagsgegenstände verwenden möchten, wird den Kindern freigestellt.

> Regen (H. G. Lenzen)
>
> Ich bin schon manchmal aufgewacht,
> wenn's regnet mitten in der Nacht,
> dann lieg ich da und höre:
> Der Regen trommelt auf das Dach
> und rauscht und plätschert wie ein Bach
> durch unsere Regenröhre.
> Und heult der Wind um unser Haus –
> das macht mir überhaupt nichts aus,
> das Kissen hält mich warm.
> Die Welt ist draußen schwarz und kalt,
> ich lieg' in meinem Bett und halt
> den Teddybär im Arm.

Weiterführung

Einzelne Instrumente können von den Kindern auch selbst hergestellt werden (vgl. hierzu die Praxisbeispiele Musik, Nr. 19–26).

| Musik, Nr. 2 | Klanggeschichten | Märchen |

Ziel und didaktischer Kontext

- Verklanglichen des Märchens vom Schlaraffenland
- Erfinden von Geräuschen zu den einzelnen Szenen
- Entwickeln der klanglichen Gestaltungsfähigkeit
- Förderung der Kreativität

Schuljahr	Gruppengröße	Vorkenntnisse	Dauer	Materialien
1.–2. Klasse	alle Kinder	keine	ca. 45 min.	• Materialien jeder Art zur Klangerzeugung

Durchführung

Das Märchen vom Schlaraffenland wird vom Lehrer vorgelesen. Dabei müssen die Schüler/innen gut zuhören, denn anschließend soll die Geschichte klanglich untermalt werden. An der Tafel werden Vorschläge zusammengetragen, welche Möglichkeiten sich hierfür bieten. Als Beispiele seien genannt:

- Trommeln mit Stiften (Jagen der Hasen)
- Plätschern mit Wasser (Schwimmen des Habichts)
- Schnipsen gegen eine Flasche (Lärmen der Fische)
- Aneinanderreiben der Hände (Fließen des Honigs)

Im Anschluss wählt jeder Schüler eine Szene aus dem Märchen aus (z. B. das Lärmen der Fische), die er beim nochmaligen Vorlesen der Geschichte klanglich unterlegt. So bilden sich innerhalb der Klasse mehrere Geräuschgruppen.

Anmerkung

Das Märchen vom Schlaraffenland (Brüder Grimm)

In der Schlaraffenzeit, da ging ich und sah ein bitterscharfes Schwert, das durchhieb eine Brücke. Da sah ich einen jungen Esel mit einer silbernen Nase, der jagte hinter zwei schnellen Hasen her. Ist das nicht gelogen genug? Da sah ich zackern einen Pflug ohne Ross und Rinder, und ein Habicht schwamm über den Rhein: Das tat er mit vollem Recht. Da hört' ich Fische miteinander Lärm anfangen, daß es in den Himmel hinaufscholl, und ein süßer Honig floß wie Wasser von einem tiefen Tal auf einen hohen Berg; das waren seltsame Geschichten. Da waren zwei Krähen, mähten eine Wiese, und ich sah zwei Mücken an einer Brücke bauen, und zwei Tauben zerrupften einen Wolf. Und im Hof standen vier Rosse, die droschen Korn aus allen Kräften, und zwei Ziegen, die den Ofen heizten, und eine rote Kuh schoß das Brot in den Ofen. Da krähte ein Huhn: »Kikeriki, das Märchen ist auserzählt, kikeriki.«

Weiterführung

Das von den Kindern klanglich untermalte Märchen kann auf Tonband aufgenommen und zu einem späteren Zeitpunkt nochmals angehört werden. Dies kann als Inspiration für weitere Klangexperimente dienen.

| **Musik, Nr. 3** | **Klanggeschichten** | **Drehbuch** |

Ziel und didaktischer Kontext

- Auswählen einer Hintergrundmusik zu einem Gedicht
- Anhören verschiedener Musikstücke
- kritische Auseinandersetzung mit Musik und ihrer Wirkung
- Förderung der Kreativität und Fantasie

Schuljahr	Gruppengröße	Vorkenntnisse	Dauer	Materialien
3.–4. Klasse	4–6 Kinder	Lesefähigkeit	ca. 45 min.	• Kassettenrekorder • Kassetten mit unterschiedlichen Musikstücken

Durchführung

In ihren Gruppen lesen die Kinder das nebenstehende Gedicht von Wilhelm Busch. Aufgabe ist es, zu dem Text eine passende Hintergrundmusik zu finden. Dazu stehen im Klassenraum mehrere Kassettenrekorder zur Verfügung, auf denen unterschiedliche Musikstücke abgespielt werden können. In ihren Gruppen hören sich die Kinder diese Musikstücke an und besprechen anschließend, welches der Stücke sie als Hintergrundmusik für das Gedicht auswählen möchten. Hierdurch erstellen die Schüler/innen gewissermaßen ihr eigenes Drehbuch. Abschließend lesen die Kinder das Gedicht im Sitzkreis den anderen Schüler/innen vor und spielen dazu die ausgewählte Hintergrundmusik. Ihre Auswahl begründen die Gruppen kurz.

Anmerkung

Der Kobold (W. Busch)

In einem Häuschen, sozusagen –
(den ersten Stock bewohnt der Magen)
in einem Häuschen war's nicht richtig.
Darinnen spukt' und tobte tüchtig
ein Kobold, wie ein wildes Bübchen,
vom Keller bis zum Oberstübchen.
Fürwahr, es war ein bös' Getös.
Der Hausherr wird zuletzt nervös,
und als ein desperater Mann
steckt er kurzweg sein Häuschen an
und baut ein Haus sich anderswo
und meint, da ging' es ihm nicht so.
Allein, da sieht er sich betrogen.
Der Kobold ist mit umgezogen
und macht Spektakel und Rumor
viel ärger noch als wie zuvor.
Ha, rief der Mann, wer bist du, sprich.
Der Kobold lacht: Ich bin dein Ich.

Weiterführung

Im Sitzkreis können die Schüler/innen ausprobieren, wie das Gedicht wirkt, wenn es einmal mit einer eher tragenden Musik im Hintergrund, ein andermal mit einer lebhaften Musik und schließlich mit einer Marschmusik vorgelesen wird. Wie verändert sich die Wirkung? Wie lässt sich dies begründen?

| Musik, Nr. 4 | Klanggeschichten | Jahreszeitenkanon |

Ziel und didaktischer Kontext

- Konstruktion eines Jahreszeitenkanons
- Auswählen charakteristischer Klänge und Geräusche für eine Jahreszeit
- Vergleichen der Klänge unterschiedlicher Jahreszeiten
- Entwickeln der Ausdrucksfähigkeit

Schuljahr	Gruppengröße	Vorkenntnisse	Dauer	Materialien
1.–2. Klasse	4 gleich große Gruppen	keine	ca. 35 min.	keine

Durchführung

Die Schüler/innen sollen in ihrer Gruppe eine Themengeschichte erfinden und diese klanglich unterlegen. Hierzu wird ihnen ein Thema oder Stichwort vorgegeben. Spannend ist es, wenn die Themen Frühling, Sommer, Herbst und Winter auf vier Gruppen verteilt werden. Zu der jeweiligen Jahreszeit erproben die Gruppen Geräusche, die man mit der Stimme oder dem eigenen Körper erzeugen kann. Dabei gilt es zu fragen:

- Welche Geräusche verbinde ich mit dem Frühling (Sommer, Herbst, Winter)?
- Welchen Aktivitäten gehe ich zu dieser Jahreszeit nach?
- Welche Tiere sind im Frühling (Sommer, Herbst, Winter) aktiv?
- Welche Geräusche erzeugen diese Tiere?

Anschließend präsentieren die Gruppen ihren musikalischen Jahreszeitenkanon.

Anmerkung

Die Präsentation der eigenen musikalischen Ideen kann in zwei Schritten erfolgen: Zunächst stellen sich alle Schüler/innen in einem Kreis auf. Jeder Schüler (oder in Paaren) macht einen für seine Jahreszeit charakteristischen Klang bzw. ein Geräusch vor. Nun versuchen die anderen Kinder zu rekonstruieren, welcher Jahreszeit dieses Geräusch zugeordnet werden kann und/oder wofür das Geräusch stehen könnte. Anschließend sprechen die Schüler/innen über ihre Wahrnehmungen. Zu fragen ist:

- Welche Jahreszeiten ähneln sich in ihrer Verklanglichung?
- Welche Klänge passen zu mehreren Jahreszeiten?
- Welche Jahreszeiten klingen vollkommen unterschiedlich?

Weiterführung

Im Anschluss lassen sich nach dem oben beschriebenen Beispiel auch andere Themen bearbeiten wie z. B. Wald, Wasser, Urwald oder Tiere. Hier sollten Themen ausgewählt werden, mit denen sich die Schüler/innen bereits im Vorfeld (z. B. im Sachunterricht) auseinandergesetzt haben.

| Musik, Nr. 5 | Klanggeschichten | Geschichte der Geräusche |

Ziel und didaktischer Kontext

- Konstruktion einer eigenen Geräuschgeschichte
- Auswählen geeigneter Geräusche im Schulgebäude
- Einbetten der Geräusche in eine Geschichte
- Verbesserung der Selbstorganisation und Eigenaktivität

Schuljahr	Gruppengröße	Vorkenntnisse	Dauer	Materialien
2.–3. Klasse	4–5 Kinder	Kenntnis der Schriftsprache	ca. 90 min.	• Aufnahmegerät • Kassette

Durchführung

Jede Gruppe erhält ein Aufnahmegerät und eine Kassette. Die Schüler/innen sollen unterschiedliche Geräusche in ihrer Schule aufnehmen. Beispiele hierfür sind:

- Geräusche im Klassenzimmer (z. B. Öffnen und Schließen der Tür, Schreiben an der Tafel)
- Geräusche in der Pausenhalle (z. B. Gehen auf dem Flur, Treppensteigen),
- Geräusche auf dem Schulhof (z. B. Läuten der Glocke, spielende Kinder).

Anschließend hören sich die Gruppen die von ihnen aufgenommenen Geräusche an und erfinden hierzu eine Geschichte. Die einzelnen Geräuschgeschichten werden im Sitzkreis vorgestellt.

Anmerkung

Das Aufnehmen der Geräusche kann sich über einen Zeitraum von mehreren Tagen erstrecken. Dabei bietet sich ein Vorgehen in mehreren Schritten an: Zunächst sammeln die Schüler/innen Ideen für ihre Tonbandaufzeichnung und überlegen sich eine Geschichte hierzu. Anschließend nehmen sie die Geräusche im Schulgebäude auf und sprechen ihre Geschichte auf das Band. Dabei ist es hilfreich, im Vorfeld folgende Fragen zu klären:

- Wer liest welchen Teil der Geschichte vor?
- Bietet sich ein Lesen in verteilten Rollen an?
- An welcher Stelle wird ein Geräusch eingefügt?
- Soll dieses Geräusch laut oder leise sein?

Weiterführung

Aus den Geräuschgeschichten kann ein Hörbuch erstellt werden. Dabei ist es sinnvoll, im Vorfeld ein gemeinsames Thema für die Hörspielkassette festzulegen wie z. B.: »Ein neuer Schüler lernt die Schule kennen« oder »Ein Schulranzen ist verloren gegangen«. Jede Gruppe verfasst eine Episode zu dieser Geschichte.

| Musik, Nr. 6 | Klanggeschichten | Klangsprache |

Ziel und didaktischer Kontext

- Entwickeln einer eigenen Klangsprache
- Erkennen der Klangsprache einer anderen Gruppe
- Förderung der Kreativität und Fantasie
- Verbesserung der Selbstorganisation und Eigenaktivität

Schuljahr	Gruppengröße	Vorkenntnisse	Dauer	Materialien
3.–4. Klasse	4 gleich große Gruppen	keine	ca. 45 min.	• Klanginstrumente • Materialien jeder Art (z. B. Papier, Flaschen, Stifte)

Durchführung

Die Klasse teilt sich in vier Gruppen. Jede Gruppe entwirft mithilfe von Klanginstrumenten und/oder Alltagsmaterialien eine Klangsprache. Auch die Stimme darf als Klanginstrument genutzt werden. Wörter werden durch Klänge und Geräusche ersetzt. Beispiele hierfür sind:

- rhythmisches Aneinanderschlagen zweier Stöcke (Laufen)
- Zuklappen der Butterbrotdose (Schließen einer Tür)
- Gähnen (Langeweile)
- Tröpfeln von Wasser in einen Eimer (Regen)
- Reiben eines Papiers (Wind)

Nach einiger Zeit werden die Botschaften ausgetauscht. Die Kinder müssen nun versuchen, die Nachricht der anderen Gruppen zu entschlüsseln.

Anmerkung

Bei dieser Aufgabenstellung sind die Kinder dazu aufgefordert, nicht nur die eigene Klangsprache zu konstruieren, sondern sich auch für die Ideen und Assoziationen der anderen Gruppen zu öffnen. Beim genauen Zuhören werden sie feststellen, dass das Aneinanderschlagen zweier Stöcke einmal ein Pferdegetrappel sein kann, ein anderes Mal das Zuschlagen einer Tür, und schließlich kann dasselbe Geräusch auch einen Regen rekonstruieren. Wichtig ist es deshalb, sich für die Ideen der anderen zu interessieren, genau zuzuhören und dabei den Klang und den Rhythmus zu analysieren.

Weiterführung

Nachdem die Kinder sich mit der Klangsprache der anderen Gruppen vertraut gemacht haben, können sie ganze Klanggeschichten erzählen. Vielleicht gelingt es auch, die Klänge aller Gruppen so anzupassen und zu ergänzen, dass eine gemeinsame Klangsprache entsteht.

5.2 Gefühle und Stimmungen: Erlebniswelten der Musik

Kinder haben Spaß daran, sich zu verwandeln und spielerisch Gefühle und Stimmungen darzustellen. Im Spiel erleben sie die Freiheit, über Grenzen der ihnen alltäglich begegnenden Wirklichkeit hinauszugehen und dabei Gefühle und Stimmungen darzustellen, die sie so ansonsten nicht zeigen würden. Dabei erlaubt es ihnen ihre Vorstellungskraft, die vermeintliche Realität um zahlreiche Aspekte zu bereichern. Gewissermaßen ist diese Fähigkeit zur Vorstellung auch ein Weg zur Erkenntnis, wie dies bereits Aristoteles in seiner Theorie der Fantasie »De anima« feststellte: Kein Denken ist ohne die Vorstellung möglich, da an jeder Form der Neuerung und Entwicklung die durch die visionäre Kraft der Fantasie hervorgebrachte Vorstellung beteiligt ist (Ränsch-Trill 1996, S. 59). Diese Kraft der Vorstellung kommt in verschiedenen Lernbereichen des Grundschulunterrichts zum Tragen, vor allem aber in den Fächern der ästhetischen Bildung. Hier schaffen sich die Kinder durch ihre Vorstellung von den Fantasie- und Erlebniswelten der Musik eine eigene Realität. Dabei sind es die inneren Bilder ihrer Vorstellung, die die Schüler/innen in der klanglichen Realisierung eigener musikalischer Darstellungen vorantreiben. Folgende Aufgabenstellungen geben hierzu einen Anlass:

- Musikkreise (1.–2. Schuljahr)
- Schattentanz (2.–3. Schuljahr)
- Gefühlsstrahl (3.–4. Schuljahr)
- Ich bin ein König! (2.–3. Schuljahr)
- Fröhlich oder ernst (2.–3. Schuljahr)
- Stimmungen im Fernsehen (3.–4. Schuljahr)

Bei den Aufgaben »Musikkreise« und »Schattentanz« setzen die Schüler/innen eigene Gefühle und Stimmungen zur Musik um. Im Rahmen der Musikkreise geschieht dies in Farben und Bildern, beim Schattentanz durch Tanz und Bewegung. Dabei schaffen sich die Kinder durch ihre Vorstellung von dem Gehörten eine eigene Wirklichkeit, die sie im Bild bzw. beim Tanzen zum Ausdruck bringen. Doch auch die zuschauenden Kinder entwickeln mithilfe ihrer Fantasie eine persönliche Vorstellung von dem, was sie auf der Schattenleinwand sehen. Hierdurch unterscheidet sich der »Schattentanz« vom Fernsehen, indem er der Fantasie des Kindes Raum lässt, eigene Bilder und Perspektiven auszubilden. Er arbeitet mit dem Unfertigen, mit Andeutungen und Symbolen, wodurch Gefühle und Stimmungen eindrucksvoll zur Wirkung kommen.

Auch die Aufgaben »Gefühlsstrahl« sowie »Ich bin ein König!« können dazu beitragen, Fantasie- und Erlebniswelten der Musik vor das geistige Auge zu führen. Dies gelingt, indem die Kraft der Vorstellung auf den Lernbereich Musik übertragen wird, und zwar durch ein Darstellen von Stimmungen und Gefühlslagen mithilfe von Elementarinstrumenten bzw. mittels der eigenen Stimme. Wesentlich dabei ist, dass diese musikalische Form der Darstellung nicht zu einem bloßen Nachahmen wird, sondern dass hier eigene Möglichkeiten ausprobiert und alte Fragestellungen aus einem neuen Blickwinkel betrachtet werden. Nur so kann das Kind zu neuen Erkenntnisprozessen gelangen, z. B. indem es feststellt, dass mit ein und demselben Satz ganz unterschiedliche Emotionen transportiert werden können, je nachdem ob der Satz mit hoher oder tiefer Stimme, melodisch oder rhythmisch gesprochen wird. Ein solches Experimentieren mit Klangfarbe, Rhythmik und Dynamik kommt ebenso im Rahmen der Aufgabe »Fröhlich oder ernst« zum Tragen. Hier gehen die Schüler/innen der Frage nach, wie es gelingen kann, ein Musikinstrument einmal fröhlich und ein andermal ernst klingen zu lassen. Gibt es Instrumente, bei denen die eine Stimmung leichter zu imitieren ist als die andere? Wie ist dies zu begründen?

Schließlich veranlasst die Aufgabe »Stimmungen im Fernsehen« die Schüler/innen dazu, sich mit Stimmungsbildern in Film und Werbung auseinanderzusetzen. Hierbei werden die Kinder feststellen, dass die Auswahl der Hintergrundmusik die Eindrücke vom Gesehenen maßgeblich beeinflusst und dass ein und dieselbe Werbung, mit unterschiedlichen Musiktiteln unterlegt, ganz verschiedenartig wirkt. So macht es einen grundlegenden Unterschied, ob eine Szene einmal mit einem klassischen Stück als Hintergrundmusik gezeigt wird, ein andermal mit einem Stück aus dem Bereich Populärmusik und schließlich mit einem Musikstück der Avantgarde oder der Musik anderer Völker. Dabei können die Schüler/innen erfahren, wie sich die suggerierte Stimmung des Filmausschnittes jeweils ändert, wenn man einen anderen Musikstil auswählt. Vor diesem Hintergrund lassen sich im Rahmen der nachfolgenden Praxisbeispiele Fragen diskutieren wie z. B.:

- Wie sollte die Musikrichtung sein, um der Szene einen lustigen Charakter zu verleihen?
- Welche Musik bietet sich an, um eine nachdenkliche Stimmung beim Betrachter hervorzurufen?
- Wie sollte die Musik sein, damit sich der Zuschauer ängstigt?

5.2 Gefühle und Stimmungen: Erlebniswelten der Musik

| Musik, Nr. 7 | Gefühle und Stimmungen | Musikreise |

Ziel und didaktischer Kontext

- sich auf eine Musikreise begeben
- Erstellen eines gemeinsamen Bildes zu der Musik
- Auseinandersetzen mit dem Gehörten
- verbale Kommunikation über das selbst Gestaltete

Schuljahr	Gruppengröße	Vorkenntnisse	Dauer	Materialien
1.–2. Klasse	4–5 Kinder	keine	ca. 45 min.	• Plakate • Pinsel • Wasserfarben

Durchführung

Die Schüler/innen finden sich in Gruppen zusammen. Im Sitzen oder Liegen schließen sie die Augen und bekommen ein Musikstück vorgespielt. Anschließend erhält jede Gruppe ein Plakat, Wasserfarben und Pinsel. Während die Musik ein zweites Mal gespielt wird, drücken die Schüler/innen ihre Stimmungen und Gefühle, welche die Musik bei ihnen hervorruft, durch das Malen aus. Die fertigen Produkte der Gruppen können im Klassenraum ausgestellt werden und Anlass für weiterführende Gespräche sein.

Anmerkung

Zum Vergleich könnte man zunächst ein klassisches und anschließend ein populäres Musikstück vorspielen. Zu beiden Varianten malen die Schüler in ihren Gruppen ein Bild. Im Anschluss können sich die Kinder über das Erlebte in einem gemeinsamen Gespräch austauschen. Hier sind z. B. solche Fragen wegweisend:

- Wie unterscheiden sich die zwei Bilder, die innerhalb einer Gruppe erstellt wurden?
- Wie lässt sich der Charakter des Bildes beschreiben, das zu einem klassischen Musikstück gemalt wurde?
- Was sind die Besonderheiten des Bildes, das zur Populärmusik erstellt wurde?
- In welchen Merkmalen zeigen sich Gemeinsamkeiten zwischen den Produkten verschiedener Gruppen?
- Wie ist dies zu erklären?

Weiterführung

In der Pausenhalle kann eine Tapetenrolle aufgehängt oder auf den Boden gelegt werden. Während ein Musikstück vorgespielt wird, erstellen alle Kinder der Klasse ein gemeinsames Bild auf der Tapetenrolle. Hier können auch Musikstücke aus unterschiedlichen Bereichen (Klassik, Populärmusik, Musik der Avantgarde, Musik anderer Völker) nacheinander vorgespielt werden. Lassen sich die Zeichnungen der Kinder im Nachhinein den einzelnen Musikstilen zuordnen?

| **Musik, Nr. 8** | **Gefühle und Stimmungen** | **Schattentanz** |

Ziel und didaktischer Kontext

- Erstellen eines Schattentheaters
- Darstellen von momentanen Stimmungen
- Verklanglichen der Darstellung
- Verbesserung der Ausdrucks- und Wahrnehmungsfähigkeit

Schuljahr	Gruppengröße	Vorkenntnisse	Dauer	Materialien
2.–3. Klasse	alle Kinder	keine	ca. 45 min.	• Bettlaken • Lampe • Klanginstrumente • eventuell Tücher

Durchführung

Zunächst bauen die Kinder im Klassenverband ein Schattentheater auf. Hierfür halten zwei Kinder ein Bettlaken fest, wobei das untere Ende des Lakens den Fußboden berühren sollte. Hinter dem Bettlaken wird eine Lichtquelle (z. B. ein Overhead Projektor) installiert, deren Lichtstrahl auf das Laken fällt. Die Darsteller bewegen sich zwischen der Lichtquelle und dem Bettlaken.

Ein bis zwei Kinder beginnen mit der Darstellung. Sie bestimmen aufgrund ihrer Ideen und der momentanen Stimmung selbst, wie sie sich bewegen möchten. Tücher oder andere Gegenstände können in den Tanz mit einbezogen werden. Die übrigen Kinder sitzen vor dem Bettlaken und untermalen die Bewegungen der Tanzenden durch Klanginstrumente. Ein Gong beendet die Darstellung. Nun können die nächsten Kinder ihren Schattentanz beginnen.

Anmerkung

Beim Spiel mit dem Schattentheater werden die Experimentierfreude und Fantasie durch die verfremdenden Effekte des Schattenspiels angesprochen. Beim Ausprobieren und Experimentieren werden die Schüler/innen feststellen, dass die Schatten am deutlichsten zu erkennen sind, wenn die Darsteller/innen direkt hinter dem Bettlaken agieren.

Weiterführung

Diese Aufgabenstellung lässt sich weiterführen, indem Musikstücke (z. B. Orpheus in der Unterwelt, Cancan) zum Schattentanz der Kinder gespielt werden. Auch kann das Schattentheater weiterentwickelt werden, indem Stabfiguren aus Pappe hergestellt werden und eine Geschichte mit den Figuren gespielt wird (vgl. Kunst, Nr. 5).

5.2 Gefühle und Stimmungen: Erlebniswelten der Musik

| Musik, Nr. 9 | Gefühle und Stimmungen | Gefühlsstrahl |

Ziel und didaktischer Kontext

- Entwerfen eines Gefühlsstrahls
- Sammeln unterschiedlicher Gefühle und Stimmungen
- Ausprobieren passender Klänge zu den Gefühlen
- Vergleich unterschiedlicher Gefühlsstrahle

Schuljahr	Gruppengröße	Vorkenntnisse	Dauer	Materialien
3.–4. Klasse	2–3 Kinder	keine	ca. 35 min.	• Materialien jeder Art zur Klangerzeugung

Durchführung

In ihrer Gruppe erstellen die Schüler/innen einen Gefühlsstrahl. Hierzu sammeln die Kinder zunächst verschiedene Gefühle bzw. Stimmungen, die sie auf einen Papierstreifen malen oder schreiben. Zu jedem dieser Gefühle überlegen sich die Schüler/innen ein Geräusch, das hierzu passt. Mögliche Beispiele sind:

- Wut: lautes Klatschen oder Zusammenschlagen zweier Klanghölzer
- Freude: Schnipsen mit den Fingern, Spielen des Xylofons oder eines Glockenspiels (vgl. Musik, Nr. 22)
- Trauer: Klänge eines Regenmachers (vgl. Musik, Nr. 23)

Zum Abschluss stellen die einzelnen Gruppen ihren Gefühlsstrahl im Sitzkreis vor.

Anmerkung

Im Rahmen der Präsentation der Ergebnisse ist es wichtig, dass die Produkte der anderen Schüler/innen anerkannt und nicht kritisiert werden. Bei dieser Aufgabe gibt es kein Richtig und kein Falsch. Spannend ist es jedoch herauszuarbeiten, welche Ähnlichkeiten und Unterschiede zwischen den klanglichen Untermalungen der einzelnen Gruppen auftreten:

- In welcher Weise stimmen die Verklanglichungen zu ein und demselben Gefühl überein?
- Wurde von allen Gruppen dasselbe Instrument bzw. Material zur Verklanglichung eines Gefühls verwendet?
- Wie unterscheiden sich die Klangbilder verschiedener Gefühle?
- Welche Gefühle, die an sich verschiedenartig sind, klingen ähnlich?

Weiterführung

Diese Aufgabenstellung lässt sich mit dem Praxisbeispiel »Schublade der Gefühle« (vgl. Sachunterricht, Nr. 20) verknüpfen. Die von den Schüler/innen erstellten Gefühlsstrahle können in Form einer Ziehharmonika gefaltet und in eine Streichholzschachtel oder in einen Schuhkarton gelegt werden. Nach und nach lässt sich nun der Gefühlsstrahl aus der Schachtel bzw. dem Karton ziehen und musikalisch darstellen.

| Musik, Nr. 10 | Gefühle und Stimmungen | Ich bin ein König! |

Ziel und didaktischer Kontext

- Erproben von stimmlichen Variationen
- Wechseln der Rhythmik, Dynamik, Melodik und Klangfarbe
- Entwickeln eines eigenen Liedes
- Förderung der Experimentierfreude

Schuljahr	Gruppengröße	Vorkenntnisse	Dauer	Materialien
2.–3. Klasse	3–4 Kinder	keine	ca. 25 min.	keine

Durchführung

Die Kinder probieren in ihren Gruppen aus, mit welch unterschiedlichem Ausdruck und mit welchen Emotionen der Satz »Ich bin ein König!« gesprochen werden kann. Beispiele hierfür sind:

- freudig
- geheimnisvoll
- wütend
- traurig
- schluchzend
- provozierend

Beim spielerischen Ausprobieren wird sich zeigen, dass sich der Satz »Ich bin ein König!« mit einfachen Mitteln musikalisch gestalten lässt, indem er z. B. mit hoher bzw. tiefer Stimme gesprochen wird, mit einer Melodie unterlegt oder in unterschiedlicher Rhythmik und Dynamik wiedergegeben wird. Dabei sollten die Kinder versuchen, Körperhaltung, Gestik und Mimik an den jeweiligen stimmlichen Ausdruck anzupassen.

Anmerkung

Im Verlauf des Experimentierens werden die Schüler/innen feststellen, welche unterschiedlichen Möglichkeiten es gibt, Emotionen sprachlich zum Ausdruck zu bringen. Mit entsprechenden Variationen in der Rhythmik, Dynamik, Melodik und Klangfarbe lässt sich der Satz »Ich bin ein König!« in sehr unterschiedlicher Weise wiedergeben. Dabei entsteht fast von selbst eine Art Lied, wenn der Satz mehrmals hintereinander mit wechselnder Rhythmik oder Klangfarbe gesprochen wird.

Weiterführung

Die Gruppen können sich ein Wort oder einen Satz ausdenken, den sie mit unterschiedlichem Ausdruck musikalisch wiedergeben. Diese stimmlichen Experimente können auf einer Kassette aufgenommen werden.

| **Musik, Nr. 11** | **Gefühle und Stimmungen** | **Fröhlich oder ernst** |

Ziel und didaktischer Kontext

- Erproben der klanglichen Möglichkeiten von Instrumenten
- Zuordnen von Stimmungen zu den Klängen
- Verbesserung der Selbstorganisation und Eigenaktivität
- gemeinsames Problemlösen

Schuljahr	Gruppengröße	Vorkenntnisse	Dauer	Materialien
2.–3. Klasse	4–5 gleich große Gruppen	Grundkenntnisse im Umgang mit verschiedenen Instrumenten	ca. 40 min.	- verschiedene Instrumente

Durchführung

Im Raum werden vier bis fünf Stationen aufgebaut. An den Stationen wird eine Auswahl von Musikinstrumenten bereitgestellt. Beispiele:

- Station 1: Summ-Kamm (vgl. Musik, Nr. 19)
- Station 2: Xylofon oder Glockenspiel (vgl. Musik, Nr. 22)
- Station 3: Regenmacher (vgl. Musik, Nr. 23)
- Station 4: Schellenkränze (vgl. Musik, Nr. 21)
- Station 5: Kistengitarre (vgl. Musik, Nr. 20)

An den Stationen probieren die Schüler/innen aus, welche Möglichkeiten es gibt, ein und dasselbe Instrument einmal fröhlich und ein anderes Mal ernst klingen zu lassen. Im Sitzkreis werden die Erfahrungen zusammengetragen.

Anmerkung

Im gemeinsamen Gespräch lassen sich die Erfahrungen der Kinder unter einem Blickwinkel der Dekonstruktion reflektieren. Mögliche Ansatzpunkte hierfür sind:

- Warum seid ihr euch sicher, dass dieser Klang als fröhlich (ernst) bezeichnet werden kann?
- Gibt es auch noch andere Emotionen, die man mit dem Instrument klanglich darstellen kann?
- Was ändert sich, wenn ihr den Ton länger (kürzer) spielt?

Weiterführung

Diese Aufgabe kann mit dem Herstellen eigener Musikinstrumente verbunden werden (vgl. hierzu die Praxisbeispiele Musik, Nr. 19–26).

| Musik, Nr. 12 | Gefühle und Stimmungen | Stimmungen im Fernsehen |

Ziel und didaktischer Kontext

- durch Musik erzeugte Stimmungen entdecken
- Unterlegen einer Szene aus der Werbung mit Musik
- Vergleichen der Wirkungsweise unterschiedlicher Musikstücke
- Verbesserung der Wahrnehmungsfähigkeit

Schuljahr	Gruppengröße	Vorkenntnisse	Dauer	Materialien
3.–4. Klasse	alle Kinder	keine	ca. 45 min.	• Fernsehgerät • Videorekorder oder DVD-Player • Aufnahmen von Werbung

Durchführung

Den Kindern wird eine Werbung aus dem Fernsehen vorgespielt. Allerdings wird der Ton dabei abgestellt. Nun sollen die Schüler/innen überlegen, welche Hintergrundmusik sich für diese Szene eignen könnte. Zur Auswahl werden ihnen verschiedene Musikstücke vorgespielt. Jeder Schüler wählt anschließend ein Stück aus und begründet seine Entscheidung. Folgende Fragen können in die Argumentation einbezogen werden:

- Was veranlasst mich dazu, eine bestimmte Musikrichtung auszuwählen?
- Welche Stimmung verbinde ich mit dieser Musik?
- Was ändert sich an der Werbung, wenn ich ein anderes Musikstück wähle?

Anschließend wird die Werbung nochmals gezeigt und dazu werden die unterschiedlichen Musikstücke abgespielt.

Anmerkung

Im Rahmen dieser Aufgabenstellung setzen sich die Kinder mit Stimmungen im Fernsehen auseinander und entdecken dabei, dass die Auswahl der Hintergrundmusik die Eindrücke vom Gesehenen beeinflusst. So wirkt dieselbe Szene, einmal mit einer Musik aus dem Bereich Klassik unterlegt, ganz anders, als wenn eine Populärmusik oder Musik der Avantgarde dazu gespielt wird. Dieses Phänomen zeigt sich besonders eindrucksvoll, wenn Musik anderer Völker zu einer Szene aus einem den Schüler/innen bekannten Kinderfilm gespielt wird. Wie verändert sich hierdurch die Wahrnehmung der Szene?

Weiterführung

Neben der Suche nach einer passenden Hintergrundmusik können die Schüler/innen auch einen eigenen Sprechtext zu der Werbung formulieren. So entsteht ein neues Konzept, das die aus dem Fernsehen bekannte Variante verfremdet.

5.3 Laut und leise in der Musik: Erfahren von Gestaltungsmitteln

In diesem Abschnitt werden sechs Praxisbeispiele vorgestellt, die ein Verarbeiten spontaner musikalischer Einfälle ermöglichen. Im Fokus steht dabei die Zielsetzung, durch Einbeziehen der Prinzipien des Gegensatzes, der Veränderung und der Wiederholung in sich abgerundete musikalische Gebilde zu entwickeln. Dies wird den Kindern im Rahmen der hier aufgeführten Aufgabenstellungen ermöglicht, indem sie musikalische Probleme entdecken und nach Erklärungen suchen. Sie werden dazu aufgefordert, eigene Fragestellungen zu Klangexperimenten zu formulieren, die sie durch eigenes Erproben beantworten sollen. Sie sollen Vermutungen äußern und diese überprüfen, nach Erklärungen fragen und Begründungen formulieren. Dabei konstruieren die Schüler/innen eigene Theorien, überprüfen ihre Hypothesen, planen bewusst Arbeitsschritte und führen diese durch. Sie reflektieren Ergebnisse, erkennen Zusammenhänge zwischen Fragestellung und Art ihrer Bearbeitung, kurz: Im Rahmen der nachfolgenden Beispiele lernen die Kinder, mit Musik zu experimentieren. Sie erleben, erfassen und reflektieren den Ausdruck und die Gestalt von Musik. Folgende thematische Schwerpunkte werden hierfür zugrunde gelegt:

- Klanginstrumente (1.–2. Schuljahr)
- Gewitter (2.–3. Schuljahr)
- Was ist das? (1.–2. Schuljahr)
- Experiment mit dem Echo (3.–4. Schuljahr)
- Klang-Memory (2.–3. Schuljahr)
- Der Maulwurf (4. Schuljahr)

Im Rahmen der Aufgaben »Klanginstrumente« und »Gewitter« setzen sich die Kinder spielerisch mit den klanglichen Möglichkeiten von Instrumenten bzw. ihrer Stimme auseinander. Dabei probieren sie die musikalischen Mittel eines Instruments aus, lassen dieses einmal laut und einmal leise erklingen, um die Ausdrucks- und Gestaltungsmöglichkeiten des Musikinstruments zu erfahren. Solche Experimente werden in den Aufgabenstellungen »Klanginstrumente« und »Gewitter« in vielfältige Zusammenhänge eingebettet und durch eine verbale Kommunikation über das Gehörte bzw. das musikalisch selbst Gestaltete vertieft. Nur so ist es möglich, dass die spontanen musikalischen Ideen der Schüler/innen auch zur musikalischen Förderung im Hinblick auf die Entwicklung der Wahrnehmungs-, Erlebnis-, Ausdrucks- und Gestaltungsfähigkeit beitragen (Hessisches Kultusministerium 1995, S. 200).

Auf diesen Zusammenhang verweist bereits Karl Groos Anfang des 20. Jahrhunderts in seiner Theorie zum Spiel »als Selbstausbildung«. Mit dieser Funktion des Spiels bezieht sich Groos (1910, S. 11) auf die Phase des selbstständigen Aneignens von Kenntnissen und Fertigkeiten. Dabei sind vor allem die Experimentierspiele von grundlegender Bedeutung, genauer gesagt »das von Aufmerksamkeit und Interesse begleitete ›Herumhantieren‹ mit allerlei Objekten. Hier zeigt sich ein bedeutungsvoller Unterschied vom bloßen Nachahmen. […] Das entwickelte Experimentieren […] ist ein Prinzip des Fortschritts, der intellektuellen Neuerwerbungen, ja es ist, indem es mehr als irgend eine andere außerwissenschaftliche Tätigkeit zum Erkennen von Kausalzusammenhängen führt, der Vater des wissenschaftlichen Experiments.« Vor diesem Hintergrund fordert Groos, dass dem Kind ermöglicht werden sollte, die »Freude am Ursache-sein« zu erleben, und dies gelingt nur, wenn es selbst erfahren, ausprobieren und experimentieren darf. Im Rahmen der Praxisbeispiele »Was ist das?«, »Experiment mit dem Echo« sowie »Klang-Memory« werden den Schüler/innen hierzu vielfache Möglichkeiten geboten.

Schließlich wird mit dem Gedicht »Der Maulwurf« von Wilhelm Busch der Schüler dazu herausgefordert, einen Text mit unterschiedlichen Lautstärken zu sprechen. Dies kann in verteilten Rollen mit einem Partner oder in Einzelarbeit erfolgen; das Sprechstück kann aber auch zu einem Gruppenvortrag ausgearbeitet werden. Wichtig dabei ist, dass die Kinder beim Sprechen laut und leise als ein Gestaltungsmittel in der Musik erfahren. Bei allen hier aufgeführten Praxisbeispielen wird sich zeigen, dass zur musikalischen Förderung und zur Einführung in die Musikkultur, dargestellt am Thema »Laut und leise in der Musik«, nicht gleich Lieder mit dynamischen Abstufungen erarbeitet oder Musikstücke mit prägnanten Laut/Leise-Kontrasten analysiert werden müssen. Viel wesentlicher ist, vor allem aus der Perspektive einer konstruktivistischen Didaktik, dass die Schüler/innen Musik selbst erfahren, ausprobieren und mit ihr experimentieren.

| Musik, Nr. 13 | Laut und leise | Klanginstrumente |

Ziel und didaktischer Kontext

- Erkunden der Möglichkeiten (laut und leise) in der Musik
- Entdecken eigener Klangexperimente
- Förderung der Experimentierfreude und Fantasie
- Verbesserung der Selbstorganisation und Eigenaktivität

Schuljahr	Gruppengröße	Vorkenntnisse	Dauer	Materialien
1.–2. Klasse	3–5 Kinder	keine	ca. 20 min.	• Klanginstrumente • Materialien aller Art (z. B. Flaschen, Papier)

Durchführung

In der Mitte des Raumes wird eine Decke ausgebreitet. Darauf werden Klanginstrumente ausgelegt, wie z. B. Teile aus dem Orff-Instrumentarium, Trommeln, Schellenkranz, aber auch Walnüsse, Pergamentpapier oder Stöcke. Die Gruppen wählen sich verschiedene Instrumente bzw. Materialien aus und experimentieren mit diesen. Aufgabe ist es dabei, laut und leise in der Musik zu erproben. Nachdem alle Gruppen ihre Experimente abgeschlossen haben, kommen die Kinder im Kreis zusammen. Eine Gruppe beginnt und stellt ihre Geräusche und Klänge vor, während die anderen Kinder mit geschlossenen Augen zuhören. Im Anschluss nennen die Zuhörer Wörter, die ihnen zu dem Gehörten einfallen (z. B. Pferdegetrappel, Wasserfall, Wind).

Anmerkung

Wenn genügend Zeit zur Verfügung steht, sollten die Musikinstrumente zwischen den einzelnen Gruppen ausgetauscht werden. So können die Kinder mit unterschiedlichen Instrumenten und Materialien Möglichkeiten für laut und leise in der Musik erproben. In der anschließenden Reflexion sollten dabei folgende Fragestellungen im Mittelpunkt stehen:

- Wie lässt sich das Gehörte bzw. das musikalisch selbst Gestaltete deuten?
- Gibt es auch noch andere Möglichkeiten, wie man die Geräusche und Klänge interpretieren kann?
- Was ändert sich an dem musikalischen Experiment, wenn wir nur die leisen Töne spielen?

Weiterführung

In einer Fortführung dieser Aufgabenstellung lassen sich die Laut/Leise-Experimente mithilfe des eigenen Körpers erzeugen, z. B. durch Trommeln mit den Händen, Schnalzen mit der Zunge, Stampfen mit den Füßen.

| Musik, Nr. 14 | Laut und leise | Gewitter |

Ziel und didaktischer Kontext

- (Re-)Konstruktion lauter und leiser Geräusche bei einem Gewitter
- Entwickeln von Möglichkeiten zur akustischen Darstellung
- Verbesserung der akustischen Wahrnehmungsfähigkeit
- Förderung der Experimentierfreude und Fantasie

Schuljahr	Gruppengröße	Vorkenntnisse	Dauer	Materialien
2.–3. Klasse	4–6 Kinder	keine	ca. 30 min.	• Materialien jeder Art (z. B. Papier, Eimer mit Wasser, Stöcke)

Durchführung

In ihren Gruppen erhalten die Schüler/innen die Aufgabe zu überlegen, wie man die Geräusche eines herannahenden Gewitters nachmachen kann. Dafür dürfen sie mithilfe ihrer Stimmen und Körper Geräusche erzeugen wie z. B.:

- die Hände aneinander reiben
- mit den Fingern schnipsen
- mit der Zunge schnalzen
- auf die Oberschenkel schlagen
- mit den Füßen stampfen

Auch können sie verschiedene Materialien zur Verklanglichung verwenden wie z. B. Papier, einen Eimer mit Wasser oder Klanginstrumente. Der Fantasie der Kinder sind hier keine Grenzen gesetzt. Anschließend stellen die Gruppen ihr herannahendes Gewitter vor.

Anmerkung

Im Rahmen dieser Aufgabenstellung müssen sich die Schüler/innen zunächst mit folgenden Fragestellungen auseinandersetzen:

- Welche Geräusche sind bei einem Gewitter zu hören?
- Welche Klangfarbe haben diese Geräusche?
- Wann sind sie laut, wann leise?

Diese Fragen münden in einen Zirkel der Konstruktion, Rekonstruktion und Dekonstruktion, indem die Schüler/innen nach eigenen klanglichen Möglichkeiten suchen und dabei immer wieder fragen: Gibt es noch andere musikalische Gestaltungsvarianten? Um eine solche Fragehaltung anzubahnen, sollten den Kindern ausreichend Materialien zum Experimentieren zur Verfügung gestellt werden.

Weiterführung

Im Klassenverband können die Schüler/innen weitere Begriffe sammeln, die Möglichkeiten für eine (Re-)Konstruktion lauter und leiser Töne in der Musik eröffnen. Beispiele hierfür sind: Wind, Wellen, Donner.

| Musik, Nr. 15 | Laut und leise | Was ist das? |

Ziel und didaktischer Kontext

- Erkennen von Materialien und deren Klängen
- Entwickeln eigener Experimente zur Klangerzeugung
- Förderung der Kreativität und Fantasie
- Verbesserung der Selbstorganisation und Eigenaktivität

Schuljahr	Gruppengröße	Vorkenntnisse	Dauer	Materialien
1.–2. Klasse	2 Kinder	keine	ca. 30 min.	Materialien jeder Art zur Klangerzeugung

Durchführung

Im Klassenraum werden an einem zentralen Ort verschiedene Materialien zur Verfügung gestellt, die zur Klangerzeugung genutzt werden können. Beispiele hierfür sind:

- Blumentöpfe
- Gläser
- Flaschen
- Schachteln
- Kochlöffel
- Blechreste
- Becher

Die Schüler/innen finden sich mit einem Partner zusammen. Ein Partner bekommt die Augen verbunden. Der andere Schüler wählt ein Material aus, mit dem er ein Geräusch erzeugt. Lässt sich das dazugehörige Material anhand des Klangs rekonstruieren?

Anmerkung

Im Rahmen dieser Aufgabenstellung werden die Schüler/innen erkennen, dass die Materialien nicht nur verschieden laut oder leise klingen, sondern dass diese auch unterschiedliche Tonhöhen haben. Darüber hinaus wird sich zeigen, dass Größenunterschiede beim Material (z. B. bei verschieden großen Blumentöpfen) dazu führen, dass ein und dasselbe Material verschiedenartig klingt.

Weiterführung

Manche Materialien, z. B. Blumentöpfe in unterschiedlicher Größe, können nach der Tonhöhe geordnet werden. Mithilfe von Gläsern, die unterschiedlich hoch mit Wasser befüllt werden, lässt sich der Aufbau der Durtonleiter rekonstruieren.

| Musik, Nr. 16 | Laut und leise | Experiment mit dem Echo |

Ziel und didaktischer Kontext

- Erzeugen eines künstlichen Echos
- (Re-)Konstruktion der Wirkungsweise eines Echos
- Erproben von Variationen in der Echowirkung
- gemeinsames Problemlösen

Schuljahr	Gruppengröße	Vorkenntnisse	Dauer	Materialien
3.–4. Klasse	2–3 Kinder	keine	ca. 25 min.	• Pappröhren • Uhr oder Wecker

Durchführung

Jede Gruppe bekommt eine Uhr oder einen Wecker zur Verfügung gestellt. Dieser wird in einer gewissen Entfernung von den Gruppenmitgliedern aufgestellt. Wie gut lässt sich das Ticken der Uhr hören? Anschließend erzeugen die Schüler/innen ein künstliches Echo, indem sie eine Pappröhre in einem Winkel von etwa 45 Grad an eine Wand halten. Eine zweite Röhre halten sie direkt neben das Ende der ersten Röhre ebenso im Winkel von 45 Grad an die Wand. Vor dem einen Ende der Pappröhre wird die Uhr platziert. Zu überprüfen ist nun: Wie gut lässt sich das Ticken der Uhr durch die zweite Röhre hören?

Abb. 17: Künstliches Echo

Anmerkung

Mit diesem Experiment rekonstruieren die Schüler/innen die Wirkungsweise eines Echos. Hier werden die Schallwellen, die beim Ticken der Uhr entstehen, gebündelt durch die Röhren weitergeleitet. So verteilt sich der Schall nicht kreuz und quer im Raum, sondern wird zielgenau zu dem an der anderen Röhre hörenden Schüler geleitet. In diesem Zusammenhang gilt es zu erkunden, wie sich die Qualität der Schallübertragung verändert, wenn

- die Pappröhren in einem größeren (kleineren) Winkel an die Wand gehalten werden,
- die Röhren deutlich kürzer (länger) sind,
- die Pappröhren dicker (dünner) sind,
- Echowirkungen mit der Stimme oder mit Instrumenten ausprobiert werden.

Weiterführung

Zur Schallübertragung lassen sich weitere Versuche durchführen wie z. B. das Erstellen eines Fadentelefons oder das Erproben der Schallübertragung im Wasser mit einem Wecker (in eine Plastiktüte eingepackt) und einem Trichter.

| Musik, Nr. 17 | Laut und leise | Klang-Memory |

Ziel und didaktischer Kontext

- Erstellen eines Klang-Memorys
- Auseinandersetzen mit den Besonderheiten der Füllmaterialien
- Zuordnen gleich klingender Paare
- gemeinsames Problemlösen

Schuljahr	Gruppengröße	Vorkenntnisse	Dauer	Materialien
2.–3. Klasse	3–5 Kinder	keine	ca. 35 min.	• Filmdosen oder kleine Plastikbecher • Materialien zum Befüllen

Durchführung

In ihren Gruppen stellen die Schüler/innen ein Klang-Memory her. Dazu befüllen sie jeweils zwei Filmdosen mit demselben Material wie z. B.:

- Münzen
- Knöpfe
- Reis, Linsen, Nudeln, Nüsse oder Rosinen
- Büroklammern
- Muggelsteine oder Kieselsteinchen
- Knete

Anschließend tauschen die Gruppen ihre Klang-Memorys aus.

- Gelingt es den Kindern, die zusammengehörenden Paare zu finden?
- Welche Probleme ergeben sich dabei?
- Wie lassen sich diese Probleme vermeiden?

Anmerkung

Auf der Unterseite der Filmdosen kann ein Zeichen angebracht werden, aus dem der Inhalt der Dosen hervorgeht. So können die Gruppen selbstständig kontrollieren, ob sie die passenden Paare rekonstruieren konnten. Grundlegend sind dabei folgende Fragestellungen:

- Welche Materialien erzeugen ein ähnliches Klangbild?
- Was gibt es für Möglichkeiten, um diese Materialien akustisch unterscheidbar zu gestalten?
- Gibt es noch andere Optionen, um eine Verwechslung der zusammengehörenden Klangpaare zu vermeiden?
- Was ändert sich am Klangbild, wenn man verschiedene Materialien mischt?

Weiterführung

Nach und nach wird es den Kindern beim Spielen mit ihrem Klang-Memory gelingen, die jeweiligen Inhalte der Filmdosen am Klang zu rekonstruieren.

| Musik, Nr. 18 | Laut und leise | Der Maulwurf |

Ziel und didaktischer Kontext

- Auseinandersetzen mit dem Gedicht »Der Maulwurf«
- Sprechen des Textes mit unterschiedlichen Lautstärken
- Rollenverteilung unter den Partner/innen
- Verbesserung der Selbstorganisation und Eigenaktivität

Schuljahr	Gruppengröße	Vorkenntnisse	Dauer	Materialien
4. Klasse	2 Kinder	gute Lesefähigkeit	ca. 30 min.	keine

Durchführung

Das nebenstehende Gedicht von Wilhelm Busch wird an die Schüler/innen verteilt. Aufgabe ist es, den Text mit unterschiedlichen Lautstärken zu sprechen. Dabei sollte auf solche Passagen geachtet werden wie z. B. »leise, leise, leise«, »Schnaräng!!« oder »Da tönt ihm in das Ohr ein Bettelmusikantenchor«. Den Text lesen die Schüler/innen ihrem Partner vor und variieren dabei die Lautstärke.

- Welche Variationen sind denkbar?
- Welche Möglichkeiten gibt es, den Text in verteilten Rollen zu lesen?

Anmerkung

Der Maulwurf (W. Busch)

In seinem Garten freudevoll
geht hier ein Gärtner namens Knoll.
Doch seine Freudigkeit vergeht.
Ein Maulwurf wühlt im Pflanzenbeet.
Schnell eilt er fort und holt die Hacke,
dass er den schwarzen Wühler packe.
Aha! Schon hebt sich was im Beet,
und Knoll erhebt sein Jagdgerät.
Schwupp! Da – und Knoll verfehlt das Ziel.
Die Hacke trennt sich von dem Stiel.
Das Instrument ist schnell geheilt;
Ein Nagel wird hineingekeilt.
Nun, Alter, sei gescheit und weise,
und mache leise, leise, leise!
Schnaräng!! – Da tönt ihm in das Ohr
ein Bettelmusikantenchor.
Musik wird oft nicht schön gefunden,
weil sie stets mit Geräusch verbunden.
Kaum ist's vorbei mit dem Trara,
So ist der Wühler wieder da.

Weiterführung

In einer Fortführung dieser Aufgabenstellung kann das Gedicht in Gruppen von 4 bis 6 Kindern vorgetragen werden. Nun müssen die Gruppenmitglieder überlegen, wer welche Zeile liest und ob diese laut oder leise gesprochen werden soll.

5.4 Elementarinstrumente: Erschließen musikalischer Gesetzmäßigkeiten

In diesem Abschnitt werden Möglichkeiten der Klangerzeugung mittels Elementarinstrumenten vorgestellt. Hier wird anhand ausgewählter Beispiele exemplifiziert, wie Töne in verschiedenen Klangfarben erzeugt werden können, wie es kommt, dass manche Töne hoch, andere tief klingen und mit welchen Möglichkeiten man die Tonhöhe an den einzelnen Instrumenten beeinflussen kann. Dabei wird sich zeigen, dass sich die Töne mithilfe einfacher Mittel verändern lassen. So reicht es z. B. bei der »Kistengitarre« aus, anstelle eines breiten Gummibandes ein schmales zu benutzen, um die Tonhöhe zu modifizieren. Allerdings wird sich beim Experimentieren mit dem Instrument auch zeigen, dass ein schmales Gummiband nicht zwingend höher klingen muss als ein breiteres. Wenn das schmale Band nicht straff genug gespannt ist, kann die Klanghöhe tiefer liegen als bei einem breiteren, straff gespannten Gummiband. Auf der Grundlage solcher und ähnlicher Erfahrungen erkunden die Schüler/innen die Wirkungsweise der von ihnen gebauten Musikinstrumente. Im Einzelnen werden hier folgende Instrumente in ihren Besonderheiten und Möglichkeiten dargestellt:

- Summkamm (1.–2. Schuljahr)
- Kistengitarre (2.–3. Schuljahr)
- Kronkorkenkranz (3.–4. Schuljahr)
- Glockenspiel (1.–2. Schuljahr)
- Regenmacher (2.–4. Schuljahr)
- Kastagnetten (1.–2. Schuljahr)
- Panflöte (3.–4. Schuljahr)
- Quietschorgel (2.–3. Schuljahr)

Für die Herstellung dieser Elementarinstrumente sind keine spezifischen Vorkenntnisse der Schüler/innen notwendig. Jeder dieser Vorschläge lässt sich unabhängig von einer Unterrichtseinheit und ohne größere Vorbereitungen im Grundschulunterricht umsetzen. So werden beispielsweise zur Konstruktion des »Summkamms« lediglich ein Kamm und etwas Seidenpapier benötigt. Die Herstellung ist denkbar einfach: Das Seidenpapier wird um den Kamm gewickelt. Die Kammzähne weisen dabei nach unten. Hält der Schüler nun die Kammzähne an seine Lippen und beginnt zu summen, so klingen die Summtöne anders als normal.

Beim Experimentieren mit diesem Instrument erfahren die Schüler/innen, dass das Seidenpapier durch das Summen zu vibrieren beginnt und dass diese Bewegungen des Papiers den eigenen Summtönen eine ganz neue Klangfarbe verleihen. Implizit verstehen die Kinder damit, dass die Schallwellen, die auf das Seidenpapier treffen, dieses zum Schwingen bringen und hierdurch die Summtöne verändert werden.

Zu solchen Prozessen der Konstruktion, Rekonstruktion und Dekonstruktion regt auch die Herstellung der Instrumente »Kronkorkenkranz«, »Glockenspiel« und »Regenmacher« an. Im Rahmen dieser Praxisbeispiele erfahren die Kinder, wie sich Töne, Klänge und Geräusche mithilfe alltäglicher Gegenstände erzeugen lassen. Einmal genügen einfache Kronkorken, etwas Draht sowie ein Stück Holz, um einen Schellenkranz zu erstellen. Ein andermal reichen ein Drahtbügel, mehrere Nägel und etwas Faden, um daraus ein Glockenspiel entstehen zu lassen. Schließlich werden zur Herstellung des Regenmachers eine Papprolle, einige Nägel sowie etwas Reis benötigt. Diese Materialien sind den Kindern aus ihrem Alltag bekannt. Im Zusammenhang mit den hier vorgestellten Verwendungsmöglichkeiten erlangen sie jedoch eine ganz neue Dimension: Sie werden in ungewohnter Weise miteinander kombiniert, wodurch sich die akustischen und musikalischen Möglichkeiten der Materialien erschließen. So wird ein lange bekannter Alltagsgegenstand plötzlich zum Musikinstrument.

Eindrucksvoll gelingt diese Umwandlung auch im Rahmen des Experimentierens mit »Kastagnetten«, mit einer »Panflöte« oder im Rahmen der Konstruktion einer »Quietschorgel«. Vor allem das Praxisbeispiel der »Quietschorgel« verdeutlicht, mit welch einfachen Mitteln sich faszinierende Momente der Verfremdung herbeiführen lassen. Hier werden ein Plastikbecher, ein Faden, ein Stück Holz und ein Papiertaschentuch verwendet, um quietschende Töne zu erzeugen. Dass sich dieses Instrument, das faszinierende Variationen in Lautstärke und Klang zulässt, nur mit einem feuchten Taschentuch spielen lässt, werden die Kinder im Rahmen ihrer Experimente selbst herausfinden. Bei allen hier vorgestellten Praxisbeispielen geht es nicht darum, die klassischen Musikinstrumente möglichst exakt zu kopieren, sondern die Schüler/innen sollen beim Ausprobieren und Experimentieren zur Realisierung eigener musikalischer Ideen gelangen.

| Musik, Nr. 19 | Elementarinstrumente | Summkamm |

Ziel und didaktischer Kontext

- Erstellen eines Summkamms
- Erproben der Möglichkeiten im Umgang mit dem Instrument
- Erfahren der Schallübertragung auf das Seidenpapier
- Förderung der musikalischen Experimentierfreude

Schuljahr	Gruppengröße	Vorkenntnisse	Dauer	Materialien
1.–2. Klasse	1 Kind	keine	ca. 25 min.	• Kamm • Seidenpapier • Schere

Durchführung

Jeder Schüler bringt von zu Hause einen Taschenkamm mit und erhält etwas Seidenpapier. Mit dem Seidenpapier umwickeln die Schüler/innen ihren Kamm. Die Zähne des Kammes zeigen dabei nach unten. Aufgabe ist es herauszufinden, wie man mit diesem Instrument Töne erzeugen kann. Zu fragen ist:

- Wann klingen die Töne hoch, wann tief?
- Wie kann man laute Töne erzeugen?
- Wie gelingen leise Töne?
- Wie klingt es, wenn man in den Kamm hinein spricht?
- Wie ist dies zu erklären?

Anmerkung

Der Summkamm funktioniert am besten, wenn die Schüler/innen die Kammzähne gegen ihre Lippen halten und dabei summen. Entsprechend der Lautstärke und Tonhöhe des Summens werden laute oder leise, hohe oder tiefe Töne erzeugt. Der Summkamm funktioniert ähnlich wie die Stimmbänder der Kinder, da das Seidenpapier durch das Blasen zu vibrieren beginnt. Sozusagen treffen die Schallwellen des Summens auf das Papier und erzeugen hier eine Schwingung. Diese Vibration verleiht dem Summton eine veränderte Klangfarbe.

Weiterführung

Mithilfe des Summkamms können die Schüler/innen Melodien spielen. Zu Beginn sollten hierfür bekannte Kinderlieder ausgewählt werden. Später können die Schüler/innen auch kleine Lieder nach Noten mit ihrem Summkamm spielen.

| Musik, Nr. 20 | Elementarinstrumente | Kistengitarre |

Ziel und didaktischer Kontext

- Konstruktion einer Kistengitarre
- Erzeugen unterschiedlicher Tonhöhen
- Anordnen der Gummibänder entsprechend der Tonhöhe
- Förderung der musikalischen Experimentierfreude

Schuljahr	Gruppengröße	Vorkenntnisse	Dauer	Materialien
2.–3. Klasse	2–3 Kinder	keine	ca. 25 min.	• Schuhkarton • Schachteln • Gummibänder in unterschiedlichen Stärken

Durchführung

Die Kinder bekommen in ihren Gruppen verschiedene Materialien zur Verfügung gestellt, aus denen sie eine Kistengitarre bauen sollen. Dafür sind neben einem Schuhkarton oder anderen Schachteln vor allem Gummibänder in unterschiedlichen Stärken notwendig. Die Gruppen überlegen, wie sie aus diesen Materialien eine Gitarre herstellen können. Im spielerischen Ausprobieren werden sie feststellen, dass die Gummibänder Töne erzeugen, wenn sie über die Schachtel gezogen und dann angezupft werden. Darüber hinaus lässt sich beim Experimentieren erfahren, dass die Töne unterschiedlich klingen, je nachdem, welche Breite das Gummiband hat. Die Kistengitarren werden anschließend in der Großgruppe vorgestellt.

Anmerkung

Um eine Kistengitarre herzustellen, ziehen die Kinder mehrere Gummibänder über einen Schuhkarton oder eine Schachtel. Entsprechend der Breite der Gummis klingen die Töne verschieden: Das breiteste Gummiband erzeugt einen sehr tiefen Ton, das schmalste einen sehr hohen. Auch hängt die Tonhöhe davon ab, wie straff ein Gummiband gespannt ist. So kann ein breites, straff gespanntes Band höher klingen als ein schmales, weniger straff gespanntes. Entsprechend ihrer Tonhöhe lassen sich die Gummibänder auf der Kistengitarre anordnen. So entsteht eine Art Tonleiter, die vom höchsten zum niedrigsten Ton gespielt werden kann.

Weiterführung

Mit den Kistengitarren können die Kinder ein Lied spielen. Dies kann ein vorgegebenes oder frei erfundenes Lied sein.

| Musik, Nr. 21 | Elementarinstrumente | Kronkorkenkranz |

Ziel und didaktischer Kontext

- Konstruktion eines Schellenkranzes aus Kronkorken
- Erproben verschiedener Möglichkeiten zur Herstellung
- Vergleichen des Klangs unterschiedlicher Schellenkränze
- Förderung der musikalischen Experimentierfreude

Schuljahr	Gruppengröße	Vorkenntnisse	Dauer	Materialien
3.–4. Klasse	2–3 Kinder	keine	ca. 35 min.	• Kronkorken • Draht • Holzstäbe • Nägel • Hammer

Durchführung

In ihren Gruppen erhalten die Kinder mehrere Kronkorken, Draht, Holzstäbe, Nägel und Hammer. Aufgabe ist es, aus diesen Dingen ein Instrument herzustellen. Dazu gilt es zu fragen:

- Wie lässt sich mithilfe dieser Materialien ein Klang erzeugen?
- Wie können die Materialien miteinander kombiniert werden, um daraus ein Instrument zu erstellen?
- Gibt es auch noch andere Möglichkeiten?
- Probiert eure Ideen aus und überprüft, wie sich die Klänge der einzelnen Konstruktionen voneinander unterscheiden.
- Wie lässt sich dies begründen?

Zum Abschluss stellen die Kinder ihre Instrumente im Sitzkreis vor.

Anmerkung

Aus den zur Verfügung gestellten Materialien lässt sich ein Schellenkranz erstellen, indem die Kronkorken zunächst in der Mitte mit einem Loch versehen werden. Hierzu können Hammer und Nagel verwendet werden. Anschließend werden die Kronkorken auf den Draht aufgefädelt. Der Draht wird leicht gebogen, sodass beide Enden des Drahtes an einem Holzstab befestigt werden können. Der Holzstab dient als Griff zum Festhalten.

Abb. 18: Kronkorkenkranz

Weiterführung

Beim Experimentieren mit dem Instrument werden die Kinder feststellen, dass manche Schellenkränze lauter, andere weniger laut klingen. Wie lässt sich dies erklären? In einer Reflexion kann herausgearbeitet werden, dass der Schellenkranz dann besonders gut zu hören ist, wenn die Kronkorken nicht zu eng nebeneinander platziert werden.

| Musik, Nr. 22 | Elementarinstrumente | Glockenspiel |

Ziel und didaktischer Kontext

- Herstellen eines Glockenspiels
- Erproben von Klangvariationen mit unterschiedlichen Nägeln
- Vergleichen verschiedenartiger Glockenspiele
- Förderung der musikalischen Experimentierfreude

Schuljahr	Gruppengröße	Vorkenntnisse	Dauer	Materialien
1.–2. Klasse	1–2 Kinder	keine	ca. 30 min.	• Drahtbügel • unterschiedliche Nägel • Faden

Durchführung

Als Material zum Bau eines Glockenspiels stehen den Kindern ein Drahtbügel, mehrere Nägel in unterschiedlichen Größen sowie etwas Faden zur Verfügung. Die Schüler/innen schneiden den Faden in mehrere Stücke und knoten an das eine Ende des Fadens einen Nagel. Das andere Ende befestigen sie an dem Kleiderbügel. So hängen von dem Drahtbügel zahlreiche Nägel herab, die gegeneinander stoßen, wenn man den Bügel bewegt. Folgende Fragestellungen lassen sich im Rahmen der Herstellung diskutieren:

- Wie klingen die Nägel, wenn man diese in der Hand hält und die Hand schüttelt?
- Wie verändert sich der Klang, wenn man die Nägel z. B. in einen leeren Behälter gibt und diesen bewegt?
- Wie klingt im Vergleich hierzu das Glockenspiel?
- Wie lässt sich dies begründen?

Anmerkung

Wenn das Glockenspiel bewegt wird, stoßen die Nägel aneinander und erzeugen einen Klang. Es wird sich zeigen, dass die Klanghöhe differiert, je nachdem, aus welchem Material die Nägel hergestellt wurden, wie lang diese sind und welche Form sie haben.

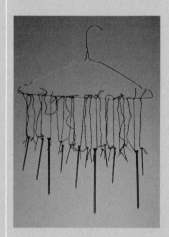

Abb. 19: Glockenspiel aus Drahtbügel und Nägeln

Weiterführung

In einer Fortführung dieser Aufgabenstellung können sich die Kinder Gedanken dazu machen, aus welchen anderen Materialien sich ein Glockenspiel herstellen ließe. Welche Materialien bieten sich hierfür an? Warum erscheinen diese Materialien geeignet?

| Musik, Nr. 23 | Elementarinstrumente | Regenmacher |

Ziel und didaktischer Kontext

- Erstellen eines Regenmachers
- Vergleichen der Klänge mit unterschiedlichen Füllmaterialien
- Umgang mit dem Instrument
- Förderung der musikalischen Experimentierfreude

Schuljahr	Gruppengröße	Vorkenntnisse	Dauer	Materialien
2.–4. Klasse	1–2 Kinder	keine	ca. 35 min.	• Papprollen • unterschiedliche Nägel • Reis oder Linsen

Durchführung

Vor dem Hintergrund der zur Verfügung gestellten Materialien überlegen die Schüler/innen, wie sich ein Instrument hieraus herstellen lässt. Zu diskutieren ist:

- Wie gelingt es, einen Klang mithilfe dieser Materialien zu erzeugen?
- Wie klingt das Instrument, wenn sich die Nägel lose in dem Klangkörper befinden?
- Wie funktioniert eine Konstruktion mit fest fixierten Nägeln?
- Welche Rolle spielt hierbei der Reis?
- Warum unterscheiden sich manche Regenmacher klanglich voneinander?
- Wie klingt der Regenmacher, wenn die Nägel in Spiralen befestigt werden?
- Wie hört er sich an, wenn die Nägel kreisförmig in der Pappolle angebracht werden?

Anmerkung

Um einen Regenmacher herzustellen, werden von außen Nägel in das Papprohr gedrückt. Füllt man nun Reis oder Ähnliches in das Rohr und dreht dieses um, so springen die Körner im Innern des Rohres gewissermaßen von Nagel zu Nagel. Hierdurch werden Klänge hörbar. Befinden sich zahlreiche Nägel in dem Papprohr, so klingen die Geräusche wie ein Regenschauer.

Zum Bau eines solchen Regenmachers eignen sich Papphören, in denen beispielsweise Chips aufbewahrt werden. Dieses Verpackungsmaterial ist auf der einen Seite fest verschlossen und kann auf der anderen Seite mittels eines Plastikdeckels zugemacht werden.

Weiterführung

In einer Fortführung dieser Aufgabenstellung lässt sich der historische Hintergrund eines Regenmachers erläutern. Zu fragen ist: Aus welchem Land stammt dieses Instrument? Zu welchen Anlässen wird oder wurde es eingesetzt? Welchem unserer Instrumente ähnelt es?

| **Musik, Nr. 24** | **Elementarinstrumente** | **Kastagnetten** |

Ziel und didaktischer Kontext

- Herstellen von Kastagnetten
- Entdecken von Möglichkeiten im Umgang mit dem Instrument
- Auseinandersetzen mit dem kulturellen Hintergrund
- Förderung der musikalischen Experimentierfreude

Schuljahr	Gruppengröße	Vorkenntnisse	Dauer	Materialien
1.–2. Klasse	1 Kind	keine	ca. 30 min.	• Walnussschalen • Stock • Stoffband • Klebstoff • Schere

Durchführung

Aus dem zur Verfügung gestellten Material erstellen die Kinder eine Art Kastagnetten. Dafür halbieren sie eine Walnuss, entnehmen die Nuss und setzen die zwei Schalenhälften wieder zusammen. Zwischen die zwei Nussschalen legen die Kinder ein Stoffband. Auf diesem werden die Schalen festgeklebt. Insgesamt werden auf diese Weise drei oder vier Stoffbänder hergestellt, deren Enden an einem Holzstab befestigt werden. Dreht man nun den Stab hin und her, stoßen die Nüsse gegeneinander und erzeugen einen Ton.

Anmerkung

Durch das Zusammenschlagen zweier Hohlkörper erzeugen die Kastagnetten einen Klang. Die Schüler können nun eruieren, bei welcher Konstruktionsvariante die Kastagnetten besonders gut klingen und wann man sie nur schlecht hört. Als Beispiel sei hier auf folgende von Schüler/innen erstellte Variante verwiesen.

Abb. 20: Kastagnetten aus Walnussschalen

Weiterführung

Im Rahmen einer Fortführung kann den Kindern spanische Musik vorgespielt werden. Dabei gilt es, den Klang von Kastagnetten zu erkennen. Auch bietet es sich an, Bilder oder Filme von Flamenco-Tänzern vorzustellen, um vor diesem Hintergrund Anwendungsmöglichkeiten des Instruments aufzuzeigen.

| Musik, Nr. 25 | Elementarinstrumente | Panflöte |

Ziel und didaktischer Kontext

- (Re-)Konstruktion einer Panflöte
- Erproben von Variationen in den Tonhöhen
- Vergleichen der selbst gebastelten Panflöte mit einer echten Panflöte oder einem Xylofon
- Umgang mit dem Instrument

Schuljahr	Gruppengröße	Vorkenntnisse	Dauer	Materialien
3.–4. Klasse	1 Kind	keine	ca. 30 min.	• Strohhalme • Teelicht • Schere • Klebestreifen

Durchführung

Aus Strohhalmen eine Panflöte zu erstellen erscheint auf den ersten Blick ein schwieriges Unterfangen:

- Wie kann dies gelingen?
- Wie lässt sich mithilfe eines Strohhalms ein Ton erzeugen?
- Gelingt dies auch in unterschiedlichen Tonhöhen?

Als zusätzliches Material wird den Kindern ein Teelicht zur Verfügung gestellt, dessen Wachs geschmolzen ist. Mithilfe des Wachses lassen sich die Strohhalme auf der einen Seite verschließen. Vorgaben für die Länge der einzelnen Halme werden den Kindern bewusst nicht gemacht. Sie sollen im spielerischen Ausprobieren erfahren, dass das Pusten in einen kürzeren Halm höher, in einen längeren Halm tiefer klingt.

Anmerkung

Werden die Strohhalme mittels Wachs auf der einen Seite verschlossen, kann man durch Pusten in das andere Ende des Halms einen Ton erzeugen. Eine Panflöte lässt sich erstellen, indem mehrere solcher Strohhalme miteinander fixiert werden. Besonders gut klingt die Panflöte, wenn die nebeneinander liegenden Strohhalme schrittweise kürzer werden.

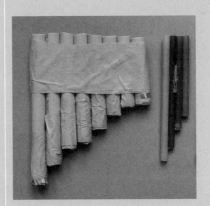

Abb. 21: Panflöte aus Strohhalmen

Weiterführung

Um die genauen Tonhöhen der selbst gebauten Panflöte bestimmen zu können, wird den Kindern ein Xylofon oder eine echte Panflöte zur Verfügung gestellt. Gelingt es, gleich klingende Tonhöhen auf dem Xylofon und der selbst gebastelten Panflöte zu finden?

| Musik, Nr. 26 | Elementarinstrumente | Quietschorgel |

Ziel und didaktischer Kontext

- Herstellen einer Quietschorgel
- Erforschen der Möglichkeiten zur Klangerzeugung
- Vergleichen der Klänge mit bekannten Geräuschen
- Förderung der Experimentierfreude

Schuljahr	Gruppengröße	Vorkenntnisse	Dauer	Materialien
2.–3. Klasse	2 Kinder	keine	ca. 30 min.	• Plastikbecher • Baumwollfaden • Nagel • kleiner Stock • Papiertuch

Durchführung

In den Boden des Plastikbechers bohren die Kinder ein Loch. Durch dieses Loch schieben sie einen Faden und knoten das obere Ende des Fadens um einen kleinen Stock. Den Faden kann man nun nach unten ziehen, wobei der Stock verhindert, dass dieser durch das Loch hindurchrutscht. Die Kinder erhalten jetzt ein feuchtes Papiertaschentuch und es wird gefragt:

- Wie gelingt es, mithilfe des Papiertaschentuchs dem Instrument ein Geräusch zu entlocken?
- Wie kann man dies erklären?
- Welche Möglichkeiten gibt es, um den Klang zu variieren?

Anmerkung

Beim spielerischen Ausprobieren werden die Schüler/innen entdecken, dass ein lautes Geräusch ertönt, wenn man das feuchte Papiertaschentuch um den Faden wickelt, dieses fest zusammendrückt und am Faden nach unten zieht. Zu begründen ist dies durch die Schallübertragung vom Faden auf den Stock und von dort wiederum auf den Becher. Dieser fungiert wie eine Art Megafon.

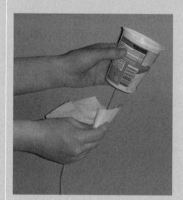

Abb. 22: Quietschorgel

Weiterführung

Im Anschluss kann man ausprobieren, ob die Quietschorgeln der Kinder verschiedenartig klingen, wenn man unterschiedlich dicke/dünne Fäden verwendet. Auch können die Schüler/innen überlegen, mit welchen realen Geräuschen die mit diesem Instrument erzeugten Töne vergleichbar sind.

6. Konstruktionsprozesse im Kunstunterricht

Aus dem Aufgabengebiet der ästhetischen Bildung, in dem »Künste, sinnliche Wahrnehmung und Erkenntnis« (Aissen-Crewett 2000, S. 3) untrennbar zusammengehören, wird hier der Lernbereich Kunst herausgenommen. Dieser Lernbereich zeichnet sich durch die Zielsetzung aus, die sinnliche Wahrnehmungs- und Erlebnisfähigkeit zu stärken und den ästhetischen Gestaltungswillen der Kinder zu wecken. Darunter werden solche Aspekte subsumiert wie die ästhetische Erziehung und Bildung, die bewusste ästhetische Erfahrung sowie die ästhetischen Standards. Mit der Frage, was Ästhetik ist, beschäftigen sich seit der Antike Wissenschaftler verschiedener Fachrichtungen. In der weitesten Bedeutung bezeichnet Ästhetik die Lehre von der Wahrnehmung und der Sinnlichkeit. Sie wird als solche, etwa bei Alexander G. Baumgarten oder Immanuel Kant, der Logik gegenübergestellt. Baumgarten, der Begründer der Ästhetik als Wissenschaft, greift auf die ursprüngliche Bedeutung von Ästhetik zurück, so wie sie im antiken Griechenland von Aristoteles unter dem Begriff »aisthesis« geprägt wurde. Demzufolge bezieht sich die Ästhetik ohne Unterschied auf das Wahrnehmen und das Empfinden.

Den Ästhetikbegriff Baumgartens greift Kant in seiner Schrift »Kritik der reinen Vernunft« auf. Auch Kant verwendet den Begriff »Ästhetik« zunächst in seiner ursprünglichen Bedeutung der »aisthesis«. Mit seinem Werk »Kritik der Urteilskraft« gestaltet er das Ästhetikkonzept jedoch grundlegend um. Durch die Dimension des »ästhetischen Urteils« erfährt der Begriff »Ästhetik« eine Erhöhung zur »Urteilsästhetik« und weist mithin folgende Ebenen auf: eine kognitive (die Wahrnehmung), eine emotive (die Empfindung) und die des ästhetischen Urteils. Damit bezieht sich Kant nicht mehr nur auf das Schöne und Erhabene, sondern er nimmt zugleich Bezug auf die ästhetischen Erlebnisse, die während der Rezeption von Kunstwerken und Kunst gemacht werden. Grundlegend für die Diskussion zur ästhetischen Bildung und Erziehung sind neben den Ausführungen Kants vor allem Friedrich Schillers (1962) »Schriften zur ästhetischen Erziehung«. Schiller ist der Erste, der die ästhetische Erziehung in ihrer zentralen Bedeutung für die Entwicklung des Menschen beschreibt und sie zum Bildungsziel ernennt. Anknüpfend an Kants »Theorie der Ästhetik« fordert Schiller eine Kultivierung und Moralisierung des Individuums durch die Kunst bzw. durch die Partizipation der Gesellschaft an Kunst und Kultur (Bering 2006, S. 38 f.).

Zusammenfassend lässt sich festhalten, dass die ästhetische Bildung und Erziehung über die Bereiche der Kunst und Kunsterfahrung hinausgehen. Nach Meike Aissen-Crewett (1987, S. 60) ist der Bezugspunkt ästhetischer Erziehung in all dem zu suchen, was ästhetische Qualität besitzt, und dies schließt immer auch die Wahrnehmungsfähigkeit und die sinnliche Erkenntnis mit ein. Dieser Gedanke ist grundlegend für die nun folgenden Ausführungen zu einer konstruktivistischen Gestaltung des Kunstunterrichts, denn Kunst, sinnliche Wahrnehmung und Erkenntnis stehen in einer solch engen Verbindung zueinander, dass nicht zwischen Kunst und Erkenntnis differenziert werden darf. Beide gehören unweigerlich zusammen. Unter diesem Blickwinkel werden in den nun folgenden Abschnitten die Themenbereiche »Ich und andere«, »Natur und Umwelt«, »Geschichten, Märchen, Comics« sowie »Verkleidung und Schmuck« anhand von zahlreichen Praxisbeispielen vorgestellt.

6.1 Ich und andere: Spiel der Möglichkeiten

Der Themenbereich »Ich und andere« ermöglicht die Darstellung von »individuellen Lebenszusammenhängen und Befindlichkeiten, Erfahrungen und Wünschen und fördert damit den Ausdruck der eigenen Identität« (Hessisches Kultusministerium 1995, S. 184). Die im Nachfolgenden explizierten Unterrichtsbeispiele eröffnen den Schüler/innen die Möglichkeit, andere Wirklichkeiten herzustellen und diese durch das eigene Spiel zu konstituieren. So kann der Schüler beispielsweise im Rahmen des Praxisbeispiels »Schattenspiel« verschiedene Charaktere annehmen, die seiner eigenen Gesinnung ähnlich sind, und Figuren auswählen, die ihm bekannt sind. Er kann aber auch einen Zugang zu Charakteren entdecken, die gänzlich von seiner eigenen Gesinnung abweichen, und kann so Identitäten darstellen, die er in seinem eigenen Leben in dieser Form noch nicht erfahren hat. An dieser Schnittstelle zeigt sich, dass »Theater und Literatur« ein solches »Erproben von anderen Identitäten und Lebensformen ermöglichen« (Renk 1997, S. 43).

Ein Kind, das im Theater andere Rollen ausprobiert und sich dabei in einer anderen Wirklichkeit befindet, an einem anderen Ort oder in einer anderen Zeit, spielt mit der Option, auch eine andere Person sein zu können als diejenige, die es momentan gerade ist. Im Schattentheater kann der Schüler all das ausprobieren, was real möglich ist, aber auch all jenes, was in der Realität nicht machbar ist. Winfried Stankewitz (1997, S. 92) sieht das Theater deshalb als ein »Spiel der Möglichkeiten. Das reale Leben verlangt jedem Menschen Entscheidungen ab, welche die große Zahl der Lebensmöglichkeiten zunehmend einschränken. Im Spiel hat der Mensch jedoch wieder alle Möglichkeiten, die er real nicht mehr besitzt, oder auch jene, die er nie besaß. Man kann im Spiel also nicht nur die eigenen Lebensentscheidungen wieder aufheben, sondern man kann sich auch die andere Geschlechtszugehörigkeit oder ein anderes Lebensalter erspielen, und man kann sogar die Weichenstellung der Natur zum Menschen hin relativieren, indem man dem Leben von Tieren und Pflanzen im Spiel nachspürt«. Ein solches Spiel mit den Möglichkeiten lässt sich anhand der nachfolgend aufgeführten Praxisbeispiele zum Themenbereich »Ich und andere« anstoßen:

- Knopfkünstler (1.–2. Schuljahr)
- 2 Hände, 1 Stift (1.–2. Schuljahr)
- Familienwappen (2.–3. Schuljahr)
- Spiegel des Klassenlebens (2.–3. Schuljahr)
- Schattenspiel (3.–4. Schuljahr)
- Der blinde Zeichner (3.–4. Schuljahr)

Die Möglichkeiten zum spielerischen Ausprobieren und Experimentieren sind im Rahmen dieser Aufgabenstellungen vielfältig. So fordert das Praxisbeispiel »Knopfkünstler« die Schüler/innen dazu heraus, anhand von zufällig auf einem Blatt verteilten Knöpfen eine Zeichnung zu erstellen. Aufgabe ist es dabei, die von den Knöpfen gezeichneten Umrisse in das Bild zu integrieren. Im Rahmen des Praxisbeispiels »Familienwappen« kreieren die Schüler/innen in Kleingruppen ihr eigenes Wappen. Der Kreativität und Fantasie der Kinder sind hier keine Grenzen gesetzt: Im Wappen lassen sich die Hobbys der Kinder verarbeiten, deren Haustiere, Lieblingsfächer oder sogar das Lieblingsgericht können in das Familienwappen mit einbezogen werden. Die Offenheit dieser Aufgabenstellung lässt vielfältige Lösungsvarianten zu, und insofern gibt es auch keine richtige oder falsche Lösung. Jedes Familienwappen ist in seiner Gestaltung einzigartig und eröffnet den Kindern Möglichkeiten zur eigenen künstlerischen Konstruktionsarbeit. Wichtig dabei ist, dass die konstruktiven Gestaltungsideen der Schüler/innen anerkannt und als Möglichkeiten einer Wirklichkeitskonstruktion akzeptiert werden.

Auch im Rahmen der Aufgabe »Spiegel des Klassenlebens« werden die Schüler/innen zum Spiel mit den Möglichkeiten herausgefordert. Hier fotografieren die Kinder zunächst verschiedene Motive aus dem Klassenraum, seien dies Personen, das Mobiliar, die Tafel oder die Pausenbrote. Diese Motive werden ausgedruckt, ausgeschnitten und in einer Collage neu zusammengestellt. So gelingt es, den Blickwinkel zu wechseln und bekannte Dinge aus dem Alltagsleben der Kinder in einen veränderten Kontext zu rücken. Auf diesem Wege lassen sich Verfremdungen herbeiführen, indem z. B. das Butterbrot deutlich größer ausgedruckt wird, die Tafel indes auf ein Minimum verkleinert wird. Auch im »Schattenspiel« kann alles möglich gemacht werden, Erinnerungen und Fantasien können lebendig werden, Illusionen werden für die Zeit des Spiels zur Realität, Orte werden erschaffen. Dabei sind die Kinder gleichzeitig Rollenfigur und sie selbst, da durch das Erleben eine Selbst- und Fremdwahrnehmung entstehen. Im Rahmen des Praxisbeispiels »Der blinde Zeichner« wird diese Fähigkeit zur Selbstreflexion in einer besonderen Weise angesprochen, und zwar vor dem Hintergrund der Frage: Wie kann ich jemandem helfen, der mit verbundenen Augen eine Zeichnung erstellen soll? Aufgabe ist es hier, innerhalb der Kleingruppe Möglichkeiten zum Dirigat eines »blinden« Zeichners zu entwickeln. Dabei sind die Kinder nicht nur dazu aufgefordert, mit den zur Verfügung gestellten Materialien zu experimentieren, sondern auch die Verschiedenartigkeit der in der Gruppe vorgeschlagenen Lösungsansätze zu diskutieren und im eigenen Versuch zu erproben.

| Kunst, Nr. 1 | Ich und andere | Knopfkünstler |

Ziel und didaktischer Kontext

- Erstellen eines Bildes aus vorgegebenen Kreisen
- Einbinden der Kreise in eine Zeichnung
- Entwickeln einer Zeichenidee
- Förderung der Kreativität und Fantasie

Schuljahr	Gruppengröße	Vorkenntnisse	Dauer	Materialien
1.–2. Klasse	1 Kind	keine	ca. 25 min.	• Knöpfe in unterschiedlichen Größen • Papier • Stifte

Durchführung

Jedes Kind erhält ein Blatt Papier und fünf Knöpfe. Aus geringer Höhe lassen die Kinder die Knöpfe auf ihr Papier fallen. An den Stellen, an denen die Knöpfe liegen bleiben, wird der Umriss mit einem Stift nachgemalt. Nun hat jedes Kind die Aufgabe, diese Kreise in einer Zeichnung miteinander zu verbinden. Alle Markierungen müssen in das Bild der Schüler/innen integriert werden. Sobald die Kinder mit ihrer Zeichnung fertig sind, versammelt sich die Klasse im Stuhlkreis. Die Schüler/innen präsentieren nun ihre Werke und sprechen über ihre Erfahrungen.

Anmerkung

Im Rahmen dieser Aufgabenstellung müssen die Kinder zunächst überlegen, welche Möglichkeiten sich ihnen bieten, aus der Anordnung der Knöpfe ein Bild zu erstellen. Hierzu gilt es zu fragen:

- Liegen die Knöpfe dicht nebeneinander, sodass man sie in eine zentrale Figur einbinden kann?
- Sind die Knöpfe weit voneinander entfernt platziert, sodass eine große Figur oder auch mehrere kleine Figuren daraus entstehen können?
- Sind die Knöpfe eher im oberen (unteren) Teil des Blattes angeordnet?

Mit einem Partner kann sich der Schüler darüber austauschen, welche weiteren Möglichkeiten es zur Gestaltung gibt.

Weiterführung

Die Anzahl der Knöpfe lässt sich beliebig variieren. Hier kann ein Würfel zum Einsatz kommen, der die Anzahl der zu verwendenden Knöpfe bestimmt. Ebenso kann ein Thema für das Gemälde vorgegeben werden, wie z. B. Tiere, Sommer oder Schule.

| Kunst, Nr. 2 | Ich und andere | 2 Hände, 1 Stift |

Ziel und didaktischer Kontext

- Erstellen eines gemeinsamen Bildes
- Entwickeln einer Malidee
- Förderung der Kooperation
- gemeinsames Problemlösen

Schuljahr	Gruppengröße	Vorkenntnisse	Dauer	Materialien
1.–2. Klasse	2 Kinder	keine	ca. 30 min.	• Papier • Stift

Durchführung

Zwei Kinder malen gemeinsam ein Bild. Dafür stehen ihnen ein Blatt Papier und ein Stift zur Verfügung. Beim Malen dürfen sich die Kinder nicht miteinander unterhalten. Anschließend kommen alle Schüler/innen im Stuhlkreis zusammen. Die Partner/innen präsentieren ihre Werke und sprechen über die Erfahrungen, die sie beim Erstellen des Bildes gemacht haben. Hier lassen sich Aspekte thematisieren wie z. B.:

- Wie ist es gelungen, dass die Partner mit nur einem Stift ein Bild erstellen konnten, ohne dabei zu sprechen?
- Was war das erste Detail, das auf dem Bild gezeichnet wurde?
- Wie hat sich das Bild weiterentwickelt?
- Gibt es Sichtweisen, die das Bild noch erweitern können?
- Was ändert sich, wenn man das Bild aus einem anderen Blickwinkel betrachtet?

Anmerkung

Im anschließenden Nachgespräch sollte auch die Dominanz einzelner Kinder problematisiert werden. Welche Lösungsvorschläge gibt es für dieses Problem? Zusammen mit allen Schüler/innen können hierzu mögliche Ansätze entwickelt werden. Folgende Fragestellungen sind dabei in der Gesprächsführung hilfreich:

- Welche Bedingungen müssen erfüllt sein, damit die Kooperation gut gelingt?
- Bei welchen Partner/innen hat die Zusammenarbeit bereits gut funktioniert?
- Welche Faktoren waren hierfür ausschlaggebend?
- Was ließe sich noch verbessern, um die Kooperation weiter zu optimieren?
- Gibt es noch andere Möglichkeiten?

Weiterführung

Die Partner denken sich ein Thema aus, zu dem sie mit nur einem Stift gemeinsam ein Bild malen. Allerdings wird im Vorfeld nicht besprochen, wie das Bild aussehen soll.

| Kunst, Nr. 3 | Ich und andere | Familienwappen |

Ziel und didaktischer Kontext

- Entwerfen eines eigenen Familienwappens
- Auseinandersetzen mit den Vorlieben der anderen Schüler/innen
- Erstellen eines gemeinsamen Konzepts für das Wappen
- Wechsel der Perspektive

Schuljahr	Gruppengröße	Vorkenntnisse	Dauer	Materialien
2.–3. Klasse	3–4 Kinder	keine	ca. 25 min.	• Plakatkarton • Malstifte

Durchführung

Jede Gruppe erhält folgende Aufgabe: Stellt euch vor, ihr seid eine Familie und entwerft ein Wappen, in dem sich jedes Familienmitglied wiederfinden kann. In eurem Wappen können z. B. enthalten sein:

- Tiere
- Pflanzen
- symbolische Gegenstände
- Zahlen
- Buchstaben

Auch können die Stärken der einzelnen Kinder im Wappen festgehalten werden.

Anmerkung

Im Rahmen dieser Aufgabenstellung müssen die Schüler/innen überlegen, wie sie die Interessen und Hobbys aller Gruppenmitglieder in einem Bild verankern können. Hier gilt es zu fragen:

- Wie gelingt es, die unterschiedlichen Vorlieben der Gruppenmitglieder in einem gemeinsamen Wappen darzustellen?
- Wie lassen sich die verschiedenartigen Vorschläge der Kinder im Bild miteinander verknüpfen?
- Wie würde das Wappen aussehen, wenn alle ihre Lieblingsblume oder ihr Lieblingsessen auswählen?
- Welche alternativen Möglichkeiten gibt es, um das Wappen zu gestalten?

Weiterführung

Wenn alle Gruppen ihr Familienwappen fertiggestellt haben, kann eine Ausstellung der Wappen erfolgen. Dabei sollten die verschiedenartigen Wappen als Möglichkeiten einer Wirklichkeitskonstruktion akzeptiert werden.

| Kunst, Nr. 4 | Ich und andere | Spiegel des Klassenlebens |

Ziel und didaktischer Kontext

- Erstellen einer Collage des Klassenraums
- Auswählen geeigneter Motive zum Fotografieren
- Ausschneiden der ausgedruckten Bilder
- Zusammenfügen der Ausschnitte zu einem »Spiegel des Klassenlebens«

Schuljahr	Gruppengröße	Vorkenntnisse	Dauer	Materialien
2.–3. Klasse	3–4 Kinder	keine	ca. 60 min.	• Ausdrucke von Motiven aus dem Klassenzimmer • Scheren • Plakate

Durchführung

Mit einer Digitalkamera nehmen die Kinder Motive aus dem Klassenraum auf wie z. B.:

- Personen
- Mobiliar
- Bilder
- Dekorationsmaterial
- Tür
- Tafel
- Ranzen

Die fotografierten Motive werden ausgedruckt, ausgeschnitten und in einer Collage neu zusammengefügt. Dabei können einzelne Objekte auch deutlich größer (kleiner) ausgedruckt werden.

Anmerkung

Im Rahmen dieser Aufgabe werden die Schüler/innen erfahren, dass jede Gruppe und jedes Gruppenmitglied die im Klassenraum gegebenen Zusammenhänge mit anderen Augen wahrnimmt. Für den einen steht die Tafel im Zentrum. Der andere rückt die Personen in den Mittelpunkt seiner Collage, und ein Dritter wiederum konzentriert sich auf das im Klassenraum aufgestellte Aquarium. Entsprechend unterscheiden sich die von den Gruppen erstellten Collagen, selbst wenn allen Gruppen im Vorfeld dieselben Fotos zur Verfügung gestellt wurden.

Weiterführung

Im Gespräch mit allen Schüler/innen können die Gemeinsamkeiten und Unterschiede der Collagen herausgearbeitet werden. Dabei gilt es, die interindividuellen Verschiedenheiten als Möglichkeiten einer Wirklichkeitskonstruktion zu akzeptieren.

| Kunst, Nr. 5 | Ich und andere | Schattenspiel |

Ziel und didaktischer Kontext

- Entwickeln eines eigenen Schattenspiels
- Auswählen und Anfertigen der Stabfiguren
- Erproben unterschiedlicher Darstellungsweisen mit den Figuren
- Förderung der Kreativität und Fantasie

Schuljahr	Gruppengröße	Vorkenntnisse	Dauer	Materialien
3.–4. Klasse	5–6 Kinder	erste Erfahrungen im Umgang mit einem Schattentheater	ca. 90 min.	• Pappe • Holzstäbe oder Stöcke • Bettlaken • Lampe

Durchführung

Aufgabe ist es, einen Text (Märchen, Geschichte oder Gedicht) als Schattentheater vorzuführen. Dazu liest jede Schülergruppe den Text aufmerksam. Gemeinsam überlegen die Gruppenmitglieder, was man aus der Geschichte alles in das Schattenspiel einbeziehen kann. Wichtig dabei ist, dass neben Menschen und Tieren auch Gegenstände, Pflanzen oder Naturerscheinungen dargestellt werden können.

Jedes Gruppenmitglied wählt nun eine Figur oder Sache aus und fertigt hierzu eine Stabfigur an. Dafür wird die Figur bzw. Sache auf Pappe gezeichnet, ausgeschnitten und an einem Stab befestigt. Innerhalb der Gruppe besprechen die Schüler/innen, wie ihr Schattenspiel ablaufen soll, wer welche Figur führt und wer den Text zum Spiel der Stabfiguren vorliest. Anschließend führen die Kinder ihr Schattenspiel vor, während die anderen Schülergruppen zusehen.

Anmerkung

Ein Schattentheater für Stabfiguren lässt sich mit wenig Aufwand erstellen: Zwei Kinder halten ein Bettlaken, sodass das untere Ende des Lakens den Fußboden berührt. Vor das Bettlaken wird ein umgekippter Tisch geschoben. Hinter dem Bettlaken wird eine Lichtquelle installiert, deren Lichtstrahl auf das Laken fällt. Die Kinder einer Gruppe verbergen sich hinter dem Tisch. Ihre Stabfiguren bewegen sie hinter dem Laken, während ein Schüler der Gruppe den Text ein zweites Mal vorliest.

Abb. 23: Stabfiguren für das Schattenspiel

Weiterführung

Durch die verfremdenden Effekte des Schattenspiels werden die Experimentierfreude und die Fantasie im Rahmen dieser Aufgabenstellung besonders angesprochen.

| Kunst, Nr. 6 | Ich und andere | Der blinde Zeichner |

Ziel und didaktischer Kontext

- Erstellen eines Bildes durch einen »blinden« Zeichner
- Entwickeln von Möglichkeiten zum Dirigat des Zeichners
- konstruktive Verwendung der vorgegebenen Hilfsmittel
- gemeinsames Problemlösen

Schuljahr	Gruppengröße	Vorkenntnisse	Dauer	Materialien
3.–4. Klasse	5 Kinder	keine	ca. 30 min.	• Papier • Stifte • Schnur • Schere

Durchführung

Ein Kind in der Gruppe ist der »Zeichner«. Dieses Kind erhält ein Blatt Papier und einen Stift. Der Lehrer erklärt den Kindern nun, dass der »Zeichner« nicht sehen kann. Mit geschlossenen Augen und ohne mit seinen Partner/innen zu sprechen oder von ihnen berührt zu werden, soll er ein Bild malen, das sich die Gruppenmitglieder für ihn ausgedacht haben. Als Hilfsmittel erhält jede Gruppe mehrere Fäden. Nun gilt es, zu überlegen:

- Wie kann man dem zeichnenden Schüler die eigenen Ideen mitteilen, ohne dabei zu sprechen?
- Wie können ihm die Partner/innen helfen, das Bild zu zeichnen?
- Welche Funktion übernehmen hierbei die zur Verfügung gestellten Fäden?
- Wie lassen sich diese verwenden, um dem Zeichner die eigenen Vorstellungen vom Bild zu vermitteln?

Anmerkung

Eine Möglichkeit zur Lösung dieser Aufgabenstellung sei hier skizziert: Die Kinder können vier Schnüre am Zeichenarm des Zeichners befestigen. Vier Kinder halten jeweils ein Schnurende fest und verteilen sich um den Zeichner. Nun schließt der Zeichner seine Augen. Er muss auf das Dirigat der Schnüre reagieren, mit denen die anderen Kinder seine Zeichenhand führen.

Weiterführung

Vom Lehrer werden Bilder vorgegeben, welche die Kinder in oben genannter Gruppenarbeit zeichnen sollen.

6.2 Natur und Umwelt: Erkenntnis als Konstruktionsprozess

Entsprechend einer konstruktivistischen Vorstellung von Lernen kann man sagen, dass Erkenntnis stets als Konstruktionsprozess zu verstehen ist, als Prozess, der nicht objektiv sein kann, sondern relativ ist, da jede Wahrnehmung eine bereits konstruierte Wahrnehmung ist. Zur Verifizierung dieser Annahme ziehen Reimund Böse und Günter Schiepek (2000, S. 103) neurophysiologische Befunde heran, unter anderem Erkenntnisse zur Farbkonstanz. Demnach wird die farbliche Gestaltung von Gegenständen relativ unabhängig von der eigentlichen spektralen Zusammensetzung des reflektierten Lichts empfunden. Dies beruht zum Teil auf angeborenen Mechanismen, aber auch die Erfahrung im Umgang mit Gegenständen und Objekten ist bei der Farbwahrnehmung von Bedeutung. Farbempfindung »entsteht also nicht deshalb, weil etwa ein Farbrezeptor eine bestimmte Lichtwellenlänge codiert. Vielmehr *weist* das Gehirn den relativen Aktivitäten der Farbrezeptoren und der nachgeschalteten Zellen innerhalb des gesamten Aktivitätszustandes bestimmte Farbempfindungen *zu*« (Roth 1997, S. 119f.). Derartige Vorgänge begründen, warum es Gegenstände gibt, die ein Betrachter nicht bemerkt, obwohl diese durch einen Wechsel der Perspektive sichtbar werden.

Unter einem solchen Blickwinkel kann Wahrnehmung als Erkenntnisprozess verstanden werden, der von der momentanen Strukturierung des Nervensystems und nicht von den physikalischen Verhältnissen der Außenwelt ausgeht. Das, was wahrgenommen wird, resultiert aus einer Wechselwirkung des Nervensystems mit sich selbst, wobei die Umweltbedingungen lediglich Anreize im individuellen Konstruktionsprozess darstellen. In diesem Sinne klärt sich auch das Zitat von Foersters (2007, S. 40), dass »die Umwelt, so wie wir sie wahrnehmen, [...] unsere Erfindung« sei. Mit anderen Worten kann man sagen, dass jeder Schüler die Umwelt aufgrund seines subjektiven Erlebens und seiner internen Kriterien selbst konstruiert. Er entwickelt Bilder der Welt, deren Objektivität nicht nachgeprüft werden kann. Jede Wahrnehmung ist ein solches konstruiertes Bild, das dazu beiträgt, die Wirklichkeit zu erkennen und sich in ihr zurechtzufinden. Vor allem der Themenbereich »Natur und Umwelt« bietet mit seinen gestalterischen und experimentellen Möglichkeiten vielfältige Anlässe zu einer solchen Wirklichkeitskonstruktion. Anhand der nachfolgenden Aufgabenstellungen soll dies hier verdeutlicht werden:

- Natur-Art (1.–2. Schuljahr)
- Rindencollage (1.–2. Schuljahr)
- Mit Erde malen (2.–3. Schuljahr)
- Tannenbaum (2.–3. Schuljahr)
- Themenbaum (2.–3. Schuljahr)
- Waldsofa (3.–4. Schuljahr)
- Papier mit Wasserzeichen (3.–4. Schuljahr)

Die Praxisbeispiele »Natur-Art«, »Rindencollage« und »Mit Erde malen« gehen von dem oben zitierten Gedanken von Foersters aus, dass die vom Schüler wahrgenommene Umwelt seine Erfindung sei. Jedes Kind nimmt die Dinge und Materialien mit den Augen seines Systems persönlicher Konstrukte wahr, und es entdeckt dabei individuelle Gestaltungsmöglichkeiten. Dies führt z. B. in der Aufgabenstellung »Natur-Art« dazu, dass die Kinder unterschiedliche Wege finden, mit den zur Verfügung gestellten Naturmaterialien ein Thema auszugestalten. Dabei treten nicht nur interindividuelle Unterschiede in Bezug auf die Auswahl der verwendeten Materialien auf, sondern auch im Hinblick auf die sinnhafte Bedeutung, die dem Material zugeschrieben wird. Dieses konstruktivistische Paradigma tritt ebenso im Rahmen der Aufgabenstellung »Tannenbaum« in Erscheinung. Hier konstruieren die Kinder aus den unterschiedlichsten Materialien (z. B. Wolle, Holz, Nägel oder Wäscheklammern) einen verfremdeten »Tannenbaum«. Diese Aufgabe fordert die Abstraktionsfähigkeit der Schüler/innen in besonderem Maße.

Auch beim Erstellen eines »Themenbaums«, der auf dem Schulhof ausgewählt und entsprechend einem vorgegebenen Thema von den Schüler/innen dekoriert wird, müssen sich die Kinder mit den Möglichkeiten des zur Verfügung gestellten Materials auseinandersetzen. Sie müssen ausprobieren, in welcher Weise das Material zur Gestaltung des Themenschwerpunktes eingesetzt werden kann bzw. welche Modifikationen sich am Material vornehmen lassen, um den ausgewählten Baum themenspezifisch gestalten zu können. Auch beim Praxisbeispiel »Waldsofa« sind die Schüler/innen dazu aufgefordert, Möglichkeiten zur künstlerischen Gestaltung zu durchdenken und in der Praxis auszuprobieren. Einzig wird den Kindern hier die Vorgabe gemacht, dass man auf dem Sofa sitzen können soll und dass zur Herstellung nur Naturmaterialien verwendet werden dürfen, die auf dem Waldboden zu finden sind. Schließlich wird zum Abschluss des Themenbereichs »Natur und Umwelt« vorgestellt, wie die Kinder Papier selbst herstellen können. Im Rahmen aller hier aufgeführten Aufgabenstellungen erhalten die Schüler/innen zahlreiche Möglichkeiten zum Ausprobieren und Experimentieren.

| Kunst, Nr. 7 | Natur und Umwelt | Natur-Art |

Ziel und didaktischer Kontext

- Erstellen einer Natur-Art-Skulptur
- Verwenden von Naturmaterialien zur Herstellung
- Auswählen eines Titels zum Kunstwerk
- Förderung der Kreativität und Fantasie

Schuljahr	Gruppengröße	Vorkenntnisse	Dauer	Materialien
1.–2. Klasse	2–3 Kinder	keine	ca. 35 min.	- Naturmaterialien jeder Art

Durchführung

Aus verschiedenen Naturmaterialien (z. B. aus Laub, Gräsern, Tannenzapfen oder Steinen) sollen die Schüler/innen eine Skulptur erstellen. Dazu dürfen sie nur Materialien verwenden, die natürlichen Ursprungs sind. Beispielsweise lassen sich Blätter in einem Astloch so anordnen, dass es wie ein Wasserfall aussieht. Sand, Erde, Moos und Rindenstücke können in Form eines Regenbogens zusammengestellt werden. Aufgabe ist es dabei, die Naturmaterialien so zu kombinieren, dass daraus eine Skulptur entsteht. Ihrem Kunstwerk geben die Kinder anschließend einen Namen.

Anmerkung

Im Rahmen dieser Aufgabenstellung kann ein Thema vorgegeben werden, das mit Naturmaterialien gestaltet werden soll. Beispiele hierfür sind:

- Wirbelsturm
- Vulkanausbruch
- Flusslauf
- Blitzschlag im alten Baum
- Wasserfall

Weiterführung

Die Produkte der Kinder können fotografiert und im Klassenraum ausgestellt werden. Nun kann jeder Schüler sich einen Titel zu den Natur-Art-Skulpturen der anderen Schüler/innen einfallen lassen. Welche neuen Sichtweisen entstehen hierdurch?

| Kunst, Nr. 8 | Natur und Umwelt | Rindencollage |

Ziel und didaktischer Kontext

- Erstellen einer Rindencollage
- Übertragen der Strukturen von Rinde auf das eigene Bild
- Förderung der Experimentierfreude
- Verbesserung der Selbstorganisation und Eigenaktivität

Schuljahr	Gruppengröße	Vorkenntnisse	Dauer	Materialien
1.–2. Klasse	1 Kind	keine	ca. 30 min.	• Papier • Buntstifte • Wachsmalstifte

Durchführung

Jeder Schüler erhält ein Blatt Papier und einige Stifte in verschiedenen Farben. Aufgabe ist es, mit diesen Materialien eine Rindencollage zu erstellen. Dazu sucht sich jeder Schüler einen Baum, legt das Papier auf die Rinde und paust mit einem Stift die Struktur der Rinde auf sein Blatt durch. Hierbei lassen sich folgende Aspekte erkunden:

- Wie unterscheiden sich die Strukturen unterschiedlicher Rindenarten?
- Welche Varianten ergeben sich aus der Verwendung verschiedenartiger Stifte?
- Wie lassen sich diese Gestaltungsmöglichkeiten in einer Collage verarbeiten?

Anmerkung

Das nachfolgende Beispiel eines Zweitklässlers zeigt, wie vielfältig die konstruktiven Gestaltungsmöglichkeiten im Rahmen dieser Aufgabenstellung sind.

Abb. 24: Beispiel einer Rindencollage

Weiterführung

Die Technik des Marmorierens bietet Möglichkeiten zur Fortführung dieser Aufgabenstellung. Dazu werden zunächst auf eine eingedickte Flüssigkeit Farben aufgetropft. Diese schwimmen auf der Oberfläche und können mithilfe von Zahnstochern zu Mustern verzogen werden. Nun wird ein Papier aufgelegt, das die Farben ansaugt und die Muster seitenverkehrt abbildet.

| Kunst, Nr. 9 | Natur und Umwelt | Mit Erde malen |

Ziel und didaktischer Kontext

- Entwickeln eines aus Erde gemalten Bildes
- Experimentieren mit den künstlerischen Möglichkeiten von Erde
- Erkennen von Gemeinsamkeiten und Unterschieden der Bilder
- Förderung der Kreativität

Schuljahr	Gruppengröße	Vorkenntnisse	Dauer	Materialien
2.–3. Klasse	1 Kind	keine	ca. 30 min.	• Papier • Erde • Wasser • eventuell Schwamm

Durchführung

Dieses Experiment mit Naturmaterialien lässt sich im Klassenraum durchführen: Auf ein Blatt Papier malen die Kinder mit Erde ein Bild. Hierfür erhalten sie etwas Erde (eventuell auch mehrere Behälter mit Erde, die z. B. aus dem Schulgarten, aus einem alten Blumentopf und aus dem benachbarten Park entnommen wurde). Ein Thema wird nicht vorgegeben. Die Kinder experimentieren selbstständig mit den Möglichkeiten des Materials und eruieren dabei Fragestellungen wie z. B.:

- Wie lassen sich mithilfe von Erde Strukturen auf dem Bild erzeugen?
- Wie unterscheiden sich die Strukturen, wenn ich unterschiedliche Erde verwende?
- Welche Wirkung entsteht mit mehr (weniger) Wasser?

Anmerkung

In einer anschließenden Reflexion können die Kinder nach Gemeinsamkeiten und Unterschieden ihrer Bilder suchen. So lassen sich solche Erkenntnisse zusammentragen wie z. B.:

- Manchmal wirkt die Erde eher rötlich (z. B. bei lehmhaltigem Boden).
- Auf manchen Bildern sieht die Erde eher dunkel aus (z. B. bei humusreichem Boden).
- Feuchte Erde ist dunkel.
- In trockenem Zustand wird Erde heller.

Weiterführung

Beim Betrachten der Bilder wird sich zeigen, dass sich alle Bilder in ihrer Grundstruktur ähneln. Um die Kinder dazu anzuregen, genauer hinzusehen und nach Einzelheiten zu suchen, wird folgendes Vorgehen gewählt: Die Schüler/innen essen zunächst einen Pudding in einer bestimmten Geschmacksrichtung (z. B. Vanille) und überlegen dann, welches Bild diesen Geschmack haben könnte. Welche Geschmacksrichtungen könnten die anderen Bilder haben?

| Kunst, Nr. 10 | Natur und Umwelt | Tannenbaum |

Ziel und didaktischer Kontext

- Entdecken von Abstraktionen eines Tannenbaums
- Entwickeln eigener Abstraktionen
- Erstellen einer Reihenfolge von »weniger abstrakt« bis »sehr abstrakt«
- Förderung der Kreativität und Fantasie

Schuljahr	Gruppengröße	Vorkenntnisse	Dauer	Materialien
2.–3. Klasse	alle Kinder	keine	ca. 45 min.	• Materialien unterschiedlicher Art (z. B. grüne Kreide, Holz, Nägel, Wolle)

Durchführung

Bevor die Kinder morgens in den Klassenraum kommen, werden mehrere Bücher so aufeinandergestapelt, dass sie die Form eines Tannenbaums annehmen. Der Lehrer eröffnet die Stunde, indem er behauptet: »Es gibt hier im Raum einen Tannenbaum.« Die Kinder stellen nun Mutmaßungen an, was dieser Tannenbaum sein könnte. Anschließend präsentiert der Lehrer weitere »Tannenbäume«, z. B.:

- ein Stück Holz, in das mehrere Nägel hineingeschlagen wurden
- einen Tannenzapfen mit grün angemalten Spitzen
- einen Kaktus

Anhand des zur Verfügung gestellten Materials (z. B. Wolle, Nägel, Holzstücke, Stoff, Tapetenreste) erstellen die Schüler/innen nun eigene »Tannenbäume«. Im Sitzkreis werden die Produkte präsentiert.

Anmerkung

Anhand der Produkte der Kinder wird sich zeigen, dass manche »Tannenbäume« abstrakter, andere weniger abstrakt sind. Als Aufgabe kann nun gestellt werden, die »Bäume« in eine Reihenfolge zu bringen, angefangen mit dem »Tannenbaum«, der am meisten der Realität entspricht, bis hin zum abstraktesten »Baum«. Hier werden interindividuelle Unterschiede in Erscheinung treten: Ein Schüler sieht im Kaktus die abstrakteste Variante, ein anderer in der selbst erstellten Pyramide aus grünen Kreidestücken. Diese Unterschiede sollten aufgegriffen und thematisiert werden:

- Weshalb ist es für mich selbstverständlich, diesen Baum als den abstraktesten zu betrachten?
- Gibt es Sichtweisen, die meinen Standpunkt erweitern?
- Was ändert sich, wenn ich ein anderes Kriterium zur Beurteilung der Tannenbäume zugrunde lege?

Weiterführung

Die von den Schüler/innen angefertigten »Tannenbäume« können Anlass für eine Ausstellung im Schulhaus sein. Hierfür lassen sich entweder die Skulpturen selbst verwenden oder es werden Fotografien von den Produkten ausgestellt.

| Kunst, Nr. 11 | Natur und Umwelt | Themenbaum |

Ziel und didaktischer Kontext

- Erstellen eines Themenbaums
- Entwickeln einer Gestaltungsidee
- Sichten und Verarbeiten des zur Verfügung gestellten Materials
- Förderung der Kreativität und Fantasie

Schuljahr	Gruppengröße	Vorkenntnisse	Dauer	Materialien
2.–3. Klasse	alle Kinder	keine	ca. 40 min.	• unterschiedliche Materialien (z. B. Wäscheklammern, Wollfäden)

Durchführung

Auf dem Schulgelände suchen sich die Kinder einen kleinen Baum oder einen Busch aus. Diesen schmücken sie nach einem vorgegebenen Thema wie z. B.:

- Unterwasserwelt
- Sommer
- Urlaub
- Wüste

Zum Schmücken stehen ihnen unterschiedliche Materialien (z. B. leere Verpackungen, Wollreste, Tonkarton) zur Verfügung, die sie ausschneiden, bemalen, kleben und falten können. Anschließend hängen sie diese Dinge an ihren Baum. So entstehen kleine Kunstwerke, die fotografiert und im Klassenraum ausgestellt werden können.

Anmerkung

Das themenspezifische Schmücken eines Baumes stellt die Kinder vor die Herausforderung, sich mit den Möglichkeiten des Materials auseinanderzusetzen. Hier reicht es nicht aus, nur einzelne Dinge an den Baum zu hängen, sondern die Schüler/innen müssen die Materialien entsprechend dem vorgegebenen Thema gestalten. Dies umfasst Prozesse des Systematisierens (Welches Material passt zu dem Thema, welches passt nicht?) sowie Vorgänge der Modifikation (Wie lässt sich das Material themenspezifisch verändern?).

Weiterführung

Alle Bäume und Büsche des Schulhofes können für ein Schulfest in der oben beschriebenen Form geschmückt werden. Hier lassen sich auch solche Dinge zur Dekoration verwenden wie Badeschlappen, Tapetenreste oder Stofftücher. Namensschilder, die an dem Baum bzw. Busch angebracht werden, teilen dem Besucher den gewählten Themenschwerpunkt mit.

| Kunst, Nr. 12 | Natur und Umwelt | Waldsofa |

Ziel und didaktischer Kontext

- Konstruktion eines Waldsofas
- Auswählen geeigneten Materials
- Erproben und Verbessern der Stabilität sowie Bequemlichkeit
- gemeinsames Problemlösen

Schuljahr	Gruppengröße	Vorkenntnisse	Dauer	Materialien
3.–4. Klasse	5–6 Kinder	keine	ca. 40 min.	• Stöcke/Äste • Gras • Laub • Moos • Kordel • Schere

Durchführung

Bei einem Ausflug in den Wald wird den Schüler/innen die Aufgabe gestellt, mithilfe von Naturmaterialien ein Sofa zu bauen. Dabei gilt es, zwei Bedingungen zu berücksichtigen:

- Zum einen dürfen nur Materialien verwendet werden, die bereits auf dem Boden liegen.
- Zum anderen sollte das Sofa zum Schluss so stabil sein, dass andere Kinder darauf sitzen können.

Wie kann dies gelingen? Welche Konstruktionsmöglichkeiten gibt es? Als zusätzliche Hilfsmaterialien werden den Kindern Kordel und Schere bereitgestellt.

Anmerkung

Zur Konstruktion eines Waldsofas müssen sich die Schüler/innen mit verschiedenen Aspekten auseinandersetzen:

- Zunächst gilt es, eine geeignete Stelle im Wald zu suchen, z. B. können hierfür mehrere nebeneinanderstehende Bäume verwendet werden.
- In einem zweiten Schritt suchen die Kinder Stöcke, Hölzer und Zweige, mit denen sie die Grundstruktur des Sofas erstellen.
- Schließlich dienen Laub, Moos und Gras dazu, das Sofa bequem auszukleiden.

Dabei wird sich zeigen, dass die Kinder im Verlauf des Konstruktionsprozesses auf verschiedenartige Probleme stoßen werden, sei dies mangelnde Stabilität des Sofas oder nicht ausreichendes Material. Innerhalb der Gruppe gilt es, solche Probleme zu diskutieren und zu lösen.

Weiterführung

Im Anschluss werden alle Sofas der Klasse begutachtet und ausprobiert. Hier können die Konstruktionsvarianten miteinander verglichen und bezüglich Stabilität oder Bequemlichkeit beurteilt werden.

| Kunst, Nr. 13 | Natur und Umwelt | Papier mit Wasserzeichen |

Ziel und didaktischer Kontext

- Herstellen von Papier
- Erproben unterschiedlicher Stärken von Papier
- Einfügen eines individuellen Wasserzeichens
- Verbesserung der Selbstorganisation und Eigenaktivität

Schuljahr	Gruppengröße	Vorkenntnisse	Dauer	Materialien
3.–4. Klasse	3–5 Kinder	keine	ca. 60 min.	- Altpapier - Eimer - Mixer - Geschirrhandtuch

Durchführung

Für das Papierschöpfen erhalten die Schüler/innen Altpapier (z. B. Zeitungen) und reißen dieses in etwa fünf Zentimeter breite Streifen. Die Streifen werden in einem Eimer mit Wasser eingeweicht, am besten über Nacht. Diese Masse wird im Mixer zerkleinert. Mit einer Schöpfkelle wird etwas Brei auf ein Geschirrhandtuch gegeben und dort flächig verstrichen. In den Brei können zusätzliche Dinge hineingelegt werden, z. B. Wollfäden oder getrocknete Blätter. So lassen sich Papiere mit individuellem Wasserzeichen erstellen. Anschließend wird das Papier für einige Stunden zum Trocknen ausgelegt und gepresst.

Anmerkung

Das Mischungsverhältnis von Wasser und Faserbrei bestimmt die Dicke des Papiers.

- Bei einem geringen Wasseranteil entsteht dickes Papier.
- Ein hoher Wasseranteil lässt sich als Grundlage für dünnes Papier verwenden.

Zu solchen Erkenntnisprozessen gelangen die Kinder anhand von spielerischen Konstruktionsversuchen im Rahmen der hier beschriebenen Aufgabenstellung. Wesentlich dabei ist, dass die Schüler/innen beim Mischungsverhältnis von Wasser und Faserbrei experimentieren dürfen.

Weiterführung

Die Papiere der Kinder lassen sich in vielfältigen Kontexten weiterverwenden. Sie können zum Schreiben oder Malen benutzt werden, zur Dekoration im Klassenraum oder auch als Fensterbild.

6.3 Geschichten, Märchen, Comics: Kreativer Umgang mit Kunst und Schrift

Im Rahmen des Themenbereichs »Geschichten, Märchen, Comics« kommt es zu einer Verbindung von Kunst und Schrift. In der Literatur, z. B. bei Kaspar H. Spinner (1993), findet sich eine Vielzahl von Ansätzen zur Verknüpfung von Kunst und Schreiben, die vom Schreibanlass »Bild« über den Zugang durch Reizwörter bis hin zum Schreibanlass »plastisches Gestalten« reichen. Ingrid Böttcher (1999, S. 82 ff.) empfiehlt das »Schreiben zu Bildern«, worunter sie jede Art von Kunstwerk bzw. Visuellem (Bild im Museum, Objekt, Foto) subsumiert. Ein solches Schreiben und Gestalten zu Bildern ist nicht im Sinne der traditionellen Bildbetrachtung zu verstehen, bei der eine möglichst genaue Wiedergabe des Sichtbaren das Ziel ist. Vielmehr meint der kreative Umgang mit Bildern etwas ganz anderes: »Jedes Bild löst beim Betrachter Vorstellungen, Assoziationen, Erinnerungen, Gefühle aus. Es verlangt im Betrachten und Verstehen einen aktiven Prozess der Sinngebung. Bilder sind offen für Deutungen, sie werfen Fragen auf, geben Anregungen und Anlässe, die eigene Sprache zu finden« (Böttcher 1999, S. 82). Zugleich aktiviert Sprache durch ihre bildhaften Sprachmittel die bildliche Vorstellungswelt der Kinder und wird insofern zu einem »Ausdruck zwischen einer äußeren und inneren Bildwelt« (Vucsina 1996, S. 54).

Trotz dieser unterschiedlichen Akzentuierungen ist den Ansätzen grundsätzlich eine Hypothese gemeinsam: Beim kreativen Umgang mit Kunst und Schrift werden den Schüler/innen interessante Gestaltungsanlässe geboten, die zum Ausprobieren und Experimentieren anregen. So kann durch »die Aktivierung der Imaginationskraft etwas Neues entstehen, zumindest eine neue Sicht auf Bekanntes realisiert werden« (Spinner 1993, S. 21). Welche kreativen Gestaltungsmöglichkeiten sich aus einem solchen Blickwinkel ergeben und wie sich dies im Rahmen des Themenbereichs »Geschichten, Märchen, Comics« realisieren lässt, soll in den nachfolgend aufgeführten Beispielen in den Blick genommen werden:

- Punktebild (1.–2. Schuljahr)
- Traumkopf (1.–2. Schuljahr)
- Geheimtinte (2.–3. Schuljahr)
- Rollkino (2.–3. Schuljahr)
- Asterix-Szene (2.–3. Schuljahr)
- Kunst-Zeichensprache (3.–4. Schuljahr)

Das Praxisbeispiel »Punktebild« greift die Perspektiven der Konstruktion, Rekonstruktion und Dekonstruktion auf, indem es den Schüler dazu veranlasst, die in einer Geschichte bzw. in einem Märchen gegebenen Zusammenhänge in eigene künstlerische Konstruktionen zu überführen. Hier setzt sich das Kind mit Fragestellungen auseinander wie z. B.:

- Welche Situationen, Gefühle und Emotionen sind in der Geschichte bzw. dem Märchen enthalten, die ich in meinem »Punktebild« wiedergeben kann?
- Welche Gestaltungsmöglichkeiten bieten sich mir?
- Gibt es Aspekte, die ich in meinem Bild bislang noch nicht berücksichtigt habe?
- Wie verändert sich das Bild, wenn ich die Punkte näher aneinandersetze oder wenn ich sie größer male?

Zu einem solchen Spiel mit den Möglichkeiten kommt es auch im Rahmen der Aufgabe »Traumkopf«. Hier sollen die Schüler/innen eine Traumgeschichte in einer Umrisszeichnung des menschlichen Kopfes gestalten, und zwar nur mithilfe von Bildern. Ziel ist es dabei, die Bilder so auszuwählen und anzuordnen, dass diese einen Traum erzählen.

Die Aufgabe »Geheimtinte« stellt die Kinder vor die Herausforderung, mit einer Geheimtinte eine Botschaft für den Partner zu schreiben. Dabei stoßen die Schüler/innen auf das Problem, dass die Tinte beim Erstellen der Botschaft nicht zu erkennen ist. Vielleicht lassen sich Bruchstücke der Schrift entziffern. Die vollständige Botschaft wird jedoch erst sichtbar, wenn das Papier, das mit Milch beschrieben wurde, für einige Minuten in den Backofen gelegt wird. Auch das Praxisbeispiel »Rollkino« spielt mit dem Wechsel von »sichtbar« und »nicht sichtbar«. Durch die Hin- und Herbewegung eines Stiftes wird das von den Kindern gezeichnete Motiv immer wieder durch ein zweites, leicht abweichendes Bild überdeckt. Hierdurch entsteht der Eindruck, die gezeichnete Figur bewege sich. Schließlich kommt in den letzten beiden Aufgabenstellungen der Aspekt des textilen und plastischen Gestaltens zum Tragen. Dabei erfordert das Erstellen einer »Asterix-Szene« ebenso wie das Entwickeln einer »Kunst-Zeichensprache« neben der Perspektive der Rekonstruktion vor allem auch die Fähigkeit zur Konstruktion und Dekonstruktion. Nur auf dieser Basis kann es gelingen, dass durch die Aktivierung der Imaginationskraft eine neue Sichtweise auf Bekanntes realisiert wird.

| Kunst, Nr. 14 | Märchen und Comics | Punktebild |

Ziel und didaktischer Kontext

- Erstellen eines Punktebildes
- Rekonstruktion der vorgelesenen Szene aus dem Märchen
- Abstraktion des Bildes durch die Verwendung der Punktetechnik
- Förderung der Kreativität und Fantasie

Schuljahr	Gruppengröße	Vorkenntnisse	Dauer	Materialien
1.–2. Klasse	1 Kind	keine	ca. 40 min.	• Papier • Farbstifte

Durchführung

Zunächst wird im Rahmen dieser Aufgabenstellung eine Szene aus einem Märchen vorgelesen, z. B. die Waldszene bei Rotkäppchen. Zu dieser Szene sollen die Schüler/innen ein Punktebild erstellen. Ein solches Bild besteht nur aus Punkten in unterschiedlichen Größen und Farben. So können beispielsweise mehrere grüne Punkte in unterschiedlichen Größen die Bäume darstellen, ein roter Punkt steht für das Rotkäppchen und ein schwarzer Punkt für den Wolf. Darüber hinaus lassen sich auch Himmel, Wolken, die Blumen oder der Korb mit den Lebensmitteln in Punkten veranschaulichen.

Anmerkung

Diese Methode bietet vor allem für Kinder, die weniger gut zeichnen können, eine gute Möglichkeit, sich künstlerisch auszudrücken. Werden die einzelnen Punkte eng nebeneinander platziert, entstehen kleine Kunstwerke, wie folgendes Beispiel zeigt.

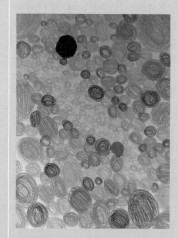

Abb. 25: Punktebild zum Märchen Rotkäppchen

Weiterführung

Im Anschluss können den Kindern Bilder von berühmten Künstler/innen gezeigt werden, die mit einer ähnlichen Technik ihre Gemälde erstellt haben. So kann z. B. das von Claude Monet gezeichnete Bild »Seerosenteich« oder dessen Werk »Allee in Giverny« den Schüler/innen vorgestellt werden. Vor dem Hintergrund der beim eigenen Malen gesammelten Erfahrungen werden die Kinder diese Kunstwerke aus einem anderen Blickwinkel wahrnehmen.

6.3 Geschichten, Märchen, Comics: Kreativer Umgang mit Kunst und Schrift

| Kunst, Nr. 15 | Märchen und Comics | Traumkopf |

Ziel und didaktischer Kontext

- Anfertigen eines Traumkopfes
- Entwickeln einer Idee für eine Traumgeschichte
- Auswählen geeigneter Bilder für die Traumgeschichte
- Förderung der Kreativität und Fantasie

Schuljahr	Gruppengröße	Vorkenntnisse	Dauer	Materialien
1.–2. Klasse	1 Kind	keine	ca. 45 min.	• Kopie mit der Umrisszeichnung eines Kopfes • Zeitschriften • Schere • Klebstoff

Durchführung

Als Aufgabe wird den Kindern gestellt, einen eigenen Traumkopf zu konstruieren. Dazu erhält jeder Schüler eine Kopie einer Umrisszeichnung des menschlichen Kopfes. Der Kopf ist auf der Kopie seitlich und nur als Silhouette zu erkennen. Zusätzlich bekommen die Kinder Zeitschriften oder Zeitungen zur Verfügung gestellt, aus denen sie Dinge ausschneiden, die sie in ihren Traumkopf kleben möchten. Wichtig dabei ist, dass die Bilder nicht wahllos ausgeschnitten und in den Kopf geklebt werden, sondern dass sie in gewisser Weise den Traum dieses Kopfes erzählen. Offen kann hier bleiben, ob dies ein wirklicher Traum des Kindes ist oder ob sich der Schüler diese Traumgeschichte nur ausgedacht hat.

Anmerkung

Die Möglichkeiten zur Erstellung eines Traumkopfes sind vielfältig. Neben Bildern aus Zeitschriften und Zeitungen können auch Zeichnungen, Digitalfoto- oder Internet-Ausdrucke Verwendung finden. Das nachfolgende Schülerbeispiel veranschaulicht dies.

Abb. 26: Traumkopf

Weiterführung

Anschließend können auch dreidimensionale Köpfe entstehen, die aus fester Pappe oder Sperrholzplatten hergestellt werden. Wenn man nun aus verschiedenen Richtungen auf den dreidimensionalen Kopf blickt, kann dieser unterschiedliche Geschichten erzählen.

| Kunst, Nr. 16 | Märchen und Comics | Geheimtinte |

Ziel und didaktischer Kontext

- Erstellen einer Botschaft mit Geheimtinte
- Entziffern der Nachricht des Partners
- Verbesserung der Selbstorganisation und Eigenaktivität
- Förderung der Kreativität und Fantasie

Schuljahr	Gruppengröße	Vorkenntnisse	Dauer	Materialien
2.–3. Klasse	2 Kinder	keine	ca. 30 min.	• Papier • Milch • eventuell Zahnstocher

Durchführung

Gegenseitig schreiben sich die Partner mit Geheimtinte eine Nachricht oder erstellen eine Botschaft mithilfe von Symbolen. Hierzu verwenden sie Milch, mit der sie auf ein weißes Blatt schreiben. Die Milch ist auf dem Papier unsichtbar. Zur Entschlüsselung der Botschaft legt man das Blatt Papier in den auf 200 Grad vorgeheizten Backofen. Nach etwa drei Minuten kann man das Papier aus dem Ofen nehmen. Einzelne Fragmente des mit Milch Geschriebenen bzw. Gemalten sind nun bräunlich angefärbt. Die geheime Nachricht kann vom Partner entschlüsselt werden. Sollte dieser Schwierigkeiten beim Entziffern der Nachricht haben, kann das Papier nochmals in den Ofen gelegt werden. Nach insgesamt fünf Minuten ist das Bild vollständig sichtbar.

Anmerkung

Im Rahmen dieser Aufgabe werden die Schüler/innen mit dem Problem konfrontiert, dass sie beim Schreiben bzw. beim Malen ihre Botschaft nicht selbst sehen können. Zu überlegen ist:

- Wie lässt sich eine Botschaft erstellen, ohne dass man die Schrift bzw. das Gemalte wahrnehmen kann?
- Welche Hilfsmittel kann man hierfür heranziehen?

Auch im Rahmen der Rekonstruktion des vom Partner Geschriebenen bzw. Gemalten müssen sich die Schüler/innen mit Problemstellungen auseinandersetzen wie z. B.:

- Wie lassen sich die Buchstaben, Wörter und Symbole, die erkennbar sind, in einen Gesamtzusammenhang rücken?
- Wie könnte die Botschaft des Partners lauten?
- Welche Satzfragmente fehlen?

Weiterführung

Die hier beschriebene Form des Schreibens und Malens mit Geheimtinte lässt sich auch mit Obst- oder Zwiebelsaft durchführen. Die mit Zwiebelsaft geschriebene Botschaft wird sichtbar, wenn man sie mit einem Bügeleisen oder im Backofen erwärmt. Die dünn aufgetragene Schrift von z. B. Apfel- oder Orangensaft wird lesbar, wenn das beschriebene Blatt unter ein UV-Licht gehalten wird.

| Kunst, Nr. 17 | Märchen und Comics | Rollkino |

Ziel und didaktischer Kontext

- Erstellen eines Rollkinos
- Auswählen eines geeigneten Motivs
- Verändern des Motivs in einzelnen Details
- Erleben des Phänomens »bewegter Bilder«

Schuljahr	Gruppengröße	Vorkenntnisse	Dauer	Materialien
2.–3. Klasse	1 Kind	keine	ca. 35 min.	• Papier (längsseitig halbiertes DIN A4-Blatt) • Stifte

Durchführung

Zur Herstellung eines Rollkinos erhält jedes Kind ein halbes DIN A4-Blatt Papier, das in der Mitte gefaltet ist. Jeder Schüler überlegt, welches Motiv er in sein Rollkino malen möchte. Dabei sollte den Kindern freie Wahl bei der Gestaltung gelassen werden. Beispiele sind:

- Sonne mit Wolken
- Dinosaurier
- Boot auf Wellen
- Comicfigur

Das ausgewählte Motiv malen die Kinder auf die eine Innenseite ihres Papiers und klappen dieses zu, wenn sie fertig sind. Anschließend pausen sie das Bild auf dem äußeren Blatt ihres Rollkinos durch. Allerdings verändern sie das Motiv in wenigen Details. Nun wird das obere Blatt um einen Bleistift herum aufgewickelt. Rollt man den Bleistift und damit das obere Blatt hin und her, bewegt sich das Motiv.

Anmerkung

Die Wirkung eines solchen Rollkinos ist verblüffend: Durch die Hin- und Herbewegung des Stiftes werden die Figuren oder Gegenstände in Bewegung versetzt. Dabei werden die Kinder feststellen, dass die Bewegungen fließend erscheinen, wenn die Abweichungen von dem inneren zum äußeren Bild nicht zu groß sind.

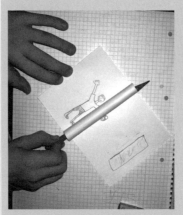

Abb. 27: Rollkino zum Thema »Fußball«

Weiterführung

Ein solches Rollkino lässt sich auch in Partnerarbeit erstellen. Ein Kind malt die Innenseite des Rollkinos, der Partner paust das Gemalte auf das äußere Blatt durch und nimmt dabei einzelne Veränderungen an dem Motiv vor.

| Kunst, Nr. 18 | Märchen und Comics | Asterix-Szene |

Ziel und didaktischer Kontext

- Gestalten einer Asterix-Szene in einem Schuhkarton
- Auseinandersetzen mit den im Bild gegebenen Details
- kreativer Umgang mit dem Material
- Förderung der Kreativität und Fantasie

Schuljahr	Gruppengröße	Vorkenntnisse	Dauer	Materialien
2.–3. Klasse	3–4 Kinder	Kenntnis der Schriftsprache	ca. 45 min.	• Schuhkarton • Knete • Buntstifte • Szene einer Asterix-Geschichte in Kopie

Durchführung

Jede Schülergruppe erhält eine Szene einer Asterix-Geschichte in Kopie. Die Schüler/innen lesen sich zunächst den vorgegebenen Text durch und überlegen sich, was sie aus dieser Szene mit Knetfiguren in einem Schuhkarton nachstellen können. Hierfür wird das Innere des Schuhkartons als Hintergrund gestaltet und entsprechend bemalt.

Der Schuhkarton wird anschließend auf die Seite gekippt und vor dem bemalten Hintergrund werden die Knetfiguren positioniert. Wenn die Kinder möchten, können sie ebenso Knetfiguren an einen Faden binden und von der Decke des Schuhkartons herabhängen lassen. Zum Abschluss stellen alle Schülergruppen ihr Standbild sowie die dazugehörige Szene vor.

Anmerkung

Zur Gestaltung der Asterix-Szene können neben Knete auch Naturmaterialien (z. B. Sand, Steine, Moos oder Stöcke) verwendet werden. Mithilfe dieser Materialien lassen sich beispielsweise die Wege und Gärten des gallischen Dorfes rekonstruieren. Wichtig dabei ist, dass die Kinder die in den Comicbildern gezeigten Hintergründe genau betrachten und dabei nach Details suchen. Ein solches Vorgehen impliziert die Perspektiven der Konstruktion, Rekonstruktion und Dekonstruktion, denn hier gilt es zu fragen:

- Was kann ich auf den Comicbildern erkennen?
- Geraten neue Dinge in den Blick, wenn ich das Bild aus einer anderen Perspektive betrachte?
- Gibt es noch andere Möglichkeiten, wie man die Bilder interpretieren kann?

Weiterführung

Die Szene aus dem Asterix-Werk kann anschließend im Sinne der *Jeux Dramatiques* spielerisch umgesetzt werden. Hierzu verkleiden sich die Schüler/innen mit Tüchern und spielen die Szene, ohne dabei selbst zu sprechen. Ein Sprecher liest die Szene vor (vgl. Abschnitt 2.4).

| Kunst, Nr. 19 | Märchen und Comics | Kunst-Zeichensprache |

Ziel und didaktischer Kontext

- Entwickeln einer eigenen Kunst-Zeichensprache
- Rekonstruktion typischer Aktivitäten im Tagesverlauf
- Suchen von Repräsentanten für diese Aktivitäten
- Förderung der Kreativität

Schuljahr	Gruppengröße	Vorkenntnisse	Dauer	Materialien
3.–4. Klasse	3–5 Kinder	keine	ca. 45 min.	• diverse Symbole für die Tageszeiten (z. B. Zahnbürste, Seife, Handtuch)

Durchführung

Der Lehrer bereitet im Raum eine Kunst-Zeichensprache zum Begriff »Morgen« vor. Hierzu legt er neben einer Wortkarte mit dem Begriff »Morgen« Dinge auf einen Tisch wie z. B. Zahnbürste, Seife, Handtuch, Brötchen und Marmelade. Aufgabe ist es nun, eine eigene Kunst-Zeichensprache zu erfinden, und zwar im Rahmen der Rekonstruktion eines Tagesablaufs. Dazu überlegen sich die Schüler/innen Repräsentanten, die den anderen Tageszeiten (Vormittag, Mittag, Nachmittag, Abend, Nacht) zugeordnet werden können. In eine Tabelle trägt jede Gruppe ihre Ergebnisse ein. Am nächsten Tag bringt jeder Schüler einen Repräsentanten für eine der Tageszeiten von zu Hause mit. Diese Repräsentanten werden auf Tischen entsprechend der jeweiligen Tageszeit zusammengestellt.

Anmerkung

Eine solche Kunst-Zeichensprache lässt sich mit einfachen Mitteln von den Schüler/innen selbst entwickeln und bietet zugleich gute Möglichkeiten zur Rekonstruktion und Dekonstruktion. Hier gilt es Fragen zu eruieren wie z. B.:

- Welche Tätigkeiten sind für eine Tageszeit charakteristisch?
- Welche Gegenstände sind mit diesen Aktivitäten verbunden?
- Gibt es noch andere Repräsentanten, die für diese Tageszeit typisch sind?
- Was ändert sich, wenn ich die Tageszeit aus der Perspektive meiner Mutter betrachte?
- Wie wirkt das Gesamtbild der eigenen Kunst-Zeichensprache?
- Kann sich jeder Schüler darin wiederfinden?

Weiterführung

In Anlehnung an die Kunst-Zeichensprache können die Schüler/innen ein Bild zu ihrem Repräsentanten malen. Die Bilder lassen sich aneinandergereiht als Tagesablauf im Klassenraum aufhängen.

6.4 Verkleidung und Schmuck: Eintauchen in andere Wirklichkeiten

Sich zu verkleiden und mit Verkleidungsaccessoires zu experimentieren begeistert Kinder aller Jahrgangsstufen. In ihrer Verkleidung können die Schüler/innen verschiedene Charaktere erproben, die ihrer eigenen Gesinnung ähnlich sind, und Gefühle zum Ausdruck bringen, die ihnen aus ihrem alltäglichen Leben vertraut sind. Sie können aber auch Empfindungen und Gefühle darstellen, die sie in ihrem Alltag so bislang noch nicht erfahren haben. Ein solches Erproben von anderen Identitäten und Lebensformen ist ein wesentlicher Bestandteil des konstruktiven Elements beim kindlichen Spiel. Hier können die Schüler/innen in andere Wirklichkeiten eintauchen. Doch nicht nur das Spielen mit Verkleidungsutensilien und Schmuckaccessoires beinhaltet eine konstruktive Seite. Auch das Herstellen dieser Dinge kann zur Konstruktionsarbeit werden, wie anhand der nachfolgenden Praxisbeispiele gezeigt werden soll. Dabei werden den Schüler/innen zur Herstellung kein vorgefertigtes Konzept und keine Bastelanleitung an die Hand gegeben, die nur Schritt für Schritt nachgebaut werden müssten, sondern es werden offene Bastelimpulse gesetzt. Diese reichen vom Experimentieren mit Alltagsdingen über die Rekonstruktion von indianischem Schmuck bis hin zum Erfinden einer eigenen Hutkreation. Trotz der Unterschiedlichkeit dieser Beispiele steht immer eine Intention im Mittelpunkt: Die Schüler/innen sollen zum selbstständigen Experimentieren angeregt werden. Im nun Folgenden werden hierzu sechs verschiedene Praxisbeispiele vorgestellt:

- Federschmuck (1.–2. Schuljahr)
- Gummihandschuh (1.–2. Schuljahr)
- Themenhut (2.–3. Schuljahr)
- Traumfänger (2.–3. Schuljahr)
- Feuerwehr-Design (3.–4. Schuljahr)
- Passendes T-Shirt (3.–4. Schuljahr)

Im Rahmen der Aufgabenstellung »Federschmuck« können die Kinder mit dem zur Verfügung gestellten Material frei experimentieren. Sie können verschiedene Möglichkeiten zur Gestaltung eines Federschmucks ausprobieren, und sie werden dabei erkennen, dass es ganz unterschiedliche Verarbeitungsmöglichkeiten gibt. Vor diesem Hintergrund lassen sich Fragen anregen wie z. B.:

- Gibt es bei anderen Völkern Gestaltungsvarianten, die die Konstruktionsansätze der Schüler/innen erweitern?
- Was haben wir bei der Konstruktion unseres Federschmucks bisher noch nicht ausprobiert, was in anderen Kulturen traditionell so gemacht wird?

Zugleich dürfen die Kinder aber auch hinterfragen, inwieweit ihre Konstruktionen über die traditionellen Ansätze hinausgehen: Haben wir eine andere Art der Verarbeitung gewählt oder haben wir zusätzliches Material in den Federschmuck eingebunden, das bei den Varianten der Indianer so nicht zu finden ist? Eine solche Fragehaltung verbindet die Momente der Konstruktion, Rekonstruktion und Dekonstruktion. Diese Perspektiven einer konstruktivistischen Didaktik kommen ebenso bei den Praxisbeispielen »Gummihandschuh« sowie »Themenhut« zum Tragen. Hier eruieren die Schüler/innen, welche Möglichkeiten es gibt, den Alltagsgegenstand »Gummihandschuh« in eine experimentelle Kunst einzubeziehen, und sie entwerfen eigene Gestaltungsideen zur Dekoration eines »Themenhutes«. In beiden Fällen gehen die Schüler/innen von einem ihnen bekannten Objekt aus, sei dies der Gummihandschuh oder der Hut, um darüber zu Überlegungen zu gelangen wie z. B.:

- In welchen Situationen kommt ein Gummihandschuh bzw. ein Hut im Alltag zum Einsatz?
- In welchen Formen ist mir ein Umgang mit diesen Gegenständen vertraut?
- Gibt es noch andere Situationen und Gelegenheiten, in denen die Objekte verwendet werden können?
- Warum ist es für mich selbstverständlich, diese Gegenstände in einem bestimmten Kontext zu sehen?
- Was ändert sich, wenn ich den Blickwinkel wechsele?

Eine solche Fragehaltung der (Re-)Konstruktion und Dekonstruktion ist auch für das Praxisbeispiel »Feuerwehr-Design« grundlegend, ebenso wie für die Aufgabe, aus einem zu großen T-Shirt ein passendes Bekleidungsstück herzustellen. Wie bereits beim Entwerfen eines »Themenhutes« müssen sich die Kinder hier mit den Gestaltungsmöglichkeiten für ein Bekleidungsaccessoire auseinandersetzen. Dafür genügt es jedoch nicht zu überlegen, welche Varianten und Muster ihnen aus dem Alltag vertraut sind, denn die Aufgabe, ein Kleidungsstück zu entwerfen, auf dem ein Gerät der Feuerwehr vollständig oder zum Teil abgebildet ist, geht deutlich über das Bekannte hinaus. Nun sind die Kinder dazu aufgefordert, ein eigenes Design zu entwerfen und dieses an Kleidungsstücken zu erproben. Wie dies gelingen kann, welche Probleme hierbei auftreten können, dies gilt es, anhand nachfolgender Beispiele zu exemplifizieren.

| Kunst, Nr. 20 | Verkleidung und Schmuck | Federschmuck |

Ziel und didaktischer Kontext

- Erstellen eines Federschmucks
- Entwickeln unterschiedlicher Möglichkeiten zur Gestaltung von Federn
- kreativer Umgang mit Material
- Förderung der Kreativität und Fantasie

Schuljahr	Gruppengröße	Vorkenntnisse	Dauer	Materialien
1.–2. Klasse	2 Kinder	keine	ca. 40 min.	• unterschiedliche Federn • Tonkarton • Schere • Klebstoff • Perlen • Wolle

Durchführung

Die Partner/innen erhalten mehrere Federn sowie Perlen, Wolle und etwas Tonkarton. Zunächst wird von dem Tonpapier ein Streifen abgeschnitten, der auf Größe des Kopfumfangs des jeweiligen Kindes zusammengeklebt wird. Nun können die Schüler/innen mit den Federn und Perlen ihren Federschmuck erstellen. Dafür dürfen sie mit der Schere die Federn zuschneiden, diese mit Wolle umwickeln, mit Perlen kombinieren oder auch mit Filzstiften bemalen. Den Ideen und Assoziationen der Kinder sind hier keine Grenzen gesetzt. Anschließend werden die einzelnen Varianten der Kinder vorgestellt.

Anmerkung

Die Möglichkeiten, mit Federn zu experimentieren, sind vielfältig. Als Beispiele seien hier folgende Varianten aufgeführt:

- Entsprechend der traditionellen Vorgehensweise der Indianer werden längere und kürzere Federn am Schaft übereinandergeklebt und mit etwas Wolle zur Stabilisierung umwickelt.
- Nach dem Stil der Prärie-Indianer werden zusätzlich Perlen über den Schaft geschoben.
- Gemäß der Variante der östlichen Indianerstämme wird eine Schnur auf den Federkiel geklebt. Am Ende des Federkiels werden mehrere Schnüre befestigt, die wie Haare aussehen. Darüber hinaus werden am Schaft Schnüre angebracht, an denen Perlen hängen.
- Die nordöstliche Variante kombiniert das Übereinanderkleben der Federn mit dem Herausschneiden kleiner Ornamente.

Weiterführung

Die Produkte der Kinder lassen sich mit dem Federschmuck der verschiedenen Indianerstämme vergleichen. Hierfür können Bilder der unterschiedlichen Schmuckvarianten von Indianerstämmen im Klassenraum ausgehängt und die Produkte der Kinder dem jeweiligen Stamm zugeordnet werden. Welche Gemeinsamkeiten und welche Unterschiede zeigen sich?

| Kunst, Nr. 21 | Verkleidung und Schmuck | Gummihandschuh |

Ziel und didaktischer Kontext

- Experimentieren mit einem Gummihandschuh
- Entwickeln eigener Gestaltungsvarianten mit dem Handschuh
- Planen und Umsetzen der Konstruktionsschritte
- Förderung der Kreativität und Fantasie

Schuljahr	Gruppengröße	Vorkenntnisse	Dauer	Materialien
1.–2. Klasse	1 Kind	keine	ca. 45 min.	• Gummihandschuhe • zusätzliche Materialien (z. B. Sand, Wolle, Draht, Knete)

Durchführung

Zunächst wird im Klassenraum an einem ungewöhnlichen Ort, z. B. an den Fenstergriffen, ein Paar Gummihandschuhe aufgehängt. Nun erhält jeder Schüler einen Gummihandschuh und soll mit diesem Experimentieren oder ihn als Dekorationsmaterial für den Klassenraum nutzen. Die Ideen und Assoziationen der Kinder werden anschließend vorgestellt.

In einem zweiten Konstruktionsschritt wird zusätzliches Material zur Verfügung gestellt, z. B. Wollreste und Sand zum Befüllen des Handschuhs, aber auch Draht, Stöcke oder Knete, um hiermit stabile Konstruktionen zu errichten. Ein Thema wird nicht vorgegeben. Abschließend werden die unterschiedlichen Konstruktionsweisen besprochen.

Anmerkung

Zur Planung des Kunstwerks können sich Schüler/innen des zweiten Schuljahres an einem Arbeitsblatt orientieren, auf dem folgende Fragen zu beantworten sind:

- Welche Idee hast du für ein Kunstwerk mit einem Gummihandschuh?
- Wie viele Gummihandschuhe benötigst du hierfür?
- Welche Materialien brauchst du zusätzlich?
- Gibt es Handwerkszeug, das du zur Herstellung verwenden möchtest?
- Benötigst du einen Partner zur Hilfestellung?

Weiterführung

Im Anschluss können die Kinder überlegen, welche weiteren Alltagsdinge man in experimentelle Kunst einbeziehen kann.

| Kunst, Nr. 22 | Verkleidung und Schmuck | Themenhut |

Ziel und didaktischer Kontext

- Herstellen eines Themenhutes
- Entwickeln einer Konstruktionsidee
- Entdecken der Möglichkeiten des Materials
- Förderung der Kreativität und Fantasie

Schuljahr	Gruppengröße	Vorkenntnisse	Dauer	Materialien
2.–3. Klasse	2 Kinder	keine	ca. 45 min.	• Tonkarton • Plastiktüten • Federn • Wäscheklammern • Knöpfe etc.

Durchführung

Die Schüler/innen bekommen eine Auswahl unterschiedlicher Materialien zur Gestaltung ihres Hutes zur Verfügung gestellt. Dafür eignen sich neben verschiedenen Papiervariationen (Krepp-Papier, Tonkarton, Seidenpapier) auch kleinere Accessoires wie z. B.:

- Federn
- Knöpfe
- Playmobil-Figuren
- Wäscheklammern
- Plastikenten
- Wollreste
- Plastiktüten

Auch Moos, Gras oder kleinere Stöcke können zur Dekoration verwendet werden. Als Thema für die Hutkreationen kann beispielsweise »Frühling« vorgegeben werden.

Anmerkung

Das Grundmodell des Hutes wird von den Kindern in Partnerarbeit erstellt. Dazu wird aus Tonkarton ein Streifen geschnitten, der etwa in Größe des Kopfumfangs des Kindes in einer Art Stirnband zusammengetackert wird. Anschließend werden zwei Streifen in einem Bogen über den Kopf des Kindes gelegt und an dem Stirnband befestigt. Der nun entstandene Helm wird auf einen aus Tonkarton geschnittenen Kreis geklebt. Zuvor wurde aus dem Kreis eine Öffnung in Größe des Helms herausgeschnitten.

Abb. 28: Grundmodell des Hutes

Weiterführung

Die selbst kreierten Hüte können beim Schulfest getragen werden. Wenn sich die gesamte Schule an diesem Projekt beteiligt, wird das Fest zu einem ganz besonderen Ereignis. Hier kann der schönste, originellste, aber auch der ungewöhnlichste Hut prämiert werden.

| Kunst, Nr. 23 | Verkleidung und Schmuck | Traumfänger |

Ziel und didaktischer Kontext

- Anfertigen eines Traumfängers
- Entwickeln eigener Ideen zur Dekoration
- Vergleich der eigenen Modelle mit traditionellen Traumfängern
- Förderung der Kreativität

Schuljahr	Gruppengröße	Vorkenntnisse	Dauer	Materialien
2.–3. Klasse	1 Kind	keine	ca. 45 min.	• Holzreifen • Nadel • Kordel • Holzperlen • eventuell Federn

Durchführung

Jeder Schüler erstellt entsprechend der nebenstehenden Beschreibung einen Traumfänger. Bei der Gestaltung des Traumfängers können die Schüler/innen eigene Ideen einbringen. Diese können vom Einflechten von Perlen über das Anbringen von Federn bis hin zum Anbinden von Bändern reichen. An diesen Bändern lassen sich wiederum Perlen oder Federn befestigen. Auch können Dinge zur Verzierung genutzt werden wie z. B. Leder, Pferdehaare, Blätter oder Blüten.

Abb. 29: Traumfänger

Anmerkung

Die Erstellung der Grundstruktur des Traumfängers wird im Klassenverband durchgeführt. Hierfür schneiden die Kinder zunächst eine Kordel in etwa einem Meter Länge ab und knoten diese mit dem einen Ende an ihren Holzreifen. An dem anderen Ende wird eine Nadel eingefädelt. Nun führen die Schüler/innen die Nadel durch den Reifen und stecken diese durch die Schlaufe, die sich gebildet hat. Dieser Vorgang wird wiederholt, bis die Kinder einmal den Reifen umrundet haben. Dabei sollten sie darauf achten, dass die Kordel nicht zu fest gespannt wird, damit sich lockere Schlaufen bilden können. In einem zweiten Durchgang wird die Kordel durch die bereits entstandenen Schlaufen gefädelt, bis das Netz vollständig geschlossen ist und die Kordel in der Mitte verknotet werden kann.

Weiterführung

Die traditionelle Verwendung des Traumfängers lässt sich in einer Weiterführung thematisieren. So lässt sich herausarbeiten, dass der Traumfänger bei den Indianern über dem Bett aufgehängt wurde, um böse Träume abzufangen. Auch können Bilder des klassischen Traumfängers gezeigt und mit den Produkten der Kinder verglichen werden.

| Kunst, Nr. 24 | Verkleidung und Schmuck | Feuerwehr-Design |

Ziel und didaktischer Kontext

- Entwerfen eines eigenen Mode-Designs
- Entwickeln von Gestaltungsideen zum Thema Feuerwehr
- Zeichnen von Kleidungsstücken mit einem Feuerwehr-Design
- Förderung der Kreativität

Schuljahr	Gruppengröße	Vorkenntnisse	Dauer	Materialien
3.–4. Klasse	2–3 Kinder	keine	ca. 45 min.	• Papier • Stifte

Durchführung

Als Aufgabenstellung wird den Schüler/innen vorgegeben, dass sie ein eigenes Kleidungsdesign zum Thema »Feuerwehr« entwerfen sollen. Zunächst erstellen die Schüler/innen eine Liste von Geräten und Hilfsmitteln, die bei der Feuerwehr Verwendung finden wie z. B.:

- Feuerlöscher
- Leiter
- Handschuhe
- Helm
- Axt
- Schlauch

Nun sollen die Schüler/innen ein Kleidungsstück (Hose, Jacke oder Kleid) entwerfen, auf dem ein Gerät der Feuerwehr vollständig oder zum Teil abgebildet ist. Dieses Kleidungsstück soll gemalt werden.

Anmerkung

Die Aufgabenstellung lässt vielfältige Lösungsmöglichkeiten zu. Beispielhaft seien hier folgende Varianten vorgestellt:

- eine Hose, auf der die Sprossen einer Leiter zu sehen sind
- eine Jacke mit einem Schlauch als Muster
- ein Kleid, auf dem mehrere Feuerwehrhelme abgebildet sind
- ein Rock, bestehend aus mehreren Handschuhen
- ein Pullover mit Feuerlöschern als Ärmel

Weiterführung

Im Anschluss können Modelle aus einem Modekatalog betrachtet und mit den eigenen Entwürfen verglichen werden. Zu fragen ist: Welche Dinge könnten den Modedesignern als Vorlage gedient haben?

| Kunst, Nr. 25 | Verkleidung und Schmuck | Passendes T-Shirt |

Ziel und didaktischer Kontext

- Gestalten eines T-Shirts
- Verkleinern des T-Shirts mit Hilfsmitteln
- Entwickeln einer geeigneten Technik zur Verkleinerung
- Förderung der Kreativität

Schuljahr	Gruppengröße	Vorkenntnisse	Dauer	Materialien
3.–4. Klasse	1 Kind	Grundkenntnisse im Umgang mit Nadel und Faden	ca. 45 min.	• weiße T-Shirts • Wäscheklammern • Nadel • Faden • Wolle

Durchführung

Jedes Kind bringt von zu Hause ein weißes T-Shirt mit. Dies kann auch ein altes T-Shirt von Mutter oder Vater sein. Aufgabe ist es nun, dieses T-Shirt auf interessante und dekorative Weise zu verkleinern. Hierfür stehen den Kindern unterschiedliche Hilfsmittel zur Verfügung wie z. B. Nadel und Faden zum Nähen, Wolle zum Abbinden, Wäscheklammern zum Abstecken. Wie sie diese Hilfsmittel zum Verkleinern ihres T-Shirts verwenden möchten, entscheiden die Schüler/innen selbst. Wichtig ist dabei nur, dass sie sich für eine Gestaltungsvariante entscheiden.

Anmerkung

Im Vorfeld dieser Aufgabenstellung können verschiedene Möglichkeiten des Nähens, Raffens und Zusammenfaltens ausprobiert werden. Hier können Stoffreste bereitgestellt und zum Üben verwendet werden. Dies soll nicht dazu dienen, verschiedene Nähtechniken zu erlernen. Allerdings sollten den Schüler/innen vor Bearbeitung dieser Aufgabenstellung Grundfertigkeiten im Umgang mit Nadel und Faden vermittelt werden.

Weiterführung

Durch die Offenheit der Aufgabenstellung werden die Schüler/innen vielfältige Möglichkeiten zur Verkleinerung der T-Shirts ausprobieren. Dabei wird sich zeigen, dass interessante Designs entstehen können, ganz ohne Einsatz von Farbe. Ein Blick in die Modekataloge wird zum Vorschein bringen, dass ähnliche Kreationen auch hier Verwendung finden.

7. Sport und tägliche Bewegungszeit als spielerische Konstruktion

Sport und tägliche Bewegungszeit zeichnen sich nicht nur durch Vorgänge des Spielens und der Zusammenarbeit aus, sondern auch durch Merkmale der Konkurrenz. In Spiel und Sport sind Konflikte oft nicht zu vermeiden, vor allem, wenn es darum geht, einen Gewinner und einen Verlierer zu ermitteln. Unversehens gerät die Bewältigung von Meinungsverschiedenheiten zum grundlegenden Problem, denn gelingt die Konfliktlösung nicht, droht gegebenenfalls gar der Abbruch des Spiels. In solchen Situationen zeigt sich, wie wichtig es ist, Kompromisse zu schließen und wie schwierig eine Konfliktbewältigung oft herbeizuführen ist. Hier erfahren die Kinder, dass bei Meinungsverschiedenheiten unterschiedliche Interessen zum Tragen kommen und dass es oft schwer fällt, die Sichtweise der anderen Partei nachzuvollziehen.

Zum Sport und zur täglichen Bewegungszeit als spielerischer Konstruktion gehört die Bereitschaft, neben den eigenen Erwartungen ebenso die Perspektive der anderen Schüler/innen wahrzunehmen und zu würdigen. In der praktischen Umsetzung bedeutet dies, dass auch Lösungsvorschläge ausprobiert werden sollten, die nicht vollständig den eigenen Vorstellungen entsprechen. Nur so lassen sich neue Erkenntnisse sammeln, auf deren Grundlage die vorgeschlagene Lösung nochmals überarbeitet werden kann. Gleichzeitig heißt dies, dass der Lehrer »Unvereinbarkeiten‹ nicht vorschnell ausräumen (sollte). Das schmerzhafte Erleben von Konflikten und die Schwierigkeiten bis zur Bewältigung eines Konflikts müssen die Schüler in zunehmender Komplexität und mit abnehmender Unterstützung durch den Lehrer selbst erfahren sowie auszuhalten und zu lösen lernen. Zudem werden sich manche Meinungsverschiedenheiten nicht ausräumen lassen, ohne daß bei ihrer Auflösung neue entstehen« (Balz 1989, S. 129). Daraus lässt sich schlussfolgern: Sport und tägliche Bewegungszeit als spielerische Konstruktion sind Methode und Inhalt zugleich. Es ist ein aktiver und selbsttätiger Prozess seitens der Schüler/innen, der nicht durch Unterweisung und Belehrung ersetzt werden kann. Was eine spielerische Konstruktion im Sportunterricht bedeutet, was sie erforderlich macht, welche Probleme sich bei der Bewältigung von Meinungsdifferenzen ergeben, erfahren die Kinder nur in der praktischen Umsetzung, d. h. im konkreten Versuch der (Re-)Konstruktion und Dekonstruktion von Situationen in Spiel und Sport. Anhand von Beispielen aus den Handlungsbereichen Spielen, Laufen, Springen, Werfen, Darstellen und Turnen soll dies in den nun folgenden Abschnitten exemplifiziert werden.

7.1 Spielen: Konfliktbewältigung versus Kooperation

Bei manchen Autoren drängt sich beim Lesen der Verdacht auf, als wollten sie das Prinzip des Konkurrierens grundsätzlich dem »Schlechten« zuordnen, Kooperationsfähigkeit hingegen als Verkörperung des »Guten« definieren. Doch Kooperation ist nicht grundsätzlich »gut«, Wettkampf nicht per se »schlecht«. Kooperation muss nicht heißen, Konkurrenz auszuschließen, denn hierdurch würden den Schüler/innen wichtige Erfahrungsmomente vorenthalten. Aus diesem Grund sind auch die hier vorgestellten Spielvorschläge, die in Phasen täglicher Bewegungszeit und im Sportunterricht zum Einsatz kommen können, von der Spielstruktur und dem Spielgedanken her so angelegt, dass in ihnen Kooperation und Konkurrenz gleichzeitig erfahren werden können. Dabei erscheint es vorteilhaft, vor allem unter einem konstruktivistischen Blickwinkel, wenn die Phase des Miteinanderspielens vertieft wird, bevor Kooperation und Konkurrenz gleichzeitig gefordert werden. Vor diesem Hintergrund werden in den nachfolgenden Ausführungen Spielaufgaben vorgestellt, die die Schüler/innen anregen, sich gemeinsam an Aufgabenlösungen zu versuchen und aufeinander bezogen zu handeln. So können die Kinder Erfahrungen des (Re-)Konstruierens und Dekonstruierens in der Spielgemeinschaft sammeln. Sie können sachbezogen und aufgabenorientiert zusammenarbeiten, gemeinsam die Freude am Gelingen der Aufgabe erleben und anerkennen, dass bei Meinungsverschiedenheiten ein »besserer« Lösungsvorschlag übernommen wird. Im nun Folgenden soll dies anhand von sechs ausgewählten Beispielen exemplifiziert werden:

- Das andere Ufer (1.–2. Schuljahr)
- Kopieren (1.–2. Schuljahr)
- Schwester, hilf! (2.–3. Schuljahr)
- Decke umdrehen (2.–3. Schuljahr)
- Regenrinne (3.–4. Schuljahr)
- Der Weg (3.–4. Schuljahr)

Bei den Aufgaben »Das andere Ufer«, »Decke umdrehen« sowie »Der Weg« werden die Schüler/innen mit unterschiedlichen Problemstellungen konfrontiert, die es innerhalb der Gruppe zu lösen gilt. So werden die Kinder z. B. dazu aufgefordert, mit zwei Bettlaken eine bestimmte Wegstrecke zurückzulegen. Dabei wird im Vorfeld jedoch nicht vorgegeben, dass die zwei Gruppen, die jeweils auf einem Laken stehen, auch zusammenarbeiten können. Zu dieser Schlussfolgerung sollen die Schüler/innen selbst gelangen, indem sie in Phasen der Reflexion solche Fragestellungen diskutieren wie:

- Welche Möglichkeiten gibt es, um an das andere Ufer zu gelangen?
- Was ändert sich, wenn wir den Betrachtungswinkel wechseln und das Spiel nicht mehr unter dem Aspekt der Konkurrenz, sondern als kooperatives Spiel in den Blick nehmen?

Mit solchen Fragen befassen sich die Schüler/innen auch im Rahmen der Aufgabe »Decke umdrehen«. Hier geht es darum, eine Decke, auf der alle Gruppenmitglieder stehen, umzudrehen, ohne dass dabei ein Schüler den Boden berührt. In nachfolgenden Spielrunden wird diese Übung zunehmend schwieriger: Geht es zu Beginn noch darum, auf der gesamten Decke Platz zu finden und diese umzudrehen, wird die Decke in nachfolgenden Runden halbiert, sodass die Grundfläche von Mal zu Mal kleiner und die Aufgabe damit schwieriger wird.

Einfallsreichtum ist auch bei der Aufgabe »Der Weg« gefordert. Mit möglichst wenig Bodenkontakt der Füße sollen die Gruppenmitglieder eine bestimmte Strecke im Raum zurücklegen, wobei die Kinder untereinander immer Körperkontakt halten sollen.

- Welche Lösungsvarianten sind hier denkbar?
- Gibt es Möglichkeiten, wie sich die Strecke mit noch weniger Bodenkontakt überwinden lässt?

Bei allen bisher genannten Aufgabenstellungen steht die Kooperation der Schüler/innen im Vordergrund. Auch im Rahmen der Aufgabenstellung »Schwester, hilf!« ist die Kooperationsfähigkeit von grundlegender Bedeutung. Allerdings kommt hier zugleich das Prinzip des Konkurrierens zum Tragen, da die Kinder bei dem Spiel »Schwester, hilf!« möglichst schnell vor einem Fänger weglaufen müssen, um von diesem nicht gefangen zu werden. Anderen Schüler/innen, die von dem Fänger verfolgt werden, können die Kinder jedoch zu Hilfe eilen, indem sie diese berühren. So kann der Verfolgte nicht abgeschlagen werden. Kooperation und Konkurrenz können in diesem Spiel gleichzeitig erfahren werden. Einen hohen Grad an Kooperationsfähigkeit fordert auch das Spiel »Regenrinne«, in dessen Rahmen die Kinder Wasser von einem Eimer in einen anderen befördern sollen, und dies nur mithilfe einer Frischhaltefolie. Eine Lösungsmöglichkeit für dieses Problem stellt der Ansatz dar, aus der Frischhaltefolie eine Art Rinne zu bilden, durch die das Wasser laufen kann. Mit dieser Variante rekonstruieren die Kinder eine einfache Form des Aquädukts, das der Wasserversorgung der römischen Städte diente.

Schließlich wird den Kindern mit dem Spiel »Kopieren« eine Aufgabe gestellt, die sie zum Nachahmen der Bewegungen anderer Schüler/innen sowie zum Vorgeben eigener Bewegungsmuster anregt. Keiner der Schüler/innen weiß bei diesem Spiel im Vorfeld, welches Kind die Bewegungen vormacht, wer sie kopiert und ob es noch andere Schüler/innen gibt, die dasselbe Kind imitieren wie es selbst. Hierin liegt der Reiz dieses Spiels: Es ist nicht vorhersehbar, welche Dynamik sich innerhalb der Gruppe entwickelt, wer bei diesem Spiel vorgibt und wer nachahmt.

| Sport/Bewegung, Nr. 1 | Spielen | Das andere Ufer |

Ziel und didaktischer Kontext

- Förderung der Kooperation und Integration
- Verbesserung der Selbstorganisation und Eigenaktivität
- Entwickeln von Spiel- und Lösungsideen
- gemeinsames Problemlösen

Schuljahr	Gruppengröße	Vorkenntnisse	Dauer	Materialien
1.–2. Klasse	2 gleich große Gruppen	keine	ca. 20 min.	• 2 Bettlaken oder Decken

Durchführung

Die Klasse teilt sich in zwei gleich große Gruppen, die sich jeweils auf ein Bettlaken stellen. Die Bettlaken symbolisieren zwei Schiffe. Aufgabe ist es, mit den Schiffen an das andere Ufer zu gelangen, ohne dass einer der Passagiere mit dem »Wasser« (Boden) in Berührung kommt. Wie löst die Klasse dieses Problem? Die Phase des Ausprobierens und Experimentierens wird durch Momente der gemeinsamen Reflexion unterbrochen. Hier gilt es, innerhalb der Gruppe vor allem folgende Aspekte zu diskutieren:

- Gibt es noch andere Möglichkeiten als die bisher erprobten, um die Aufgabenstellung zu lösen?
- Was ändert sich, wenn wir den Blickwinkel wechseln?

Anmerkung

Die zwei Gruppen müssen darauf kommen, dass das andere Ufer nur erreicht wird, wenn beide Gruppen zusammenarbeiten. Dazu gehen alle Kinder der Klasse auf ein Bettlaken; das zweite Bettlaken wird weitergezogen. Bei diesem Spiel geht es also nicht um den Wettbewerb zwischen den beiden Gruppen, sondern um deren Zusammenarbeit.

Weiterführung

Wenn dieses Spiel im Klassenraum durchgeführt wird, können anstelle von Bettlaken auch Stühle verwendet werden, wobei die Anzahl der Stühle der Gruppengröße entsprechen sollte. Jedes Kind steht auf seinem Stuhl und darf nicht das »Wasser« um es herum berühren. Die Schüler/innen müssen nun versuchen, mit ihrem Stuhl bis zu einem bestimmten Punkt zu gelangen. Wie kann dies funktionieren?

| Sport/Bewegung, Nr. 2 | Spielen | Kopieren |

Ziel und didaktischer Kontext

- Nachahmen der Bewegungen eines anderen Kindes
- Vorgeben eigener Bewegungen
- gemeinsames Auswerten des Spiels
- Verbesserung der Wahrnehmungsfähigkeit

Schuljahr	Gruppengröße	Vorkenntnisse	Dauer	Materialien
1.–2. Klasse	alle Kinder	keine	ca. 20 min.	keine

Durchführung

Die Kinder stellen sich in einen Kreis. Jeder Schüler sucht sich ein anderes Kind aus, das er nachahmen möchte. Diese Auswahl erfolgt im Stillen: Keiner teilt dem anderen mit, dass er ihn oder sie ausgesucht hat. Dies bedeutet auch, dass die ausgewählte Person nicht mit den Augen fixiert werden darf.

Alle Schüler/innen schließen die Augen. Sobald ein Gongschlag ertönt, öffnen die Kinder ihre Augen und ahmen die Bewegungen des Schülers nach, den sie ausgewählt haben. Jede Bewegung, die das andere Kind macht, wird von dem Schüler imitiert. Anschließend sprechen die Schüler/innen über die beim Spiel gesammelten Erfahrungen.

Anmerkung

Bei diesem Spiel wird sich zeigen, dass die Schüler/innen nach und nach entweder alle dieselben Bewegungen ausführen oder dass es zwei, drei oder vier verschiedene Bewegungsgruppen innerhalb der Klasse gibt. Auch ist es möglich, dass sich einzelne Kinder bzw. Gruppen von Kindern zunächst nur wenig oder gar nicht bewegen. Vor diesem Hintergrund lässt sich eine Auswertung vornehmen, bei der unter anderem folgende Aspekte besprochen werden:

- Welche Struktur hat sich zwischen Vorgeben und Nachahmen herauskristallisiert?
- Habe ich Bewegungen nur nachgeahmt oder habe ich auch welche vorgegeben?
- Welche Auswirkungen hatte dies auf die Gruppe?

Weiterführung

Dieses Spiel kann mit einer Videokamera aufgenommen und anschließend in der Klassengemeinschaft betrachtet werden. So lässt sich eine Auswertung vornehmen in Bezug auf das Vorgeben und Nachahmen. Was fällt den Schüler/innen in dem Film auf, was sie bislang noch nicht bemerkt haben?

| Sport/Bewegung, Nr. 3 | Spielen | Schwester, hilf! |

Ziel und didaktischer Kontext

- Kennenlernen der Spielregeln
- Erkennen von Spielstrategien
- Entwickeln von Spiel- und Lösungsideen
- Verbesserung der Kooperation und Integration

Schuljahr	Gruppengröße	Vorkenntnisse	Dauer	Materialien
2.–3. Klasse	alle Kinder	keine	ca. 30 min.	keine

Durchführung

Bei diesem Fangspiel schlägt ein Fänger die anderen Kinder ab. Die gefangenen Schüler/innen scheiden aus dem Spiel aus. Ein Verfolgter darf jedoch nicht abgeschlagen werden, wenn ein anderer Schüler ihm zu Hilfe eilt und ihn berührt. Nach einem ersten Durchgang kommen die Schüler/innen im Kreis zusammen und besprechen ihre Beobachtungen:

- Wie hat das Spiel funktioniert?
- Konnten alle Kinder gleichermaßen am Spiel teilnehmen?
- Welche Probleme sind aufgetreten?
- Welche Lösungsmöglichkeiten gibt es hierfür?
- Welche anderen Varianten fallen den Kindern ein, wie ein verfolgter Schüler vor dem Fänger geschützt werden kann?
- Was gibt es für Möglichkeiten, dass gefangene Schüler wieder in das Spiel mit einbezogen werden?

Anmerkung

Meist braucht es mehrere Anläufe, bis die Kinder nicht nur an die eigene Sicherheit denken, sondern auch die Situation des Verfolgten in ihr Handeln einbeziehen. Dabei wird sich zeigen, dass das Fangspiel mit zunehmender Spielerfahrung der Kinder immer besser funktioniert: Haben die Schüler/innen erst einmal am eigenen Leibe erfahren, wie wichtig die Hilfestellung durch ein anderes Kind ist, wenn man verfolgt wird, erhöht sich die Bereitschaft, auch anderen Kindern zu helfen.

Weiterführung

Nach mehreren Wiederholungen dieses Spiels wird es für den Fänger zunehmend schwieriger, ein anderes Kind zu fangen. Jetzt muss die Position des Fängers gestärkt werden, indem z. B. zwei oder drei Fänger zum Einsatz kommen.

| Sport/Bewegung, Nr. 4 | Spielen | Decke umdrehen |

Ziel und didaktischer Kontext

- Förderung der Kooperation und Integration
- Verbesserung der Selbstorganisation und Eigenaktivität
- Entwickeln von Lösungsideen
- gemeinsames Problemlösen

Schuljahr	Gruppengröße	Vorkenntnisse	Dauer	Materialien
2.–3. Klasse	8–10 Kinder	keine	ca. 20 min.	• große Decken

Durchführung

Jede Gruppe breitet eine Decke auf dem Boden aus. Alle Gruppenmitglieder stellen sich auf die Decke, sodass die Kinder den Boden nicht mit den Füßen berühren. Aufgabe ist nun, die Decke umzudrehen, ohne dabei mit den Füßen den Boden zu berühren. Dabei müssen die Kinder teilweise auf einem Bein stehen oder von den anderen Gruppenmitgliedern gestützt und festgehalten werden. Nur durch gemeinsame Hilfestellungen kann verhindert werden, dass einzelne Kinder umfallen oder von der Decke heruntertreten.

Anmerkung

Nachdem die Gruppen einige Zeit experimentieren und ausprobieren konnten, sollten sich alle Schüler/innen im Sitzkreis treffen, um die gesammelten Erfahrungen bzw. Probleme miteinander auszutauschen. Danach probieren nochmals alle Gruppen, ihre Decke umzudrehen. Wichtig dabei ist, dass der Wettkampfcharakter nicht im Vordergrund steht.

Weiterführung

Wenn die Kinder diese Aufgabenstellung gelöst haben, kann man die Decke immer kleiner zusammenlegen. Nun wird das Umdrehen der Decke schwieriger, und Einfallsreichtum ist gefordert.

| Sport/Bewegung, Nr. 5 | Spielen | Regenrinne |

Ziel und didaktischer Kontext

- Entwickeln von Möglichkeiten zur Weiterleitung von Wasser
- Bilden einer Regenrinne mithilfe von Frischhaltefolie
- Förderung der Zusammenarbeit innerhalb der Gruppe
- gemeinsames Problemlösen

Schuljahr	Gruppengröße	Vorkenntnisse	Dauer	Materialien
3.–4. Klasse	8–10 Kinder	keine	ca. 20 min.	• zwei Eimer • Frischhaltefolie

Durchführung

Die Kinder erhalten einen Eimer, der mit Wasser gefüllt ist, einen leeren Eimer sowie eine Rolle Frischhaltefolie. Mithilfe der Frischhaltefolie soll das Wasser von dem einen in den anderen Eimer befördert werden, ohne dass dabei zu viel Wasser verloren geht. Eine Entfernung von mehreren Metern zwischen den Eimern gilt es auf diese Weise zu überbrücken. Wie kann dies gelingen? Nach dem Experimentieren tauschen die Schüler/innen ihre Erfahrungen in einem gemeinsamen Gespräch aus. Hier wird z. B. diskutiert, welche Möglichkeiten es gibt, die Frischhaltefolie im Rahmen dieser Aufgabenstellung zu verwenden, aber auch, welche Bedeutung der Rollenzuteilung und Teamfähigkeit innerhalb der Gruppe zukommt.

Anmerkung

Eine Lösungsmöglichkeit für dieses Spiel stellt folgende Variante dar: Ein Schüler nimmt den Eimer mit Wasser und sucht sich einen erhöhten Punkt, z. B. auf einer kleinen Mauer oder einem Stuhl. Die anderen Gruppenmitglieder stellen sich in einer Reihe neben ihm auf und halten die Frischhaltefolie. Der leere Eimer wird an dem anderen Ende der Folie platziert. Nun wird das Wasser auf die Folie gegossen und die Schüler/innen müssen diese so halten, dass das Wasser wie in einer Rinne zu dem leeren Eimer fließt.

Mit der hier beschriebenen Variante rekonstruieren die Schüler/innen die Möglichkeiten des römischen Aquädukts. Sie erfahren, dass die Folie als Rinne geformt sein muss, um das Wasser weiterleiten zu können. Die Rinne muss dabei leicht nach unten verlaufen. Auch erleben die Schüler/innen, was es bedeutet, ein Leck in der Rinne zu haben, und wie man damit umgehen kann.

Weiterführung

Im Anschluss können auch Hindernisse aufgebaut werden, um die das Wasser in der Rinne herumgeleitet werden muss. Eine recht schwierige Aufgabe ist es, das Wasser bergauf weiterzuleiten. Wie kann dies gelingen?

| Sport/Bewegung, Nr. 6 | Spielen | Der Weg |

Ziel und didaktischer Kontext

- Förderung der Kooperation
- Vertrauen gewinnen, um vom passiven Nebeneinander zum aktiven Miteinander zu gelangen
- Entwickeln von Spiel- und Lösungsideen
- gemeinsames Problemlösen

Schuljahr	Gruppengröße	Vorkenntnisse	Dauer	Materialien
3.–4. Klasse	5–10 Kinder	keine	ca. 15 min.	• eventuell Gegenstände, wie z. B. Medizinbälle, Bücher, Stühle

Durchführung

Eine Gruppe von fünf bis zehn Kindern soll versuchen, mit möglichst wenig Bodenkontakt der Füße eine bestimmte Strecke im Raum zurückzulegen. Die Gruppe muss dabei immer Körperkontakt untereinander halten. Für diese Problemstellung sind unterschiedliche Lösungswege denkbar und gerade hierin liegt der Reiz der Aufgabe:

- Wie kann es gelingen, bei einem wiederholten Durchgang mit noch weniger Bodenkontakt die Strecke zurückzulegen?
- Was lässt sich an der Gruppenaufstellung optimieren?
- Gibt es Lösungsmöglichkeiten, die die Kinder bislang noch nicht in Erwägung gezogen haben?

Anmerkung

Bei diesem Spiel geht es nicht um die Geschwindigkeit, in der die Wegstrecke zurückgelegt wird, sondern um das Ziel, mit möglichst wenig Bodenkontakt der Füße eine bestimmte Strecke im Raum zu bewältigen. Diese Aufgabenstellung lässt sich an fast jedem Ort umsetzen, sei es in der Pausenhalle, der Turnhalle, auf dem Schulhof oder auf einer Wiese.

Weiterführung

Im Rahmen einer Fortführung dieser Aufgabenstellung können die Kinder versuchen, zusätzlich verschiedene Gegenstände zu transportieren. Dafür bieten sich neben Medizinbällen auch Stöcke, Blätter oder Schulranzen an.

7.2 Laufen, Springen, Werfen: Anbahnen eines technischen Fundaments

Dem Handlungsbereich »Laufen, Springen, Werfen« wird in den Rahmenplänen für die Grundschule ein großer Stellenwert im Rahmen des Sportunterrichts beigemessen. Vor allem geht es dabei um die Verbesserung der motorischen Grundeigenschaften Kraft, Ausdauer, Schnelligkeit und Bewegungskoordination. Die Schüler/innen sollen sich ein Fundament in technischer Hinsicht aneignen, indem sie bestimmte Sprung-, Wurf- und Lauftechniken erlernen. Hierzu gehören z. B. solche Elemente wie das Erarbeiten einer Grobform des Hoch- und Tiefstarts, des Schrittweitsprungs, des Schlagwurfs oder der Koordination der Arm- und Beinbewegung beim Laufen. Zumeist geht es darum, eine in der Leichtathletik bewährte Technik in ihrer Grobform nachzuvollziehen und diese in Einzel- oder Mannschaftswettkämpfen zur Anwendung zu bringen. Nun stellt sich die Frage, inwieweit diese Inhalte mit einer konstruktivistischen Unterrichtsgestaltung, die sich ein selbstständiges Erschließen von Unterrichtsinhalten zum Ziel setzt, vereinbar sind.

Eine konstruktivistische Betrachtungsweise des Sportunterrichts verweist darauf, dass Wissen kein bloßes Technikwissen ist, sondern auch ein implizites Wissen, welches sich nicht unbedingt in technischen Parametern fassen lässt und erst in einer Form des spielerischen Ausprobierens in Erscheinung tritt. Ein solch konstruktivistisches Paradigma betont die individuelle Wahrnehmung und Interpretation der Umwelt. Lernen erscheint demnach als ein aktiver und konstruierender Prozess, der sich im Sportunterricht vor allem durch folgende Aspekte auszeichnet: Experimentieren, Explorieren und Ausprobieren, die jeweils als aktive Vorgänge zu verstehen sind. Anhand von sechs Praxisbeispielen aus dem Bereich »Laufen, Springen, Werfen« soll hier veranschaulicht werden, dass die für diesen Handlungsbereich in den Rahmenplänen geforderte Verbesserung der motorischen Grundeigenschaften mit einem konstruktivistischen Paradigma einhergehen kann. Wie dies im Einzelnen gelingen kann und welche Grundbedingungen hierfür erfüllt sein müssen, dies sollen die nachfolgenden Anregungen und Beispiele zeigen:

- Bierdeckellauf (1.–2. Schuljahr)
- Wurfexperiment (2.–3. Schuljahr)
- Elektrischer Hochsprung (2.–3. Schuljahr)
- Astronautensprünge (2.–3. Schuljahr)
- Hoch-/Tiefstart-Statue (3.–4. Schuljahr)
- Bumerang (4. Schuljahr)

Die Aufgabe »Bierdeckellauf« verbindet die Verbesserung der motorischen Grundeigenschaften Schnelligkeit und Ausdauer mit dem konstruktivistischen Ansatz des Entwickelns und Modifizierens eigener Spielstrategien. Hier wechseln Phasen des Spielens und Laufens mit Phasen der Reflexion. Dabei werden Erfahrungen, die die Kinder im Rahmen der praktischen Umsetzung gesammelt haben, verbalisiert, um daraus veränderte Spielstrategien abzuleiten und Fragestellungen zu diskutieren wie z. B.:

- Was könnte sich ändern, wenn wir die Positionen der einzelnen Spieler/innen wechseln?
- Welche weiteren Spielpositionen sind denkbar?
- Wie wirken sich diese Veränderungen auf das gesamte Spiel aus?

Solche Fragen, die zu einer Perspektive der Dekonstruktion führen, gilt es, auch im Rahmen des »Wurfexperiments« zu diskutieren. Hier werden Varianten zur Befüllung eines Schweifballes durchdacht und in anschließenden Experimenten überprüft. So wird z. B. ausprobiert, ob sich ein eher schweres oder ein leichtes Füllmaterial eignet, ob der Schweif des Balles lang oder kurz sein sollte. Stets soll dabei überlegt werden: Gibt es Varianten, die wir bislang noch nicht in Betracht gezogen haben? Finden sich Füllmaterialien, mit denen sich das Flugverhalten des Balles weiter optimieren ließe? Die Herstellung eines »Bumerangs« ist zwar deutlich komplexer als das »Wurfexperiment«, geht aber im Grundsatz von denselben Fragestellungen zur Konstruktion, Rekonstruktion und Dekonstruktion aus.

Dies gilt auch für die Praxisbeispiele »Elektrischer Hochsprung«, »Astronautensprünge« sowie »Hoch-/Tiefstart-Statue«. Diesen Beispielen ist ein Gedanke gemeinsam: Sie führen die Schüler/innen spielerisch an die Grobform einer leichtathletischen Technik heran, sei dies die Technik des Scher-, Stand- bzw. Schrittweitsprungs oder die Grobform des Hoch- und Tiefstarts. Einzelne Elemente dieser Grobformen können beim spielerischen Ausprobieren und Experimentieren gewissermaßen von selbst erschlossen werden, z. B. indem Schüler/innen als »Bildhauer« eine Statue in die Position eines Athleten bringen, der einen Hoch- bzw. Tiefstart ausführt. In der Aufgabe »Astronautensprünge« verkleiden die Kinder mithilfe eines großen T-Shirts und einiger Luftballons einen Schüler in einen Astronauten. Anschließend vergleichen sie die Bewegungen des Astronautenschülers beim Springen mit den Sprüngen eines Kindes ohne Verkleidung. Auf der Grundlage solcher Vergleiche lassen sich grundlegende Merkmale des Stand- sowie Schrittweitsprungs herausarbeiten.

| Sport/Bewegung, Nr. 7 | Laufen, Springen, Werfen | Bierdeckellauf |

Ziel und didaktischer Kontext

- Ausprobieren des Bierdeckellaufspiels
- Entwickeln eigener Spielstrategien
- Überprüfen und Modifizieren der eigenen Strategien
- Verbesserung der motorischen Grundeigenschaften Schnelligkeit und Ausdauer

Schuljahr	Gruppengröße	Vorkenntnisse	Dauer	Materialien
1.–2. Klasse	4 gleich große Gruppen	keine	ca. 30 min.	• Bierdeckel in unterschiedlichen Farben • Kasten

Durchführung

Die Klasse wird in vier gleich große Gruppen aufgeteilt. Jede Gruppe sucht sich eine Ecke der Turnhalle aus, in der etwa 30 bis 40 Bierdeckel verteilt liegen. Die Bierdeckel sollten im Vorfeld, z. B. im Rahmen des Kunstunterrichts, farblich markiert worden sein, sodass jede Gruppe Bierdeckel in ihrer eigenen Farbe hat. Ziel dieses Laufspiels ist es, möglichst viele der eigenen Bierdeckel innerhalb von drei Minuten in einen Kasten, der in der Hallenmitte steht, zu befördern. Hierfür dürfen die Bierdeckel der anderen Gruppen auch aus dem Kasten wieder herausgeworfen werden.

Nach dem ersten Durchgang dieses Spiels dürfen sich die Kinder innerhalb ihrer Gruppen beraten und neue Spielstrategien entwerfen. Diese gilt es im Rahmen der nächsten Durchgänge zu erproben und gegebenenfalls weiter zu modifizieren.

Anmerkung

Im Rahmen der Gesprächsphase, die zugleich der Erholung dient, können folgende Aspekte innerhalb der Gruppen besprochen werden:

- Was hat beim letzten Durchgang bereits gut funktioniert?
- In welchen Situationen sind Probleme aufgetreten?
- Welche Positionen auf dem Spielfeld müssen durch einen zusätzlichen Helfer abgedeckt werden?
- Gibt es Positionen zu besetzen, die wir bislang noch nicht berücksichtigt haben?
- Was ändert sich, wenn ein oder mehrere Gruppenmitglied(er) seine/ihre Position(en) und/oder Tätigkeit(en) auf dem Spielfeld wechseln?

Weiterführung

Einzelne Spielregeln können modifiziert werden. So lässt sich z. B. die Regel einführen, dass gegnerische Bierdeckel nicht aus dem Kasten genommen werden dürfen. Was ändert sich hierdurch am Spielgeschehen?

| Sport/Bewegung, Nr. 8 | Laufen, Springen, Werfen | Wurfexperiment |

Ziel und didaktischer Kontext

- Erstellen unterschiedlicher Schweifbälle
- Erproben der Schweifbälle
- Vergleich der verschiedenartigen Flugeigenschaften
- Anwenden des Schlagwurfs

Schuljahr	Gruppengröße	Vorkenntnisse	Dauer	Materialien
2.–3. Klasse	5–6 Kinder	keine	ca. 45 min.	• Tennisbälle • Absperrband • Sand • Papier • Schere

Durchführung

Die Schüler/innen bekommen in ihren Gruppen mehrere alte Tennisbälle, in die zuvor ein etwa drei Zentimeter langer Ritz geschnitten wurde, und etwas Absperrband zur Verfügung gestellt. Die Bälle gilt es, nun mit unterschiedlichen Materialien zu füllen, wie z. B. Sand, Zeitungspapier, Linsen oder Reis. Von dem Absperrband werden mehrere Streifen abgeschnitten und die Streifen werden durch einen Knoten miteinander verbunden. Der Knoten wird in die Ritze des Tennisballs gesteckt, sodass das Absperrband als Schweif aus dem Ball heraushängt. Nun können die Schüler/innen mit ihren selbst hergestellten Schweifbällen Wurfexperimente durchführen.

Anmerkung

Im Rahmen der spielerischen Experimente können die Kinder Fragestellungen nachgehen wie z. B.:

- Mit welchem Material sollte der Ball gefüllt sein, damit er möglichst gut fliegt?
- Bietet sich ein eher schweres oder ein leichtes Füllmaterial an?
- Wie verändern sich die Flugeigenschaften des Wurfobjekts, wenn ein anderes Füllmaterial verwendet wird?
- Welche Funktion übernimmt der Schweif?
- Wie fliegt der Ball mit einem langen (kurzen) Schweif?
- Wie ändert sich das Flugverhalten, wenn mehr als nur ein Schweif am Ball befestigt wird?

Weiterführung

Im Rahmen des spielerischen Experimentierens mit den Schweifbällen wird sich der Schlagwurf als eine geeignete Wurfvariante herauskristallisieren. Die Grobform des Schlagwurfs kann im Anschluss an die Wurfexperimente mit den Kindern erarbeitet werden.

Sport/Bewegung, Nr. 9	Laufen, Springen, Werfen	Elektrischer Hochsprung

Ziel und didaktischer Kontext

- Überqueren eines Seils in der Gruppe
- Entwickeln geeigneter Möglichkeiten zur Überquerung
- Vorstellen und Vergleichen der Optionen
- Herausarbeiten unterschiedlicher Sprungvarianten

Schuljahr	Gruppengröße	Vorkenntnisse	Dauer	Materialien
2.–3. Klasse	6–7 Kinder	keine	ca. 25 min.	• langes Seil

Durchführung

Im Rahmen dieser Aufgabenstellung müssen die Kinder in ihrer Gruppe gemeinsam über ein Seil, das einen elektrischen Zaun darstellt, steigen. Dabei dürfen die Gruppenmitglieder nicht den Kontakt zueinander verlieren und sie dürfen das Seil nicht berühren. Sollte das Seil beim Übersteigen berührt werden, muss die gesamte Gruppe von vorne beginnen. Vorgaben, wie das Seil überquert werden soll, gibt es nicht. Allerdings wird nach mehreren Durchgängen eine Demonstrationsphase eingebaut, in deren Rahmen Möglichkeiten vorgestellt werden, wie sich das Seil von der Gruppe überqueren lässt. Diese Optionen sollten anschließend von allen Gruppen ausprobiert werden.

Anmerkung

Nach mehreren Durchgängen wird sich herauskristallisieren, dass das Überqueren des Seils am besten gelingt, wenn alle Kinder der Gruppe in derselben Weise über das Seil steigen. Vor diesem Hintergrund lassen sich verschiedene technische Möglichkeiten ausprobieren wie z. B. der Schersprung. Auch können die Schüler/innen erproben, welche Sprungvariante sich bei höheren und welche bei weniger hohen Hindernissen anbietet. Mit Blick auf eine übergeordnete Ebene lässt sich schließlich eruieren:

- Was könnte solch ein Hindernis sein, das man in der Gruppe überwinden muss?
- Welche Hindernisse gibt es in der Klasse, an die wir immer wieder stoßen?
- Wie können wir diese gemeinsam bewältigen?

Weiterführung

Im Anschluss an dieses Kooperationsspiel kann die Grobform des Schersprungs erarbeitet und beim Sprung auf die Weichbodenmatte gefestigt werden.

| Sport/Bewegung, Nr. 10 | Laufen, Springen, Werfen | Astronautensprünge |

Ziel und didaktischer Kontext

- Erstellen einer Astronautenverkleidung
- Erproben unterschiedlicher Möglichkeiten des Springens in der Kleidung
- Vergleich der Astronautensprünge mit dem Springen ohne Verkleidung
- Erarbeiten einer Grobform des Stand- bzw. Schrittweitsprungs

Schuljahr	Gruppengröße	Vorkenntnisse	Dauer	Materialien
2.–3. Klasse	3–4 Kinder	keine	ca. 40 min.	• Luftballons • große T-Shirts

Durchführung

Zunächst wird innerhalb der Gruppe ein Astronaut ausgewählt. Dieses Kind zieht sich ein T-Shirt über, das ihm deutlich zu groß ist. Die anderen Kinder seiner Gruppe stopfen ihm nun mehrere Luftballons unter das T-Shirt. Dabei gilt es, so viele Luftballons wie möglich unter dem T-Shirt zu platzieren. Anschließend versucht der als Astronaut gekleidete Schüler möglichst weite Sprünge zu machen, ohne dass dabei ein Luftballon zerplatzt.

- Wie gelingt ihm dies?
- Welche unterschiedlichen Möglichkeiten gibt es, mit der Astronautenkleidung zu springen?

Anmerkung

Im Rahmen dieser Aufgabenstellung lässt sich die Grobform des Stand- bzw. des Schrittweitsprungs erarbeiten. Hierfür vergleichen die Kinder das Springen des Astronautenschülers mit den Sprüngen eines nicht verkleideten Kindes. Vor diesem Hintergrund lassen sich Fragen diskutieren wie z. B.:

- Wie sehen die Sprünge des Astronautenkindes im Vergleich zu einem Sprung aus, der ohne die Astronautenkleidung durchgeführt wird?
- Was sind wesentliche Merkmale des Springens aus dem Stand (aus dem Gehen bzw. aus dem Laufen)?

Weiterführung

In der Astronautenkleidung können die Kinder anschließend auch andere Übungen durchführen, z. B. das Überqueren eines Hindernisparcours oder das Durchführen eines Wettlaufs.

| Sport/Bewegung, Nr. 11 | Laufen, Springen, Werfen | Hoch-/Tiefstart-Statue |

Ziel und didaktischer Kontext

- Gestalten einer Statue
- Rekonstruktion der Ausgangspositionen beim Hoch- bzw. Tiefstart
- gemeinsames Erarbeiten der Grobform dieser Startpositionen
- Erkennen wesentlicher Merkmale der Positionen

Schuljahr	Gruppengröße	Vorkenntnisse	Dauer	Materialien
3.–4. Klasse	alle Kinder	keine	ca. 25 min.	keine

Durchführung

Die Schüler/innen finden sich im Sitzkreis zusammen. Vier bis fünf Kinder begeben sich in eine Hallenecke oder warten vor der Tür. Ein Schüler stellt sich in die Mitte des Sitzkreises. Nun wird eines der wartenden Kinder in den Kreis geholt. Der Lehrer erklärt ihm, er sei ein Bildhauer und der Schüler vor ihm sei seine Statue, die einen Leichtathleten beim Hochstart (Tiefstart) darstellen soll. Der »Bildhauer« darf nun an der Statue eine Sache verändern, den Schüler z. B. in die Hocke bewegen, ein Bein nach vorne stellen oder den Arm nach hinten ausrichten. Die Statue bleibt in der neuen Stellung reglos stehen. Nun wird das nächste Kind hereingeholt und es betätigt sich ebenso als »Bildhauer«. Wichtig dabei ist, dass jeder »Bildhauer« nur eine Sache an der Statue verändern darf. Alle Schüler/innen der Klasse müssen zum Abschluss beurteilen: Ähnelt die Statue dem Bild eines Athleten beim Hochstart (Tiefstart)?

Anmerkung

Mit dieser Aufgabenstellung wird der ästhetische Impuls des Gestaltens einer Statue mit dem sportlichen Ziel des Kennenlernens einer Grobform des Hoch- bzw. Tiefstarts verbunden. Spielerisch erarbeiten die Schüler/innen hier die wesentlichen Kennzeichen der Startposition. Dabei können sie an der Statue immer wieder Veränderungen vornehmen, bis das von ihnen assoziierte Bild des Hoch- bzw. Tiefstarts erfüllt wird. Hinzu kommt, dass jeder »Bildhauer« nur eine Sache an der Statue verändern darf, wodurch die Grobform nicht auf einmal präsentiert und nachvollzogen werden muss, sondern sukzessive erarbeitet wird.

Weiterführung

Nachdem die Kinder die Statue in die Position des Hoch- bzw. Tiefstarts gebracht haben, sollten vom Lehrer letzte Korrekturen vorgenommen werden. Anschließend wird die entsprechende Position von jedem Schüler der Klasse erprobt.

| Sport/Bewegung, Nr. 12 | Laufen, Springen, Werfen | Bumerang |

Ziel und didaktischer Kontext

- Erstellen eines Bumerangs
- (Re-)Konstruktion der einzelnen Herstellungsschritte
- Übertragen des Bauplans auf das eigene Modell
- Erproben des Bumerangs

Schuljahr	Gruppengröße	Vorkenntnisse	Dauer	Materialien
4. Klasse	1 Kind	Kenntnisse im Umgang mit Laubsäge, Schraubzwinge, Raspel und Feile	ca. 180 min.	• Sperrholz • Laubsäge, Schraubzwingen, Raspel, Feile, Schleifpapier • Schablone

Durchführung

Zunächst erhält jeder Schüler eine Bumerangschablone aus Pappe. Der Umriss wird auf das Sperrholz gezeichnet und mit einer Stich- oder Laubsäge ausgesägt. Anschließend wird das Profil, d. h. Schräg- und Stirnkante, aufgezeichnet. Mit Schraubzwingen wird der ausgesägte Rohling an einem Tisch befestigt. Nun wird das Profil mit einer Raspel herausgearbeitet und anschließend mit Feile und Schleifpapier nachgearbeitet. Mit dem Bumerang können die Schüler/innen experimentieren und Wurftechniken erproben. Gegebenenfalls muss der Bumerang nochmals am Profil überarbeitet werden.

Anmerkung

Die Vielfalt der Arbeitsschritte erfordert von den Schüler/innen einen ständigen Wechsel zwischen Phasen des Konstruierens, Rekonstruierens und Dekonstruierens. Immer wieder müssen die Kinder die Perspektive wechseln, beispielsweise wenn sie die Zeichnung, aus der das Profil des Bumerangs hervorgeht, auf den eigenen Bumerang zu übertragen versuchen. Hier werden solche Fragen aufkommen wie z. B.: Was passiert, wenn man Schräg- und Stirnkante tauscht?

Weiterführung

Diese Aufgabe ist zeitaufwendig und erfordert von den Schüler/innen bereits gute Kenntnisse im Umgang mit Laubsäge, Raspel und Feile. Die Ausdauer der Kinder wird am Ende jedoch belohnt durch die Faszination des Erprobens eines eigenen Bumerangs. Die Wurfeigenschaften werden von den Schüler/innen zunächst selbst erprobt. Im Anschluss kann eine gemeinsame Wurfanleitung ausgearbeitet werden.

7.3 Darstellen und Sichbewegen: Konstruktion eigener Vorstellungen

Der Sportunterricht allein kann dem Bewegungsbedarf der Kinder nicht gerecht werden. Zusätzliche Bewegungsangebote sind notwendig, die in den Rahmenplänen für die Grundschule als tägliche Spiel- und Bewegungszeit ausgewiesen werden. Darunter zu verstehen sind Phasen des Spielens und des Sichbewegens, die nicht im Stundenplan verankert sind und die sich je nach Dynamik der Unterrichtsprozesse spontan in den Unterricht einbinden lassen. Ziel ist es dabei nicht, konkrete Bewegungsfertigkeiten zu vermitteln, sondern Spiel- und Bewegungssituationen zu ermöglichen, die »spontan und kreativ von den Kindern selbst geschaffen werden. Sie planen und erproben Bewegungsabläufe, erkennen Probleme, versuchen sie zu lösen und erweitern im spielerischen Umgang mit anderen und mit Materialien ihr Bewegungsrepertoire« (Hessisches Kultusministerium 1995, S. 286). Dies umfasst neben, dem im Vorangehenden dargestellten Bereich des kooperativen Spielens (vgl. Abschnitt 7.1), auch das fächerübergreifende Aufgabengebiet der kulturellen Praxis und des darstellenden Spiels, das im nun Folgenden näher dargestellt werden soll.

Das darstellende Spiel fördert die schöpferische Kraft des Kindes, indem es Raum gibt für spontanes, originelles, selbstständiges Handeln. Es fördert die kognitiven und affektiven Fähigkeiten, indem es zu Problemlösungen auffordert, und hilft, Sensibilität zu entfalten. Darstellendes Spiel bedeutet Freude am Ausprobieren verschiedener Rollen, aber auch Bindung an ein Thema, ein Vorhaben, eine Gruppe. Die Schüler/innen entwickeln soziale Fähigkeiten, indem sie einander helfen, aufeinander zugehen, sich gegenseitig zuhören. Darstellendes Spiel trägt insofern wesentlich zu den Zielen sozialen Lernens bei. Es verbindet sinnlich-körperliches Erleben mit kreativem Gestalten und sozialem sowie kognitivem Lernen. Beim darstellenden Spiel geht es nicht allein um die Entwicklung der körperlichen Ausdrucksfähigkeit, sondern zugleich um die seelische Empfindungs- und Erlebnisfähigkeit wie auch um die Fähigkeiten des Geistes zu Fantasie bzw. Vorstellungskraft. Es erfasst nicht nur das Sehen und Hören, sondern sämtliche fünf Sinne und zudem den Körper, das Denken, den Willen, das Gefühl, das Gedächtnis und die Fantasie.

Lea Butsch und Jürgen Schwarzmann (1997, S. 27) betrachten das darstellende Spiel deshalb als eine »Form des Entdeckens schlechthin. Es ist eine gute Möglichkeit, sich selbst ganzheitlich zu entwickeln, es birgt die Chance des gemeinsamen Lernens.« Eine solche Vorstellung vom darstellenden Spiel impliziert die Perspektiven des Personalen, Sozialen und Ästhetischen, die in den nun folgenden Praxisbeispielen aufgegriffen werden. Hier kommt einerseits die personale Dimension zum Tragen, worunter die Aspekte der Selbstwahrnehmung und des Selbstvertrauens zu subsumieren sind. Andererseits beinhalten die hier ausgewählten Beispiele Aspekte sozialen Lernens, die sich im Gruppenprozess realisieren und neben Kooperation sowie Kritikfähigkeit auch Solidarität, Toleranz und Vertrauen bewirken. Schließlich treten im Rahmen der Praxisbeispiele ebenso ästhetische Ziele zum Vorschein, die aus den Ausdrucks- und Darstellungsmöglichkeiten im Funktionszusammenhang von Körper, Sprache, Raum und Bewegung resultieren. Diese Zusammenhänge sollen in den nun folgenden Beispielen zum »Darstellen und Sichbewegen« näher ausgeführt werden:

- Begriffe darstellen (1.–2. Schuljahr)
- Phantomtauziehen (1.–2. Schuljahr)
- Fantasiemaschine (1.–3. Schuljahr)
- Überraschung (2.–3. Schuljahr)
- Pantomimische Post (3.–4. Schuljahr)
- Bewegungs-Memory (3.–4. Schuljahr)
- Körpersprache (3.–4. Schuljahr)

Die drei Perspektiven einer konstruktivistischen Didaktik – die Konstruktion, Rekonstruktion und Dekonstruktion – sind diesen Praxisbeispielen immanent. Hier erhalten die Schüler/innen die Gelegenheit, verschiedene Rollen auszuprobieren und dabei so zu tun, als ob sie eine andere Person oder ein bestimmter Gegenstand wären. In gewisser Weise spielen die Kinder dabei mit den Möglichkeiten, indem sie Begriffe pantomimisch darstellen, etwa so tun, als ob sie an einem Tau ziehen, indem sie eine Fantasiemaschine entwerfen und diese mit Mimik, Gestik sowie mit Geräuschen darstellen. Sie packen einen imaginären Koffer aus, der Fantasiebälle enthält, versuchen sich in dem Spiel »Pantomimische Post« und entwickeln Möglichkeiten zur Konstruktion eines »Bewegungs-Memorys«. Im Folgenden werden diese Beispiele ausführlich dargestellt.

| Sport/Bewegung, Nr. 13 | Darstellen/Sichbewegen | Begriffe darstellen |

Ziel und didaktischer Kontext

- pantomimisches Darstellen von Begriffen
- Förderung der Experimentierfreude und Fantasie
- Verbesserung der Selbstorganisation und Eigenaktivität
- gemeinsames Problemlösen

Schuljahr	Gruppengröße	Vorkenntnisse	Dauer	Materialien
1.–2. Klasse	4–6 Kinder	keine	ca. 20 min.	keine

Durchführung

Jede Gruppe erhält einen Begriff, den sie gemeinsam darstellen soll. Der Begriff kann als statisches Bild oder in einem Bewegungsablauf wiedergegeben werden. Wichtig ist, dass alle Kinder in der Darstellung Teil des Begriffes sind. Mögliche Beispiele sind:

- Feuer
- Welle
- Baum
- Spinne
- Schiff
- Schmetterling

Anmerkung

Es bietet sich an, im Klassenverband mögliche Begriffe zu sammeln und diese an die Tafel zu schreiben. Anschließend können sich die Gruppen einen Begriff für ihre Darstellung aussuchen. Wenn die Kinder möchten, können die Begriffe im Sitzkreis allen Schüler/innen vorgestellt werden. Dabei sollte herausgestellt werden, dass es verschiedene Möglichkeiten gibt, ein und denselben Begriff darzustellen. Ein Richtig oder Falsch gibt es bei dieser Aufgabenstellung nicht.

Weiterführung

Dieses Bewegungsspiel stellt eine gute Vorbereitung für die *Jeux Dramatiques* dar. Hier können die Schüler/innen erste Ideen entwickeln, wie sich Tiere oder Gegenstände darstellen und in Bewegung sowie mit Mimik und Gestik nachahmen lassen (vgl. hierzu auch die Beispiele Deutsch, Nr. 22–26).

| Sport/Bewegung, Nr. 14 | Darstellen/Sichbewegen | Phantomtauziehen |

Ziel und didaktischer Kontext

- Erproben des Phantomtauziehens
- Entwickeln von Möglichkeiten zur pantomimischen Darstellung
- Förderung der Kreativität und Fantasie
- Verbesserung der Kooperation und Integration

Schuljahr	Gruppengröße	Vorkenntnisse	Dauer	Materialien
1.–2. Klasse	2 Kinder	keine	ca. 15 min.	keine

Durchführung

Die Kinder erhalten die Aufgabe, mit ihrem Partner ein Phantomtauziehen darzustellen. Wie gelingt es ihnen, einen Tauziehwettkampf zu imitieren, ohne dabei ein Tau in den Händen zu halten? Wichtig ist dabei, dass es bei diesem Spiel nicht darum geht, einen Sieger und einen Verlierer zu ermitteln. Der Wettkampfcharakter steht nicht im Vordergrund.

Anmerkung

Der Abstand zwischen den Kindern sollte zwischen eineinhalb und zwei Metern liegen. Nun stellt sich jedes Kind vor, dass es ein Tauende in der Hand hält. Wie beim Tauziehen versuchen die Kinder, dem Partner das Seil wegzuziehen. Die Schwierigkeit besteht darin, dass die Bewegungen der Partner aufeinander abgestimmt werden müssen.

Weiterführung

In einer Fortführung dieser Aufgabenstellung lässt sich das Phantomtauziehen auch in der Kleingruppe oder in der gesamten Klasse durchführen. Nun müssen nicht nur die zwei Partner/innen in ihren Vor- und Rückbewegungen abgestimmt werden, sondern die ganze Klasse.

| Sport/Bewegung, Nr. 15 | Darstellen/Sichbewegen | Fantasiemaschine |

Ziel und didaktischer Kontext

- Entwickeln einer Fantasiemaschine
- Erfinden von Funktionen zu der Maschine
- Förderung der Kreativität und Fantasie
- Verbesserung der Kooperation und Integration

Schuljahr	Gruppengröße	Vorkenntnisse	Dauer	Materialien
1.–3. Klasse	5–8 Kinder	keine	ca. 20 min.	keine

Durchführung

Die Kinder stellen sich in ihrer Gruppe eine Fantasiemaschine vor, z. B. eine Autobaumaschine oder eine Tafelputzmaschine. Gemeinsam versuchen sie, diese Maschine in Aktion, mit Bewegungen, stimmlichen Lauten und Geräuschen darzustellen. Bedingung hierfür ist: Alle Gruppenmitglieder müssen in die Maschine integriert werden. Eventuell ist es sinnvoll, eine Maschine mit ihren Funktionen vorzugeben wie z. B.:

- Brot-Toast-Bestreich-Maschine
- Weck-Wasch-Anzieh-Bettenmach-Maschine

Bei diesem Spiel macht auch das Zuschauen Spaß. Daher sollte den Kindern die Möglichkeit gegeben werden, die anderen zu beobachten und weitere Funktionen in die vorgeführte Maschine einzufügen.

Anmerkung

Zunächst sollte mit weniger komplexen Maschinen begonnen werden, d. h. auch mit weniger Gruppenmitgliedern. Auch ist es ratsam, in jüngeren Jahrgängen den Namen einer Fantasiemaschine vorzugeben. Diese kann anschließend in allen Gruppen in Aktion umgesetzt werden.

Weiterführung

In einer Fortführung dieser Gruppenaufgabe können die Schüler/innen dazu aufgefordert werden, eine Maschine zu erfinden, in die die gesamte Klasse eingebunden werden kann. Welche Funktionen lassen sich ergänzen, damit jeder Schüler eine spezifische Aufgabe erhält?

| Sport/Bewegung, Nr. 16 | Darstellen/Sichbewegen | Überraschung |

Ziel und didaktischer Kontext

- Erkennen der Spielidee
- Erproben der pantomimischen Darstellung
- Förderung der Experimentierfreude und Fantasie
- Verbesserung der Ausdrucks- und Wahrnehmungsfähigkeit

Schuljahr	Gruppengröße	Vorkenntnisse	Dauer	Materialien
2.–3. Klasse	1–2 Kinder	keine	ca. 15 min.	keine

Durchführung

Die Klasse setzt sich in einen Kreis. Ein Gongschlag ertönt. Von nun an wird nicht mehr gesprochen. Die Verständigung untereinander erfolgt pantomimisch. Der Lehrer signalisiert einem Kind, mit ihm von draußen etwas zu holen. Sie öffnen die Tür und tun so, als ob sie einen großen Behälter hereintragen würden. In der Mitte des Sitzkreises stellen sie ihn ab, greifen hinein und holen einen imaginären Gegenstand heraus. Sie befühlen ihn. Er ist rund. Sie lassen ihn auf den Boden fallen. Er springt wieder hoch und wird von einem der beiden gefangen. Der imaginäre Ball wird einem Kind zugeworfen. Jede Schülerin/jeder Schüler erhält nun einen kleinen oder großen fiktiven Ball. Mit diesen Bällen können die Kinder spielen. Wenn sie möchten, können sie mit einem Partner zusammen experimentieren.

Anmerkung

Sobald die Kinder die Idee der Improvisation erfasst haben, sollte sich der Lehrer aus dem Mittelpunkt des Geschehens zurückziehen. Mehrere Kinder können nun das Verteilen der fiktiven Bälle übernehmen. Die Aktivität des Lehrers ist insofern mehr als Initiation der Spielidee zu verstehen. Was sich aus diesem Anfangsimpuls entwickelt, ist bis zu einem bestimmten Grad offen.

Weiterführung

Im Anschluss können die Schüler/innen überlegen, welche anderen fiktiven Dinge sich aus einem Behälter nehmen lassen. Beispiele hierfür sind: Kleidungsstücke, Werkzeuge, Hüpfseile oder Fahrräder. Was lässt sich mit diesen Gegenständen pantomimisch darstellen?

| Sport/Bewegung, Nr. 17 | Darstellen/Sichbewegen | Pantomimische Post |

Ziel und didaktischer Kontext

- Durchführen des Spiels »Pantomimische Post«
- Erfahren der Unterschiede in der Interpretation der Darstellungen
- Verbesserung der Selbstorganisation und Eigenaktivität
- Förderung der Kreativität

Schuljahr	Gruppengröße	Vorkenntnisse	Dauer	Materialien
3.–4. Klasse	5–6 Kinder	keine	ca. 20 min.	keine

Durchführung

Dieses Bewegungsspiel wird wie das bekannte Spiel »Stille Post« gespielt. Allerdings wird hier kein Wort oder Satz in das Ohr des Nachbarn geflüstert, sondern eine pantomimische Bewegung wird von Spieler zu Spieler weitergegeben. Dazu stellen sich die Schüler/innen in einer Reihe hintereinander auf. Der hinterste Spieler beginnt. Er denkt sich einen Begriff aus, den er mit Mimik und Gestik an den vor ihm stehenden Schüler weitergibt. Nun stößt dieser wiederum das vor ihm stehende Kind an, das sich umdreht und seinerseits den Begriff pantomimisch gezeigt bekommt. Der letzte Schüler in der Reihe versucht schließlich, das Rätsel zu lösen. Stimmt der von ihm assoziierte Begriff mit dem Ausgangsbegriff überein?

Anmerkung

Dieses Spiel zeigt, dass jede Wahrnehmung bereits eine konstruierte Wahrnehmung ist. Die pantomimische Darstellung des Partners nehmen die Schüler/innen mit den Augen ihres Systems persönlicher Konstrukte wahr. So ist es zu erklären, dass der vom letzten Spieler assoziierte Begriff im Allgemeinen nicht mit dem eingangs dargestellten Begriff übereinstimmt. Vor diesem Hintergrund lässt sich mit den Schüler/innen Folgendes besprechen:

- Wieso ist es für mich selbstverständlich, die pantomimische Darstellung so und nicht anders zu sehen?
- Gibt es Interpretationsmöglichkeiten zu der pantomimischen Darstellung, die meine Betrachtungsweise erweitern?

Weiterführung

Die pantomimische Post lässt sich im Anschluss auch mit der gesamten Klasse spielen. Je mehr Kinder an dem Spiel teilnehmen, umso größer sind die Abweichungen vom ersten bis zum letzten Spieler.

| Sport/Bewegung, Nr. 18 | Darstellen/Sichbewegen | Bewegungs-Memory |

Ziel und didaktischer Kontext

- Entwickeln eines Bewegungs-Memorys
- Erproben des Spiels
- Modifikation der Spielregeln
- gemeinsames Problemlösen

Schuljahr	Gruppengröße	Vorkenntnisse	Dauer	Materialien
3.–4. Klasse	alle Kinder	keine	ca. 25 min.	keine

Durchführung

Zwei bis drei Kinder spielen gegeneinander Memory. Die Memory-Karten werden durch die anderen Schüler/innen dargestellt. Bevor das Spiel beginnt, verlassen die Spieler den Raum. Die übrigen Schüler/innen finden sich zu Paaren zusammen. Jedes Paar überlegt sich eine gemeinsame Bewegung und stellt sich anschließend getrennt voneinander im Raum auf. Nun werden die Spieler hereingeholt. Ein Spieler beginnt und berührt eine der »Memory-Karten«. Der entsprechende Schüler zeigt seine Bewegung. Danach wird noch eine zweite »Karte« umgedreht und die Bewegung gezeigt. Passen die Bewegungen zueinander, setzen sich die zwei Schüler/innen auf den Boden und der Spieler erhält einen Punkt. Stimmen die Bewegungen nicht überein, ist der nächste Spieler an der Reihe.

Anmerkung

Beim Spielen werden die Schüler/innen eventuell auf das Problem stoßen, dass mehrere Paare dieselbe Bewegung ausgewählt haben. Nun stellt sich die Frage, wie man die zueinander gehörenden Partner rekonstruieren kann. Von dieser Fragestellung ausgehend können die Kinder eigene Variationen zu ihrem Spiel entwickeln wie z. B.:

- Ein Teil der Klasse einigt sich auf eine gemeinsame Bewegung.
- Ein zweiter Teil überlegt sich ein gemeinsames Geräusch.
- Schließlich denkt sich eine dritte Gruppe eine Kombination aus Bewegung und Geräusch aus.

Weiterführung

Da es eine hohe Konzentration erfordert, sich Bewegungen, Geräusche und die jeweiligen Positionen der »Karten« zu merken, bietet es sich an, dieses Spiel nicht gegeneinander, sondern miteinander zu spielen. Nun ist es Aufgabe, die zusammengehörigen »Karten« in einem Team von zwei oder drei Schüler/innen herauszufinden.

| Sport/Bewegung, Nr. 19 | Darstellen/Sichbewegen | Körpersprache |

Ziel und didaktischer Kontext

- Entwickeln einer Körpersprache
- Erkennen der Körpersprache anderer Gruppen
- Förderung der Experimentierfreude und Fantasie
- Entwickeln von Spiel- und Lösungsideen

Schuljahr	Gruppengröße	Vorkenntnisse	Dauer	Materialien
3.–4. Klasse	2 gleich große Gruppen	keine	ca. 30 min.	keine

Durchführung

Die Klasse teilt sich in zwei Gruppen. Nach dem Vorbild von Taubstummen soll jede Gruppe eine Körpersprache erfinden. Worte werden durch Körperzeichen ersetzt. Nach einiger Zeit werden die Botschaften ausgetauscht. Die Kinder müssen nun versuchen, die Botschaften der anderen Gruppe zu entschlüsseln und sie nachzuerzählen. Anschließend wird im Klassengespräch erörtert, welche Schwierigkeiten und Probleme in der Kommunikation von Taubstummen auftreten können und welche Lösungsmöglichkeiten es hierfür gibt.

Anmerkung

Je nach Klassengröße mag es sich anbieten, die Klasse in Kleingruppen aufzuteilen. Jede Kleingruppe erarbeitet eine Körpersprache. Anschließend können die Schüler/innen wie in einer Art Stationsbetrieb die Botschaften der anderen Gruppen entschlüsseln. Zum Abschluss werden alle Botschaften im Plenum vorgestellt. Dabei wird sich zeigen, dass in Abhängigkeit vom Alter der Kinder der Umfang und die Schwierigkeit der Sprache variieren.

Weiterführung

Vor dem Hintergrund der hier gesammelten Erfahrungen lässt sich im Sachunterricht thematisieren, auf welche Probleme Personen stoßen können, die sich nur mittels ihrer Körpersprache verständigen können. Zu fragen ist: Wie habe ich mich in einer solchen Situation gefühlt? Wie kann ich einer Person helfen, die selbst nicht hören kann?

7.4 Turnen: Flexibler Umgang mit Regeln

Der Sportunterricht ist ein wichtiges soziales Lernfeld, da er die Herstellung und Aufrechterhaltung eines Handlungsgeschehens durch Absprachen und Regelungen probeweise ermöglicht. Dabei sollen die Schüler/innen lernen, dass Regeln zwar unabdingbar notwendig für ein gemeinsames Sporttreiben sind, dass diese Regeln jedoch nicht notwendigerweise die traditionellen Wettkampfregeln sein müssen. Da diese Regeln bei großer Leistungsverschiedenheit und dem Zielgedanken »Sieg« selten zu einem für alle befriedigenden Sporttreiben führen, sollten die Schüler/innen mit der Zeit dazu kommen, nur die für den jeweiligen Zweck notwendigen und sinnvollen Regeln auszuwählen. Diese können auch, wenn dies notwendig scheint, wieder modifiziert werden. Die Schüler/innen lernen so, Regeln selbst festzulegen, zu reflektieren und bei Bedarf zu verändern.

Wichtig dabei ist, dass die Kinder an diesem Prozess beteiligt werden. Wenn im Sportunterricht Regelungen zu treffen sind, sollte dies nicht allein der Lehrer tun. Zumindest muss er seine Regelentscheidungen den Schüler/innen transparent und verständlich machen. Besser, wenn auch zeitaufwendiger, ist es, die Schüler/innen nach ihren Vorschlägen zu fragen und durch Absprachen Regeln gemeinsam zu vereinbaren. Nach und nach können die Kinder dies immer umfangreicher und selbstständiger leisten. Dabei sollte anhand bestimmter Regeln bzw. Regeländerungen der Versuch unternommen werden, ihre Bedeutung und Folgen zu reflektieren und sie nach moralischen Maßstäben in der Gruppe zu beurteilen. Man muss sich gemeinsam fragen, welche Regeln man warum braucht. Kommt es häufiger zu Regelübertretungen, dann sind Sanktionen meist nicht das richtige Mittel. Die Verstöße können besondere Ursachen haben, die es zu ergründen und auf die es zu reagieren gilt. Solche Gründe können etwa Übereifer oder auch die Unzulänglichkeit der Regel selbst sein. Hier muss angesetzt und gemeinsam mit den Schüler/innen Abhilfe geschaffen werden. Anhand von sechs Bewegungsspielen soll dies im nun Folgenden für den Handlungsbereich Turnen dargestellt werden:

- Verkehrskreuzung (1.–2. Schuljahr)
- Knoten entwirren (1.–2. Schuljahr)
- Imaginärer Untergrund (1.–3. Schuljahr)
- Baumstammspiel (2.–3. Schuljahr)
- Sumpfüberquerung (3.–4. Schuljahr)
- Zigarrenkisten-Jonglage (4. Schuljahr)

Diese Bewegungsspiele sind keinesfalls Alternative oder Ersatz für vorhandene Turnübungen im Sportunterricht, aber eine interessante Ergänzung. Sie schaffen neue Bewegungsmöglichkeiten, erweitern die Fähigkeit zur Kommunikation und Kooperation. Sie fördern den flexiblen Umgang mit Regeln, die soziale Sensibilität und die Fähigkeit zum sozialen Handeln. Sie unterliegen keinem festen Regelwerk und können leicht den unterschiedlichsten Bedürfnissen durch Änderung der Regeln angepasst werden. Insofern sind die hier ausgewählten Aufgabenstellungen geradezu prädestiniert dafür, an ihnen die Anpassung von Regeln an wechselnde Situationen zu erproben und zu erfahren, wie man angemessene Vereinbarungen trifft, die alle Kinder in die Bewegungsaktivitäten einbeziehen. So zeigt sich beispielsweise beim Spiel »Verkehrskreuzung«, dass die Regeln dann besonders gut geeignet sind, wenn die Schüler/innen sich beim Zusammentreffen zweier »Fahrzeuge« nicht behindern, sondern sich bei der Fortsetzung ihres Weges gegenseitig helfen.

Auch beim »Knoten entwirren«, beim »Baumstammspiel« sowie bei der »Sumpfüberquerung« werden die Schüler/innen erkennen, dass es vor allem darauf ankommt, eine gemeinsame Spielstrategie zu entwickeln und nicht gegeneinander, sondern miteinander zu arbeiten. Im Vordergrund steht dabei der Impuls, die vom Lehrer vorgegebenen Regeln aufzugreifen, zu überarbeiten und auf die Bedürfnisse der Gruppe zu beziehen. Schließlich sind die Schüler/innen beim Praxisbeispiel »Imaginärer Untergrund« sowie im Rahmen der »Zigarrenkisten-Jonglage« dazu aufgefordert, eigene Spielvarianten zu entwickeln und auszuprobieren. Erst im Versuch der Umsetzung wird sich zeigen, ob sich die Ideen und Assoziationen der Kinder bewähren oder ob die Schüler/innen nach weiterführenden Lösungsansätzen suchen müssen. Vor allem aber wird im Rahmen der nachstehenden Praxisbeispiele deutlich, dass es im Rahmen der hier ausgewählten Aufgabenstellungen nicht nur *eine* richtige Variante gibt, sondern stets mehrere Möglichkeiten.

| Sport/Bewegung, Nr. 20 | Turnen | Verkehrskreuzung |

Ziel und didaktischer Kontext

- Erproben des Spiels »Verkehrskreuzung«
- Entwickeln eigener Varianten des Spiels
- Finden von Möglichkeiten zur Vermeidung von Zusammenstößen
- Erproben von Formen des Gehens, Laufens und Balancierens

Schuljahr	Gruppengröße	Vorkenntnisse	Dauer	Materialien
1.–2. Klasse	alle Kinder	keine	ca. 30 min.	keine

Durchführung

Dieses Spiel kann in der Turnhalle oder auf dem Schulhof durchgeführt werden. Voraussetzung ist, dass auf dem Boden verschiedene Linien zur Markierung von Fußball- oder Volleyballfeldern eingezeichnet sind. Diese Markierungen werden von den Schüler/innen als Straßen genutzt. Nur auf ihnen kann man fahren. Kreuzen sich zwei Linien, kann der Schüler in eine andere Richtung abbiegen. Jedes Kind wählt nun ein Fahrzeug aus und bewegt sich entsprechend, z. B.:

- mit schnellen Schritten (Rennauto)
- mit Tretbewegungen und erhobenen Knien (Fahrrad)
- mit stampfenden Schritten (Traktor)
- gleitend auf einem Bein (Roller)

Anschließend tauschen sich die Kinder über ihre Erfahrungen aus und überlegen sich Möglichkeiten, was man machen könnte, wenn man beim Fahren auf einen anderen Schüler trifft.

Anmerkung

Wichtig ist, dass die Schüler/innen beim Fahren nicht mit entgegenkommenden »Fahrzeugen« zusammenstoßen.

- Wie lässt sich dies verhindern?
- Welche Optionen gibt es, das Zusammentreffen zweier »Fahrzeuge« in das Spiel zu integrieren?
- Wie kann es gelingen, das Spiel hierdurch spannender zu gestalten?
- Mit welchen zusätzlichen Regeln lässt sich das Spiel erweitern?

Solche Ergänzungen können z. B. sein:
- Beim Zusammentreffen reichen sich die Kinder beide Hände, führen eine Halbdrehung aus und setzen ihren Weg fort.
- Die Kinder tauschen ihre »Fahrzeuge«, wenn sie aufeinandertreffen.
- Ein Kind hängt sich an das »Fahrzeug« des anderen Schülers und verfolgt diesen von nun an.

Weiterführung

Dieses Spiel eignet sich für Phasen täglicher Bewegungszeit. Haben die Schüler/innen erst verschiedene Varianten entwickelt, kann ad hoc und ohne lange Vorgespräche eine Version ausgewählt und auf dem Schulhof umgesetzt werden.

| **Sport/Bewegung, Nr. 21** | **Turnen** | **Knoten entwirren** |

Ziel und didaktischer Kontext

- Erproben des Spiels »Knoten entwirren«
- Ausprobieren von Möglichkeiten zum Lösen des Knotens
- Entwickeln von Lösungsideen
- Verbesserung der Beweglichkeit

Schuljahr	Gruppengröße	Vorkenntnisse	Dauer	Materialien
1.–2. Klasse	8–15 Kinder	keine	ca. 20 min.	keine

Durchführung

Die Schüler/innen einer Gruppe stellen sich in einen Kreis und strecken mit geschlossenen Augen ihre Hände in die Kreismitte bis sich ihre Fingerspitzen berühren. Jeder Schüler greift nun mit seinen Händen je eine andere Hand, die sich zufällig in seiner Nähe befindet, und hält diese fest. Wenn die Kinder ihre Augen öffnen, werden sie feststellen, dass ein großer Knoten entstanden ist. Aufgabe ist es, diesen Knoten zu entwirren. Dafür dürfen die Schüler/innen sich um die eigene Achse drehen, über die Arme von anderen Kindern steigen oder unter den Armen der anderen hindurchkrabbeln. Einzige Bedingung ist, dass die Schüler/innen ihre Hände dabei nicht loslassen.

Anmerkung

Die konstruktivistischen Perspektiven der Konstruktion, Rekonstruktion und Dekonstruktion sind diesem Spiel immanent. Es geht darum, zu überlegen,

- auf welchem Weg sich der Knoten entwirren lässt.
- welche Kinder sich wie herum drehen oder über die Arme anderer steigen müssen, um den Knoten zu lösen.
- ob es noch andere Möglichkeiten gibt, wenn sich eine Idee aus welchen Gründen auch immer nicht realisieren lässt.

Weiterführung

Wenn die Schüler/innen den Grundgedanken dieses Spiels verstanden haben, kann die Gruppengröße sukzessive gesteigert werden. Dabei werden die Schüler/innen erfahren, dass es umso schwieriger ist, den Knoten zu entwirren, je mehr Kinder an dem Spiel teilnehmen.

| Sport/Bewegung, Nr. 22 | Turnen | Imaginärer Untergrund |

Ziel und didaktischer Kontext

- Überqueren von imaginären Untergründen
- Ausprobieren unterschiedlicher Gangarten und Sprungformen
- Erfinden weiterer imaginärer Untergründe
- Entwickeln von Spielideen

Schuljahr	Gruppengröße	Vorkenntnisse	Dauer	Materialien
1.–3. Klasse	alle Kinder	keine	ca. 20 min.	keine

Durchführung

Die Kinder verteilen sich im Raum und versuchen, das Gehen über fiktive Untergründe zu imitieren. Mögliche Untergründe sind:

- Sand in der Wüste
- Morast
- zugefrorener Teich
- Mond
- Weg mit spitzen Steinen
- heißer Boden
- Straße mit Pfützen
- elastischer Gummiboden

Auf ihrem Spaziergang können die Kinder auch auf Hecken, Zäune oder gefällte Bäume stoßen, die sie überqueren müssen.

Anmerkung

In die Gestaltung dieser Aufgabenstellung können die Kinder ihre Ideen in vielfacher Hinsicht einbringen wie z. B.:

- Welche Untergründe fallen den Schüler/innen ein, über die man gehen kann?
- Welche Hindernisse können auftauchen, die man überwinden muss?
- Gibt es Dinge, über die man klettern kann?
- Warum ist es für uns selbstverständlich, dass man in einer bestimmten Weise z. B. über einen zugefrorenen Teich geht?
- Kann man diesen Untergrund auch in einer anderen Form überwinden?

Weiterführung

Imaginäre Gegenstände werden von den Kindern (einzeln oder paarweise) getragen wie z. B. ein großer Stein, eine Glasscheibe, ein Korb mit rohen Eiern, ein Eimer mit Wasser (dieser kann ausgekippt werden), ein Sack Mehl (auch dieser kann ausgeschüttet werden).

| Sport/Bewegung, Nr. 23 | Turnen | Baumstammspiel |

Ziel und didaktischer Kontext

- Erproben des Baumstammspiels
- Entwickeln eigener Spielvarianten
- Verbesserung der Balancierfähigkeit
- gemeinsames Problemlösen

Schuljahr	Gruppengröße	Vorkenntnisse	Dauer	Materialien
2.–3. Klasse	7–12 Kinder	keine	ca. 30 min.	• Stift • Zettel

Durchführung

Bei diesem Spiel stellen sich alle Gruppenmitglieder auf einen Baumstamm. Die Reihenfolge, in der sich die Kinder aufstellen, wird nicht vorgegeben. Nun schreibt der Lehrer aufeinanderfolgende Zahlen auf einzelne Zettel und verteilt diese ungeordnet an die Kinder. Aufgabe ist es, sich entsprechend den Zahlenwerten auf dem Baumstamm zu ordnen, ohne dass ein Schüler dabei den Fußboden berührt.

Für einen zweiten Durchgang wird die Spielregel eingeführt, dass die Kinder während des Umsortierens nicht miteinander sprechen dürfen. Jeder Schüler kennt nur die eigene Zahl. Wie gelingt es innerhalb der Gruppe, die richtige Reihenfolge herzustellen? Anschließend besprechen die Kinder, ob es noch andere Regeln gibt, die sie in ihr Spiel einbinden könnten.

Anmerkung

Eine Auswahl an Modifikationen des Baumstammspiels sei hier genannt:

- Man kann das Baumstammspiel so variieren, dass die Schüler/innen keine Zahlen erhalten, sondern Buchstaben, aus denen sie ein Wort bilden sollen.
- In einem Raum lässt sich das Spiel auch so durchführen, dass man eine Schnur spannt und die Gruppenmitglieder beim Sortieren nur eine Hand von der Schnur loslassen dürfen.
- Dabei kann die Schnur recht tief gespannt werden und es wird zusätzlich vereinbart, dass diese immer zwischen den Beinen der Kinder hindurchlaufen muss.
- Schließlich ist es auch möglich, dass der Platzwechsel nur erfolgen darf, wenn man zwischen den Füßen des Nachbarn hindurchklettert.

Weiterführung

Dieses Spiel kann auch mit der gesamten Klasse durchgeführt werden. In einem ersten Schritt bietet es sich an, Variationen des Spiels in den Kleingruppen zu entwickeln. Erst im weiteren Verlauf sollten diese Varianten in der Großgruppe erprobt werden.

| Sport/Bewegung, Nr. 24 | Turnen | Sumpfüberquerung |

Ziel und didaktischer Kontext

- Überwinden einer Strecke durch Balancieren auf Seilen
- gemeinsames Planen einer geeigneten Wegstrecke
- Verbesserung der Balancierfähigkeit
- Förderung der Kooperation

Schuljahr	Gruppengröße	Vorkenntnisse	Dauer	Materialien
3.–4. Klasse	5–6 Kinder	keine	ca. 30 min.	• Seile in unterschiedlichen Längen • Steine oder Kästen

Durchführung

Aufgabe ist es, mit allen Gruppenmitgliedern einen Sumpf zu durchqueren. Hierfür stehen der Gruppe mehrere Seile in unterschiedlicher Länge zur Verfügung, die die Kinder so miteinander kombinieren müssen, dass sie das gegenüberliegende Ziel erreichen. Den Boden darf man nicht berühren. Nur auf den Seilen kann man balancieren. Zusätzlich gibt es im Sumpfgebiet einige feste Stellen, auf die man treten darf. Diese werden durch Kästen (in der Turnhalle) oder durch mit Kreide gemalte Kreise (auf dem Schulhof) dargestellt. Gemeinsam müssen die Gruppenmitglieder überlegen, wie sich der Sumpf überwinden lässt.

Anmerkung

Bei dieser Aufgabe geht es neben dem gemeinsamen Planen einer geeigneten Wegstrecke auch darum, sich gegenseitig zu helfen. So kann es z. B. notwendig werden, dass man Seile miteinander verknüpft, um andere Seile nachziehen zu können. Im Vordergrund dieser Aufgabenstellung steht nicht die Geschwindigkeit, in der das Ziel erreicht wird, sondern das gemeinsame Problemlösen.

Weiterführung

Zur Überquerung des Sumpfes werden den Gruppen mehrere Bretter in unterschiedlicher Länge gegeben. Die Bretter müssen auf den Kästen (oder Steinen) so platziert werden, dass man darüber balancieren kann. Diese Variante eignet sich zur Umsetzung in der Natur oder auf dem Schulhof.

| Sport/Bewegung, Nr. 25 | Turnen | Zigarrenkisten-Jonglage |

Ziel und didaktischer Kontext

- Erproben einer Artistik mit Zigarrenkisten
- Entwickeln von Möglichkeiten zum Hochwerfen und Fangen
- Vorstellen der Lösungsmöglichkeiten
- Verbesserung der Koordination und Geschicklichkeit

Schuljahr	Gruppengröße	Vorkenntnisse	Dauer	Materialien
4. Klasse	2–3 Kinder	Grundkenntnisse im Jonglieren mit z. B. Bällen	ca. 35 min.	• Zigarrenkisten

Durchführung

Jede Schülergruppe erhält drei Zigarrenkisten. Aufgabe ist es auszuprobieren, welche Möglichkeiten es für eine Artistik mit den Zigarrenkisten gibt. Dazu erhalten die Schüler/innen folgende Orientierungshilfen, auf deren Grundlage sie in ihren Gruppen Experimente durchführen:

- Welche Möglichkeiten gibt es, alle drei Kisten zu fixieren, dabei aber nur zwei Kisten mit der Hand festzuhalten?
- Wie kann man aus dieser Position eine Kiste hochwerfen und sie wieder auffangen, ohne sie mit der Hand zu berühren?
- Gibt es auch noch andere Varianten?
- Welche Varianten haben die Schüler/innen schon einmal bei einem Jongleur beobachtet?

Anmerkung

Die Lösungsmöglichkeiten zu dieser Aufgabe sind vielfältig. An dieser Stelle seien nur einige Beispiele vorgestellt:

- Die drei Kisten werden waagerecht nebeneinander platziert. Nur die zwei äußeren Kisten werden mit der Hand festgehalten. Nun werden die rechte und die linke Kiste gleichzeitig von der mittleren Kiste weggezogen und die mittlere dabei hochgeworfen. Die mittlere Kiste wird wieder aufgefangen, indem sie zwischen den zwei äußeren Kisten eingeklemmt wird.
- Dieselbe Übung wird mit senkrechten Kisten durchgeführt.
- Nur die zwei Endkisten werden senkrecht gestellt, die mittlere ist waagerecht.
- Vor dem Auffangen werden die Endkisten um 90 Grad gedreht.
- Auch kann ein Griffwechsel vom Ober- zum Untergriff erfolgen.

Weiterführung

Die unterschiedlichen Möglichkeiten werden im Sitzkreis vorgestellt und anschließend von allen Schüler/innen ausprobiert. Dieses Spiel mit den Zigarrenkisten fördert die Koordination und Geschicklichkeit der Kinder.

Literatur

Aissen-Crewett, M. (2000): Ästhetisch-aisthetische Erziehung. Zur Grundlegung einer Pädagogik der Künste und der Sinne. Potsdam: Universitäts-Bibliothek, Publikationsstelle.

Aissen-Crewett, M. (1987): Das Ästhetische und die Elemente der Künste I. Musisch-Ästhetische Erziehung in der Grundschule. 3. Folge. In: Grundschule, H. 10, S. 58–61.

Ammon, G. (Hrsg.) (1979): Handbuch der Dynamischen Psychiatrie. Bd. 1. München: Reinhardt.

Balhorn, H./Vieluf, U. (1990): »… und so war das Geheimnis gelüftet.« Produktive Sprachnot als Motor des Formulierens. In: Brügelmann, H./Balhorn, H. (Hrsg.): Das Gehirn, sein Alphabet und andere Geschichten. Konstanz: Faude, S. 134–144.

Balz, E. (1989): Wie kann man soziales Lernen fördern? In: Bielefelder Sportpädagogen (Hrsg.): Methoden im Sportunterricht: ein Lehrbuch in 13 Lektionen. Schorndorf: Hofmann, S. 118–138.

Baurmann, J./Ludwig, O. (1986): Aufsätze vorbereiten – Schreiben lernen. In: Praxis Deutsch, 13. Jg., H. 80, S. 16–22.

Baur-Traber, C./Frei, H./Moosig, K. et al. (1999): Ausdrucksspiel aus dem Erleben. Einführung, Methodik, Arbeitsblätter. 4. Aufl., Bern: Zytglogge.

Bereiter, C. (1980): Development in Writing. In: Gregg, L. W./Steinberg, E. R. (Hrsg.): Cognitive Processes in Writing. Hillsdale, N. J.: Lawrence Erlbaum, S. 73–96.

Bering, K. (Hrsg.) (^{2}2006): Kunstdidaktik. Oberhausen: Athena.

Böse, R./Schiepek, G. (^{3}2000): Systemische Theorie und Therapie. Heidelberg: Asanger.

Böttcher, I. (1999): Kreatives Schreiben. Berlin: Cornelsen Scriptor.

Butsch, L./Schwarzmann, J. (1997): Die Theaterarbeit der Wilden Bühne im Rahmen des Bundesmodellprojektes. In: Wilde Bühne e. V. (Hrsg.): Theater in der Therapie: Dokumentation der Fachtagung vom 28./29.11.1996 in Stuttgart. Geesthacht: Neuland, S. 27.

Chancerel, L. (1936): Jeux Dramatiques dans l'Éducation. Introduction à une Méthode. Paris: Libraire théâtrale.

Dehn, M. (1996a): Zur Entwicklung der Textkompetenz in der Schule. In: Feilke, H./Portmann, P. R. (Hrsg.): Schreiben im Umbruch: Schreibforschung und schulisches Schreiben. Stuttgart/München/Düsseldorf/Leipzig: Klett, S. 172–186.

Dehn, M. (1996b): Zur Entwicklung der Textkompetenz im Unterricht. In: Dehn, M./Hüttis-Graff, P./Kruse, N. (Hrsg.): Elementare Schriftkultur. Schwierige Lernentwicklung und Unterrichtskonzept. Weinheim und Basel: Beltz, S. 112–121.

Duncker, L./Maurer, F./Schäfer, G. E. (Hrsg.) (^{2}1993): Kindliche Phantasie und ästhetische Erfahrung. Wirklichkeiten zwischen Ich und Welt. Lagenau-Ulm: Vaas.

Einsiedler, W. (^{3}1999): Das Spiel der Kinder. Zur Pädagogik und Psychologie des Kinderspiels. Bad Heilbrunn/Obb.: Klinkhardt.

Foerster, H. v. (^{3}2007): Das Konstruieren einer Wirklichkeit. In: Watzlawick, P. (Hrsg.): Die erfundene Wirklichkeit. Wie wissen wir, was wir zu wissen glauben? Beiträge zum Konstruktivismus. München: Piper, S. 39–60.

Frei, H. (^{3}1999): Jeux Dramatiques mit Kindern. Ausdrucksspiel aus dem Erleben (2). Aufbaustrukturen, Arbeitsblätter, Spielideen. Bern: Zytglogge.

Gadamer, H.-G. (^{2}1965): Wahrheit und Methode. Grundzüge einer philosophischen Hermeneutik. Tübingen: Mohr.

Glasersfeld, E. v. (2002): Konstruktion der Wirklichkeit und des Begriffs der Objektivität. In: Foerster, H. v./Glasersfeld, E. v./Hejl, P. M. et al. (Hrsg.): Einführung in den Konstruktivismus. München und Zürich: Piper, S. 9–39.

Glasersfeld, E. v. (1987): Wissen, Sprache und Wirklichkeit. Arbeiten zum radikalen Konstruktivismus. Braunschweig und Wiesbaden: Vieweg.

Groos, K. (1910): Der Lebenswert des Spiels. Vortrag, gehalten im Hamburger »Verein für Kunst und Wissenschaft« am 14. März 1910. Jena: Fischer.

Hessisches Kultusministerium (1995): Rahmenplan Grundschule. Wiesbaden.

Jantsch, E. (1979): Die Selbstorganisation des Universums. München: dtv.

Kant, Immanuel (^{6}1940): Prolegomena zu einer jeden künftigen Metaphysik. Leipzig: Meiner.

Klein, K./Oettinger, U. (^{2}2007): Konstruktivismus. Die neue Perspektive im (Sach-)Unterricht. Baltmannsweiler: Schneider Verlag Hohengehren.

Klimsa, P. (1993): Neue Medien und Weiterbildung. Anwendung und Nutzung in Lernprozessen der Weiterbildung. Weinheim: Deutscher Studien-Verlag.

Krüssel, H. (1996): Unterricht als Konstruktion. In: Voß, R. (Hrsg.): Die Schule neu erfinden. Neuwied/Kriftel/Berlin: Luchterhand, S. 92–104.

Link, J. (1991): Schreiben als Simulieren? Schreiben gegen Simulieren? Über Literaturkonzepte, ihre gesellschaftlichen Funktionen und das Kreative Schreiben. In: Diskussion Deutsch, 22. Jg., H. 116, S. 600–612.

Ludwig, O. (1994): Schreiben – Arbeit am Stil. In: Praxis Deutsch, 21. Jg., H. 126, S. 18–22.

Maturana, H. (1983): Reflexionen. Lernen oder ontogenetische Drift. In: Delfin II, 1. Jg., H. 2, S. 60–71.

Moers, E./Zühlke, S. (1999): Schreibwerkstatt Grundschule: Möglichkeiten zum freien, kreativen, assoziativen, produktiven und kommunikativen Schreiben. Donauwörth: Auer.

Paefgen, E. K. (1996): Schreiben und Lesen. Ästhetisches Arbeiten und Literarisches Lernen. Opladen: Westdeutscher Verlag.

Ränsch-Trill, B. (1996): Phantasie. Welterkenntnis und Welterschaffung. Zur philosophischen Theorie der Einbildungskraft. Bonn: Bouvier.

Reich, K. (^{3}2006): Konstruktivistische Didaktik. Lehr- und Studienbuch mit Methodenpool. Weinheim und Basel: Beltz.

Reich, K. (^{5}2005): Systemisch-konstruktivistische Pädagogik. Einführung in Grundlagen einer interaktionistisch-konstruktivistischen Pädagogik. Weinheim und Basel: Beltz.

Reich, K. (1996): Systemisch-konstruktivistische Didaktik. Eine allgemeine Zielbestimmung. In: Voß, R. (Hrsg.): Die Schule neu erfinden. Neuwied/Kriftel/Berlin: Luchterhand, S. 70–91.

Renk, H. E. (1997): Authentizität als Kunst. Zur Ästhetik des Amateurtheaters. In: Belgrad, J. (Hrsg.): Theaterspiel. Ästhetik des Schul- und Amateurtheaters. Baltmannsweiler: Schneider Verlag Hohengehren, S. 38–56.

Roth, G. (1997): Das Gehirn und seine Wirklichkeit. Kognitive Neurobiologie und ihre philosophischen Konsequenzen. Frankfurt am Main: Suhrkamp.

Schenk-Danzinger, L. (1983): Zur entwicklungspsychologischen Bedeutung des Spiels. In: Kreuzer, K. J. (Hrsg.): Handbuch der Spielpädagogik. Bd. 1. Düsseldorf: Schwann, S. 369–384.

Schiller, F. (1962): Schillers Werke. Hrsg. von Lieselotte Blumenthal, Benno von Wiese, 20. Bd.: Philosophische Schriften, 1. Teil. Weimar: Böhm.

Schwander, M. W./Andersen, K. N. (2005): Spiel in der Grundschule. Multiple Funktionen – maßgebliche Aufgaben. Bad Heilbrunn/Obb.: Klinkhardt.

Siebert, Horst (^{3}2005): Pädagogischer Konstruktivismus. Lernzentrierte Pädagogik in Schule und Erwachsenenbildung. Weinheim und Basel: Beltz Verlag.

Siebert, H. (2002): Der Konstruktivismus als pädagogische Weltanschauung. Frankfurt am Main: Verlag für Akademische Schriften.

Sikora, J. (1976): Handbuch der Kreativ-Methoden. Heidelberg: Quelle und Meyer.

Spinner, K. H. (1993): Kreatives Schreiben. In: Praxis Deutsch, 20. Jg., H. 119, S. 17–23.

Stankewitz, W. (1997): Jenseits von Brecht und Stanislawski. Nachdenken über eine ökologisch orientierte Theaterpädagogik. In: Hentschel, I./Hoffmann, K./Vaßen, F. (Hrsg.): Brecht & Stanislawski und die Folgen. Berlin: Henschel, S. 92–133.

Thissen, F. (1997): Das Lernen neu erfinden. Konstruktivistische Grundlagen einer Multimedia-Didaktik. In: Beck, U. (Hrsg.): Learntec 97. Europäischer Kongress für Bildungstechnologie und betriebliche Bildung. Karlsruhe: Karlsruher Kongress- und Ausstellungs-GmbH, S. 69–80.

Ulich, D. (^{3}1995): Das Gefühl. Eine Einführung in die Emotionspsychologie. Weinheim: Beltz/PsychologieVerlagsUnion.

Vucsina, S. (1996): Deutsch. Vom Wort zum Text. Kreatives Schreiben im Unterricht. Linz: Veritas.

Winnicott, D. W. (2006): Vom Spiel zur Kreativität. Stuttgart: Klett-Cotta.

Winterling, F. (1985): Freies Schreiben in der Sekundarstufe II: Überlegungen, Erfahrungen, Vorschläge. In: Diskussion Deutsch, 16. Jg., H. 84, S. 360–372.

Abbildungsverzeichnis

Abb. 1:	Lernen als konstruktivistische Wissensaneignung	11
Abb. 2:	Beispiel eines Kinderrätsels	20
Abb. 3:	Ideogramm-Bild zum Begriff Sonne	22
Abb. 4:	Kinderbeispiel zu einer Wörterlandschaft	23
Abb. 5:	Tier aus dem »Erzählsack«	27
Abb. 6:	Kinderbeispiel zum Gedicht der Gefühle	35
Abb. 7:	Kinderbeispiel zum »Baum im Rapsfeld«	37
Abb. 8:	Konstruktion aus Pyramiden	50
Abb. 9:	Möbiusband aus Papier	57
Abb. 10:	Bild aus Zahlen	71
Abb. 11:	Bestimmung der Volumina	76
Abb. 12:	Konstruktion einer Windmühle	83
Abb. 13:	Zelt aus Besen und Bettlaken	84
Abb. 14:	Leuchtturm mit Drehelement	86
Abb. 15:	Versuchsaufbau zum Experiment	90
Abb. 16:	Modell des Klassenraums	98
Abb. 17:	Künstliches Echo	129
Abb. 18:	Kronkorkenkranz	135
Abb. 19:	Glockenspiel aus Drahtbügel und Nägeln	136
Abb. 20:	Kastagnetten aus Walnussschalen	138
Abb. 21:	Panflöte aus Strohhalmen	139
Abb. 22:	Quietschorgel	140
Abb. 23:	Stabfiguren für das Schattenspiel	147
Abb. 24:	Beispiel einer Rindencollage	151
Abb. 25:	Punktebild zum Märchen Rotkäppchen	158
Abb. 26:	Traumkopf	159
Abb. 27:	Rollkino zum Thema »Fußball«	161
Abb. 28:	Grundmodell des Hutes	167
Abb. 29:	Traumfänger	168

Das Lehr- und Studienbuch

Die »Konstruktivistische Didaktik« zeigt, wie sich das Lernen in Schule und Weiterbildung erfolgreich und lernerbezogen gestalten lässt. Der konstruktivistische Ansatz hilft dabei, Lehren und Lernen neu zu bestimmen. Damit erhält die deutsche Didaktik auch Anschluss an internationale Entwicklungen.
Alle wichtigen Grundfragen der Didaktik sind in Theorie und Praxis dargestellt, dabei wird die neuere Lehr- und Lernforschung mit einbezogen.
Das Lehr- und Studienbuch wendet sich an Didaktiker in allen Lehr- und Lernbereichen.

Der ausführliche Methodenpool auf CD-ROM stellt alle wichtigen Methoden einer lernerorientierten Didaktik umfassend dar – jeweils mit Begründung und Darstellung, zahlreichen Beispielen und hilfreichen Links. Außerdem enthält die CD-ROM, die sich per Internet fortlaufend aktualisieren lässt, ein Wörterbuch und Aufgaben für das individuelle Selbststudium und die Gruppenarbeit in der Ausbildung.

Kersten Reich
Konstruktivistische Didaktik
Lehr- und Studienbuch mit Methodenpool.
Mit CD-ROM
4. Auflage 2008. 312 Seiten. Broschiert.
ISBN 978-3-407-25492-4

Aus dem Inhalt:
- Beziehungsdidaktik
- Welcher Kontext ist zu beachten?
- Theoretische Zugänge: Didaktik als Wissenschaft
- Praktische Zugänge: Didaktik als Handlung
- Lernen in der Didaktik
- Planung und Methoden

Weitere Titel aus der Reihe

Kersten Reich
Systemisch-konstruktivistische Pädagogik
Einführung in Grundlagen einer
interaktionistisch-konstruktivistischen
Pädagogik.
5., vollständig überarbeitete und aktualisierte
Auflage 2005.
299 Seiten. Broschiert.
ISBN 978-3-407-25409-2

Die »Systemisch-konstruktivistische Pädagogik« in der 5. Auflage ist eine bereits klassische Einführung in eine kulturell und sozial orientierte Erziehungstheorie und Praxis.
Die breite Rezeption zeigt die zunehmende Relevanz des Ansatzes.

In den letzten Jahren hat der systemisch-konstruktivistische Ansatz im Bereich kommunikativer Theorien und systemischer Beratung ein breites Publikum erreicht. In diesem Buch wird der Ansatz argumentativ auch für die Pädagogik umfassend entwickelt und mit Beispielen und zahlreichen Abbildungen illustriert.
Die breite Rezeption des Buches zeigt, dass die von Kersten Reich vertretene soziale und kulturelle Fassung des Konstruktivismus sich in der Pädagogik als ein innovativer Ansatz etablieren konnte. Besonders die bisher in der Pädagogik vernachlässigte Seite der Beziehungen wird umfassend entfaltet. Das Buch knüpft dabei anschaulich an Arbeiten zur Kommunikation an und systematisiert diese für die Pädagogik.
Es eignet sich als einführendes Lehrbuch ebenso wie als Studienbuch und hilft insbesondere, die Kluft zwischen psychologischen und pädagogischen Theorien für die Praxis zu überwinden, weil es Fragen aus beiden Bereichen behandelt. Dieses Buch wendet sich sowohl an Studienanfänger wie an schon berufstätige Lehrer, Pädagogen, aber auch an Sozialwissenschaftler und Psychologen.

Unterricht, der »unter die Haut geht«

Reinhard Voß
Wir erfinden Schulen neu
Lernzentrierte Pädagogik in Schule und Lehrerbildung
2006, 215 Seiten, broschiert
ISBN 978-3-407-25432-0

Immer mehr Lehrer/innen, Referendare und Studierende nehmen ihre Unterrichts- und Schulentwicklung in die eigenen Hände und gestalten mit ihren Schülern Unterricht, der »unter die Haut geht«. Sie beschreiben es als spannende Erfahrung, ihr Berufsleben mit neuen Augen anzusehen, neue Lernwege zu gehen, ihren Berufsstand mit Hilfe von Lernbegleitung, Moderation, Coaching neu zu erfinden. Sie heben hervor, dass eine lernzentrierte Pädagogik nicht ohne eigene, entsprechende Impulse in der Lehrerbildung gelingen kann. Open Space, Reflektierendes Team, Systemaufstellung und Kollegiale Beratungskulturen können solche Anstöße bieten.

Beltz Verlag · Weinheim und Basel · www.beltz.de

Strömungen des Konstruktivismus

Horst Siebert
Pädagogischer Konstruktivismus
Lernzentrierte Pädagogik in Schule
und Erwachsenenbildung
3., überarb. und erweiterte Auflage 2005.
150 Seiten. Broschiert.
ISBN 978-3-407-25399-6

Der Konstruktivismus ist eine neurowissenschaftlich begründete Lern- und Erkenntnistheorie, die – in Verbindung mit der Systemtheorie – eine pädagogische Wende von der Wissensvermittlung zur Unterstützung von selbst gesteuerten Lernprozessen anregt.
Er stützt sich dabei auf neue Erkenntnisse der Gehirnforschung, aber auch auf die Kognitions- und Emotionswissenschaften, auf die Systemtheorie Niklas Luhmanns, auf die Kommunikationstheorie P. Watzlawicks u.a. Inzwischen hat sich der pädagogische Konstruktivismus als eigenständige Theorie der Bildungsarbeit etabliert.
In diesem Buch wird ein Überblick über Strömungen des Konstruktivismus vermittelt. Der »radikale« individuelle Konstruktivismus wird mit dem sozialen, kulturellen Konstruktivismus verbunden.

Die Neuauflage enthält mehrere neue Kapitel, z.B. über Dekonstruktivismus, Erkennen und Handeln, Emotionalität und postmoderne Lerntypen.

Aus dem Inhalt:
- Konstruktivistische Grundlagen
- Lernen
- Lernanlässe und Lernaktivitäten
- Bildungsmanagement und Organisationsentwicklung
- Konstruktionsmethoden
- Bildungswissenschaft in der Epoche des Konstruktivismus

Beltz Verlag · Weinheim und Basel · www.beltz.de

Neue Wege in der Lehrerbildung

Kersten Reich
Lehrerbildung konstruktivistisch gestalten
Wege in der Praxis für Referendare und Berufseinsteiger
1. Auflage 2009, 299 Seiten.
Broschiert.
ISBN 978-3-407-25505-1

Dieses Buch zeigt, wie die konstruktivistische Didaktik in der Lehrerausbildung konkret praktiziert werden kann. Es richtet sich sowohl an Dozenten, Ausbilder und Mentoren als auch an Lehramtsstudierende und Referendare auf der Suche nach Orientierung und umsetzbaren Anregungen.

Die fiktiven Referendare Paul und Paula begleiten den Leser durch das Buch. Sie vertreten anschaulich die Perspektive der »Betroffenen«, indem sie kritisch beschreiben und bewerten, wie sie die immer stärker modularisierte Lehrerausbildung erleben. Dabei stellen sie authentische Fragen und geben hilfreiche Antworten. Unter anderem wird ergründet,

- warum die eigene Haltung so entscheidend ist,
- was beim Berufseinstieg besonders wichtig ist,
- warum Selbstreflexion Arbeit ist und sich auszahlt,
- wie Unterrichtsplanung samt Förderung und Differenzierung gelingen kann,
- wie bei Unterrichtsnachbesprechungen alle Beteiligten profitieren und
- was man wissen muss, damit man im Lehrerberuf glücklich wird – und bleibt!

Eine praxisbezogene Einführung für das Referendariat und die erste Phase der Lehrerausbildung, an der erfahrene Lehrer/innen und Seminarleiter/innen mitgewirkt haben.

Beltz Verlag · Weinheim und Basel · www.beltz.de